史學研究叢書・歷史文化叢刊

讀史懷人存稿

李學銘　著

目次

自序

一

　　據說一個人常好思舊、談往，是老態的表現。所謂「老態」，不單指形貌，也指心境。歲月催人，使人老態龍鍾，這是客觀的生理現象，無可逃避。但有人飽歷滄桑，頂禿鬢白，卻仍能心境年輕，富有朝氣和活力，那真是令人羨慕、佩服的修養。讀史、懷人，都是講過往的事和人，確是「老態」難掩了！

二

　　我向來不怕老、不諱言老，年輕時也不抗拒別人以「老」相加。我初出道教書時，年方二十多，學生已在背後戲贈「夫子」之名，也有同事以「李公」相稱。有人說，這該是敬意的表露罷？我自己則認為，這其實是自己不自覺地顯露了一般年輕人不會有的老成態度。為甚麼會這樣？這可能是受了生活環境、研習學科的影響，也可能是多接近了態度儼然的老師，因此自己的行為、態度不免有點嚴肅、拘謹，心境也可能老於實際年齡。事實上，我在那時已較能欣賞傳統、古舊的東西，而且常愛吟誦內容頗多「意悲而遠」的《古詩十九首》。人家是「人因垂老漸知秋」，我卻是「未曾垂老已知秋」，幸而「知秋」雖頗長久，自覺倒未消沈。回想數十年來，我的研讀興趣較偏於古典文學和古代歷史，可說「好古」由來甚久，雖然在五、六十年代，我也讀了不少現代文學作品，而且還寫了些小說、散文、雜

文。在七、八十年代及以後，我為了工作的需要，寫了不少討論語文教育的論文，又曾主持規模頗大的語文能力研究計畫。不過，與此同時，我也常常利用晚飯後至深夜的時間，寫了些史學、文學、書畫藝術等方面的論文，屬於所謂「聊供自娛悅」的撰作。分心分力，兼顧不同範疇，忙是夠忙了，有時也會疲累，可幸心境未至衰老，精神、健康也還可以。近幾年來，自覺歲月有限，認為今後似應集中精神、時間，多寫些史學特別是關於東漢史事方面的論文。

三

《東漢史事述論叢稿》一書，是我的第一部史學論文集，含論文十一篇，共三百多頁，由萬卷樓圖書公司出版。之前我曾出版三部論文集，分別由學思出版社、香港大學出版社出版，全屬語文教育的範圍。現在我把《讀史懷人存稿》一書奉呈在讀者面前，應該是我的第二部史學類文集，共收文章二十篇及附錄一篇，內容分為甲、乙、丙三輯。甲輯名為「讀史雜著」，乙輯名為「陳援庵先生之學」，都是屬於史學辨析的論文。丙輯名為「新亞與南來學人」，全是涉及新亞書院（香港）的人和事，其中《中國書院教育精神與新亞》、《錢賓四先生談寫作教學》、《錢賓四先生遇上顧頡剛先生：錢、顧互評析論》、《讀唐君毅先生〈日記〉叢札》、《牟潤孫先生與「南來」之學》、《羅香林先生〈致陳垣先生書〉考釋》六篇，是學術探討的論著，與甲、乙兩輯同屬史學論文的性質，至於其他四篇，內容都是追懷老師的學問和講課風格點滴之作；附錄一篇，則是闡發錢賓四（穆）先生對新亞人期望的短文。我在本輯追懷的老師有：錢賓四先生（1895-1990）、唐君毅先生（1909-1978）、牟潤孫先生（1908-1988）、黃華表先生（1897-1977）、伍叔儻（俶）先生（1897-1966）、曾克耑先生

（1900-1975）、莫可非先生（1907？-1970）。羅香林先生（1906-
1978）的課我沒有聽過，不敢妄言「承教」，但他曾在新亞任教和演
講，所以我把一篇出席羅先生「百年誕辰國際學術研討會」的發言稿
收在這一輯裏，也該切合「新亞與南來學人」這個標目。所謂「新
亞」，指的是香港中文大學成立前後的新亞書院和新亞研究所。

四

上面談過《讀史懷人存稿》一書的內容，現在不妨說說書中各文
的完成過程。我在新亞校友會所安排的一次訪問（2007年2月8日）
中，曾說過自己常用「不肯言倦，未敢廢書」來自勵。所謂「不肯言
倦」，意思是從大學正式退休以後，我仍然講課、研讀不輟。老朋友
曾同情地質疑：「何必自苦如此？幹嗎不好好地過退休後的悠閒生
活！」所謂「未敢廢書」，表示我自略識文字以來，從不敢不讀書，
特別是紙本圖書。直到近期，我仍然會天天接觸書，並且不斷購買自
以為有用的參考書，弄到家裏和工作室處處是書，真可用「泛濫成
災」一語來形容。偶然要通過電腦上網檢索資料或郵購圖書時，我則
只好請人代勞，因為我對電腦操作的知識極為有限，甚至說得上是個
「電腦白癡」。可以說，除了追憶之文，本書所收錄的各篇論文，都
是在埋首雜亂書堆紙張、東翻西檢的情況下完成。跟我情況相類的同
學、朋友，有時會互相調侃：「我們都是追不上時代潮流的手工操作
戶！」話是這樣，但似乎並不自卑，也無意自貶，看來我們都是不可
救藥的滯後分子。

五

　　本書和《東漢史事述論叢稿》一書能順利出版，得感謝方教授滿錦兄的聯絡和推介，同時也要感謝萬卷樓圖書公司編輯部兩位老總、各位編輯和工作人員的關顧和寬容，特別要向吳家嘉女史道謝，她認真、周到的編輯、校訂、調整工作，使拙作能以較少紕漏、較美觀的形貌出現。李康其同學操作電腦毫無窒礙，在書稿整理、打印、校訂的過程中，為我提供了切實有效的幫助，謹在此竭誠致謝。

　　　　　　　　　　　　　　　　　李學銘

　　　　　　　　　　　　　　　於新亞研究所（香港）

　　　　　　　　　　　　　　　　二〇一三年九月

甲輯
讀史雜著

從漢字看中國古代社會生活

一　語言與文化的關係

　　語言與文化，關係極為密切。談語言，不可不留意文化；談文化，也不可忽略語言。語言，可指口頭語言，也可指口頭語言和書面語言；這裏所提到的語言，指的是後者。現時我們一般稱這種包括口頭和書面的「語言」為「語文」。

　　關於「文化」的界說，歷來眾說紛紜。有人這樣解釋：

　　　　文化包括一個社會的風俗、遺教、工具及思想方式。[1]

也有人這樣解釋：

　　　　在歷史過程中產生的明顯的或不明顯的生活的型式，為全體或特定的一群人所共享。[2]

這些解釋，我們或許未盡同意，但到底可幫助我們接受這樣的一個說法：人類社會生活，也是人類文化的一部分。

　　關於「語言」，有人的看法這樣：

　　　　語言是人類約定俗成、自成體系的一些口中發出的聲音符號，

1　見周法高《中國語文與文化》一文的引述。這個意見，原見克羅伯爾（A. L. Kroeber）《五十年來之人類學》（《中國語文研究》，1964 年 7 月中華文化出版事業委員會〔臺北〕，頁 139。）

2　見同上。這個意見，原見克魯坤（C.Kluckhohn）《文化的概念》。

作為彼此之間主要的交接工具用的。[3]

這裏所提及的「語言」，無疑指的是「口頭語言」，不過我們如果把「口中發出的聲音」改為「聲音和文化」，也就可以把「書面語言」包括在內。李濟《從人類看文化》中，特別強調了語言與文化的關係。他說：

> 人類學家一般的安排，是把語言放在文化的範圍之內。假如我們急於要知道人類的文化與人類生物方面的關係，我們應該注意語言所佔的地位，是在文化與體質的中間。沒出口的語言，是生物的領域，出了口的語言就是文化了。語言的中間地位，一方面貫串了文化，加強了它的凝結力及生長力；一方面推動了人類的思想，有時也阻礙了或腐化了思想。[4]

董同龢在《語言學大綱》中，把語言與文化的關係說得更詳細。他的意見是：

> 研究語言是瞭解人類一切活動的基礎。人群的活動構成他們的文化。文化表現於精神方面的──如宗教、禮俗、社會組織等──都與語文脫離不了關係。因為他們的形成是基於各個成員的彼此交接，而交接的主要媒介便是語言，或語言的化身，文字。至於文化表現於物質方面的──如居室、衣着、工具、裝飾等──雖可從實物去觀察，但如不知道他們叫甚麼，用的人把他們當做甚麼，在用的人心目中他們的用途何在，還不能算是充分瞭解。我們早已知道，不懂古人的語言文字，便不能瞭解古代的情形。同時，現代人類學家都說，不懂一個部族的

3　見同上。這個意見，原見布洛（Bernard Block）《語言分析》。

4　見同上。頁140。

語文，就沒法子明白他的文化。[5]

語言與文化，關係的確極為密切，我們須通過語言去了解文化，我們也須借助文化，去認識語言、掌握語言。語言與文化既有這樣密切的關係，研究兩者的關係，也是一門學問；這門學問，我們稱為「語言人類學」（Linguistic Anthropology）。

二　研究語言與文化的途徑

研究語言文化的關係，途徑很多，其中之一，是通過字詞來考察。例如我國古代非常重視祭祀，因此有祹、祔、祠、祡、祳、禓、裸、祑、禘、禮、禬、禰……等字的出現，後來隨著祭祀儀式的廢棄，這些字都變成了僻字、廢字。但有些字，直到現時為止，還是不斷使用，因為這些字的內涵，並沒有廢棄，或原來的內涵雖已廢棄，但在使用時，卻已賦與新義，如祀、祈、祝、神、祠、祥、福、禮、禱……等字是。從「示部」的字，我們可以看到中國古代社會生活的一部分。李濟在《跪坐蹲踞與箕踞》一文中，曾據字形來推測我國古代的社會生活。他說：

> 孫海波編的《甲骨文編》收入下列各字：女、母、妾、命、邑、嘉、兄、祝、鬼、㚟、既、響等字，都很清楚象人跪坐形。……由這些涵意不同的象人形跪坐的字彙，我們可以看出一點肯定的史實：即習於甲骨文的商朝人，已有跪坐的習慣。那時的人們不但對主人、對鬼神要跪坐，在日常生活中執行為母的職務，自己吃飯，或宴饗賓客，均在跪坐中進行。[6]

5　見《語言學大綱》，1964 年 5 月中華叢書編審委員會（臺北），頁 6。

6　見周法高《中國語文與文化》一文的引述，《中國語文研究》，頁 152。

李氏因此推論說：

> 跪坐卻是尚鬼的商朝統治階段的起居法，並演習成一種供奉祖
> 先、祭祀神天，以及招待賓客的禮貌。周朝人商化後，加以光
> 大，發揚成了禮的系統，而奠定了三千年來中國「禮」教文化
> 的基礎。[7]

原來古代起初並沒有椅，人人都席地而坐，跪與坐很相類，但也不是
沒有分別。兩者的情況是：跪時雙膝著地，伸直腰股；坐則雙膝抵
地，臀部靠在腳跟上。由於古人跪、坐相類，所以對跪並不那麼重
視。《史記》卷六十八《商君列傳》載：

> 衛鞅復見孝公，公與語，不自知厀之前於席也。[8]

這記述秦孝公與衛鞅談得興奮，不覺向前膝（厀）行，竟越出了席的
範圍以外。又《史記》卷八十四《賈生列傳》記載：

> 賈生徵見。孝文帝方受釐，坐宣室。上因感鬼神事，而問鬼神
> 之本。賈生因具道所以然之狀。至夜半，文帝前席。[9]

「釐」指祭祀的福胙；「宣室」，指未央宮前的正室；「前席」，即「厀
之前於席」。又《三國志》卷十一《魏書》裴松之（372-451）注引
《高士傳》云：

> 管寧自越海及歸，常坐一木榻，積五十餘年，未嘗箕股，其榻
> 上當膝處皆穿。[10]

7　見同上。

8　見《史記》，1962 年 5 月中華書局（北京）校點本，頁 2228。

9　見同上，頁 2502 至 2503。

10　見《三國志》，1959 年 12 月中華書局（北京）校點本，頁 359。

可見漢及以前，大家都屈膝而坐於席上，漢以後，漸有高坐的情形，但古人雖高坐床榻上，卻不垂腳。《梁書》卷五十六《侯景列傳》記述侯景升壇受禪，踞床垂腳而坐[11]。史書特別載錄這事，以為駭俗。可知當時高坐垂腳，仍未普遍。到了元代，席地而坐的風習漸廢，而且視「跪」為重要的事。《元史》卷三《憲宗紀》云：

> 嘗攻欽察部，其酋八赤蠻逃于海島。……擒八赤蠻，命之跪。八赤蠻曰：「我為一國主，豈苟求生。且身非駝，何以跪為！」[12]

從八赤蠻的話，可以了解當時對人下跪，是件嚴重的事，這可說是儀節觀念與社會生活的一個變化。下面，我再以「家」字為例，較詳細地談談我國古代社會的一些生活情況。

三　談「家」

「家」，無論從甲文、金文或篆書、隸書、楷書看，都是「宀」下著一「豕」字。「豕」，也就是豬。是不是「家」中該有「豕」呢？許慎（58-147）不以為然，他在《說文解字》中說：

> 家，尻也，從宀，豭省聲。[13]

許氏認為「豕」是「豭」之省，因此「家」是形聲字。段玉裁（1735-1815）的意見不同，他在《說文解字》的注中說：

---

11 參閱《梁書》，1973 年 5 月中華書局（北京）校點本，頁 859。

12 見《元史》，1976 年 4 月中華書局（北京）校點本，頁 43。

13 見《說文解字》第七篇下，1964 年 11 月藝文印書館（臺北）重印本，頁 341。

尻，處也；處，止也。[14]

又說：

> 按此字為一大疑案。豭省聲讀家，學者但見從豕而已。從豕之
> 字多矣，安見其為豭省耶？……竊謂此篆本義乃豕之尻（居）
> 也，引申叚（假）借以為人之尻，字義之轉移多如此。牢，牛
> 之尻也，引伸為拘罪之陛牢，庸有異乎？案豕之生子最多，故
> 人尻聚處借用其字……家，篆當入豕部。[15]

段氏指出「家」是「豕之尻」，引伸而為「人之尻」，因此「家」是會
意字，不是形聲字。程樹德在《說文稽古篇》中，更直截了當地指出：

> 原人時代，家必養豕，故家從豕。[16]

豕，與我國古代人類的社會生活，關係非常密切。程氏在《說文稽古
篇》中引述了一些資料：

> 古人最為不潔，養豕在溷（圂）中。《說文》：「圂，廁也。從
> □，象豕在□中，會意。」按《一切經音義》九引《蒼頡
> 篇》：「圂，豕所居也。」《晉語》：「少溲于豕牢。」韋註：
> 「豕牢，廁也。」《漢書·五行志》：「豕出圂。」顏註：「圂
> 者，養豕之牢。」《武五子傳》：「廁中豕群出，壞大官竈。」
> 顏註：「廁養豕圂也。」《三國志》引《魏略》：「橐離國王侍婢
> 生子，王捐之溷中，豬以喙噓之。」[17]

---

14 見同上。

15 見同上。

16 見《說文稽古篇》「養豕在圂中」條，1957 年 8 月商務印書館（上海），頁 5。

17 見同上，頁 4 至 5。

於是程氏下結論說：

> 是古皆以養豕之牢為廁，迄漢魏猶沿此俗。[18]

其實，在民國以後，這種情況，仍然存在於一些較荒僻的地區中。周作人在《入廁讀書》一文中，曾有這樣的記述：

> 去年往定州訪伏園，那裏的茅廁是琉球式的，人在岸上，豬在坑中，豬咕咕的叫，不習慣的人難免要害怕，那有工夫看甚麼書。[19]

《苦竹雜記》出版於民國二十五年，即西元一九三六年。陳煒湛在《漫談「家」》一文中也說：

> 其實，屋下養豬，在我國農村裏是司空見慣的。……由於房小屋狹，往往人畜共居，或僅一牆之隔。豬圈也就是家中廁所。……十年動亂期間，筆者有幸在桂西山區工作過幾年，出沒於壯鄉瑤寨，所見所聞，更加深了我對「家」的認識。壯瑤同胞，有住平房者，有住樓房者。其住平房者往往在屋外另搭一茅屋飼養豬（或牛、羊），亦有畜豬於屋內者。其住樓房者——竹木搭成的二層樓，則均人畜共居，樓下養豬，樓上住人。僅單身漢不養豬。[20]

「十年動亂」，指一九六六年至一九七六年的「文化大革命」，可見廁中養豬、家中養豬的情形，無論是一九三六年左右或「文化大革命」期間，仍然是存在的。據說現在雲南等少數民族地區，還有人、豬共

---

18 見同上，頁5。
19 見《苦竹雜記》，1972 年 1 月實用書局（香港）重印本（原 1936 年出版），頁 140。
20 見陳煒湛《古文字趣談》，1985 年 1 月花城出版社（廣州），頁 108。

處一室的情形[21]。家是人類生活中的重要部分，廁是人類生活中的重要設備，豕（豬）是人類生活中的重要家畜，難怪家、廁、豕可以合而講論了。

豕，在我國古代社會中無疑是個重要的角色，與我國先民有密切的關係。在古代典籍中，有關豕的記載不少。

據說上古時代，人與禽獸雜居，所以那時有極大的「豕」，極長的「蛇」，以為民害。《淮南鴻烈解・本經訓》說：

> 逮至堯之時，焦禾稼殺草木而民無食，猰貐、鑿齒、九嬰、大風、封豨、脩蛇，皆為民害。[22]

「猰貐」和「鑿齒」都是猛獸，「九嬰」是能噴水吐火的九頭怪物，「大風」即大鳳或大鵬，「封豨」、「脩蛇」也就是大豕、長蛇。《山海經》有「封豕」一名，據郭璞（276-324）的解釋：

> 大豬也，羿射殺之。[23]

雖然有人認為「封豕」疑即「王亥」之誤，但把「封豕」解作「大豬」，應該是大多數人認同的說法[24]。又《左傳》「定公四年」（前 506 年）載：

---

21 參閱孫雲鶴《常用漢字詳解字典》，1986 年 6 月福建人民出版社（福州），頁 199。

22 見《明刻淮南鴻烈解》第八卷，1979 年 12 月鼎文書局（臺北）重印本，頁 316。

23 見袁珂《山海經校注》第十八《海內經》，1986 年 10 月上海古籍出版社（上海），頁 456。

24 袁珂在《山海經校譯》中說：「吳其昌《卜辭所見殷先公先王三續考》云：『封豕』疑『王亥』之字誤……。如吳所說，則此所記亦王亥故事之零片落于此者。」（1958 年 9 月上海古籍出版社〔上海〕，頁 304。）又，袁氏在《山海經校注》中，亦有類此說明。（參閱同上。）

吳為封豕長蛇，以薦食上國。[25]

又《左傳》「昭公二十年」（前 522）載：

生伯封，實有豕心，貪惏無厭，忿纇無期，謂之封豕。[26]

原來古代封豨（封豕）、脩蛇（長蛇）是人人害怕的動物，久而久之，便成人人口中的熟語或成語，甚至是加之於人的綽號。《說文解字》對「虝」字這樣解釋：

鬥相丮不解也……豕虎之鬥不相舍。[27]

豕，古人心目中，是兇猛、巨大、可畏的，這種「豕」，或即是現時的野豬，與家畜的豬不相同。但「家」字的出現，說明了人類已由佃獵時代轉至畜牧時代，因為那時已有畜豬於家作為食糧的做法，所以才會產生「家」中有豕（豬）的概念。豕既然是家畜，就不再那麼可怕了。至於「家」字在甚麼時候產生？我們雖然難以確定，但甲文、金文已有這個字形，可見時代甚古。高明的《古文字類編》，分別列出「家」字的「甲骨文、銅器銘文、簡書及其它刻辭」之類字形，頗易檢索，可以參考[28]。

不過，「家」字是否應該從「豕」？除了許慎主張「豭省聲」外，歷來也不是沒有爭論。例如戴侗在《六書故》中就認為，「家」當作「㸈」。他對「家」字的說明是這樣的：

---

25 見楊伯峻《春秋左傳注》，1983 年 9 月中華書局（北京），頁 1548。

26 見同上，頁 1493。

27 見《說文解字》第九篇下，頁 460。

28 參閱《古文字類編》，1982 年 3 月中華書局（北京），頁 388。

人所合也。從众，三人聚宀下，家之義也。[29]

戴氏認為「家」意義是三人聚合在「宀」下，三人為「眾」，表示人數眾多，所以應從「众」？這是從「众」的角度為「家」字立論。徐灝《說文解字注箋》則認為，「家」應該從「豕」。他說：

> 家從豕者，人家皆有畜豕也。《曲禮》曰：「問庶人之富，數畜以對。」[30]

徐氏顯然認為《曲禮》是以「豕」代「畜」，數「畜」即數「豕」。吳大澂（1835-1902）是金文家，他也同意「豕」與「家」有密切關係。在《說文古籀補》中，他說：

> 古家字從宀從豕；凡祭，士以羊豕。古者庶士、庶人無廟，祭於寢，陳豕於屋下而祭也。[31]

吳氏所提到的「寢」，也是食居之所，所以從「宀」；「豕」之所以陳於屋下，大抵是已煮熟的緣故。徐氏和吳氏，都是從「豕」的角度為「家」字立論。嚴章福的意見與戴、徐、吳三氏都不同。他在《說文校議議》中說：

> 所以從豕者，非犬豕之豕，乃古文亥字。亥為豕，與豕同。《集韻》：「亥，古作豕。」亥下云：「一人男，一人女也。從乙，象裹子咳咳之形。」按《禮》云：「男有室，女有家。」

---

29 見《六書故》卷二十五，1976 年臺灣商務印書館《四庫全書》影印本，頁 10。又同書卷八，戴氏對「乑」字的解釋是：「人三為乑。」（同上，頁 18 後。）戴侗，宋元之際經學家。

30 見丁福保編《說文解字詁林》七下「宀部」，1970 年 1 月臺灣商務印書館（臺北）重印本，頁 3209。

31 見吳大澂《說文古籀補》，1988 年 8 月中華書局（北京）重印本，頁 30 上。

亥為一男一女而生子，非家而何？此其所以從豕之故也。[32]

嚴氏認為「家」之所以從「豕」，是謂「亥」為「豕」的關係：「家」應該從「亥」，不從「豕」。這是從「亥」字的角度為「家」字立論。「亥」有一男一女生子的意思，這個意思，與後世的家庭組織是相配應的。

「豕」和「亥」，究竟是不是同一字？嚴章福引《集韻》之說，以為「亥，古作豕」。我們翻開《說文解字》，只看小篆，「豕」和「亥」是兩個截然不同的字，如：𧱏（豕）、𠖌（亥）；但這兩個字在「古文」中，有些字形就相差不大，或甚至十分相近，如：𧰮（豕）、𠀔（亥）。所以許慎在《說文解字》中說：

古文亥為豕，與豕同。[33]

許氏的說法，或許就是《集韻》的所本。《說文解字》收錄的古文，實際上就是戰國文字，近世出土的春秋戰國古文字資料也證明，「豕」與「亥」這兩個字，有些字形的確很相似，稍一不慎，就會混「豕」、「亥」為一。

「豕」、「亥」相混，在古代時很常發生的事。《呂氏春秋·察傳》載：

子夏之晉，過衛，有讀史記者曰：「晉師三豕涉河。」子夏曰：「非也，是己亥也夫？」至於晉而問之，則曰：「晉師己亥涉河也。」[34]

---

32 見丁福保編《說文解字詁林》七下「宀部」，頁3後。

33 見《說文解字》第十四篇下，頁759。

34 見尹仲容《呂氏春秋校釋》卷十，1979 年 2 月國立編譯館中華叢書委員會（臺北），頁 130。

為甚麼「己亥」會誤為「三豕」？「豕」與「亥」形體相近，混為一字，不難理解。「己」之誤為「三」，也有理由可以解釋。據出土竹簡，「三」字寫作「三」，「己」字寫作「己」或「己」，差別只是左右兩直畫。如果簡狹而字大，「己」字的左右兩直畫正好落在簡邊上，稍不留意，就會把「己」看作是三橫了。而且，古文字大多用刀刻，刻時可先直後橫，也可先橫後直。如果是先刻橫，刻手一時大意，就會漏去兩直畫。例如容庚、瞿潤緡編的《殷契卜辭》[35]，其中一片有「翌三亥」的字樣，「翌」下的字就刻成三橫，幸而「亥」字清楚，於是我們才可以判斷這三橫是「己」字缺了兩直畫。郭沫若主編的《甲骨文合集》[36]，也有「己」字刻少兩直畫的情形，可見刻手疏失漏刻，是常有的事[37]。

在這裏引述「三豕涉河」的故事，原意並不在辨正「三」、「己」之誤，而只在說明「豕」、「亥」的容易相混。這兩個字，無疑有互相牽連的關係，但把「豕」與「亥」等同，只是辨字不清。把「亥」解釋為「一男一女而生子」，因而進一步推斷「家」字應該從「亥」，這種說法，我們很難斷為百分之一百錯誤，但我認為，這或許是社會發展為父系社會才有的思想。「豕」在家中的說法，會較接近於初民畜牧時代的造字思想，而這種思想，是較為樸素、切實的。同樣的理由，用「众」字的觀念去解釋「家」字，認為「家」字應該從「众」，作「宖」，這也是有了氏族社會觀念才會這樣解釋字義。戴侗特別指出「家」是「三人聚宀下」，這恐怕除了受氏族社會觀念所影響外，也受了中國古代大家族、大家庭的思想影響。解釋「家」字的

---

35 《殷契卜辭》，1933 年 5 月哈佛燕京學社（北京）出版，三冊。第一冊為拓文，第二冊為釋文，第三冊為文編。

36 《甲骨文合集》，1978-82 年中國社會科學院（北京）分冊出版，共十三冊。前十二冊為拓片和影印，第十三冊為摹本影印。

37 參閱《古文字趣談》，頁 68 至 70。

意義，我寧願採取較樸素的想法、較簡易的解釋。

　　有人或許會說，在我國古代典籍中，很早就有六牲或六畜的記載，甲文、金文，也早有六牲或六畜的字形，可見六牲或六畜與人類的關係非常密切，為甚麼「家」字會從「豕」而不是從其他家畜？

　　在回答這個問題前，我們或許先了解六牲或六畜的名稱。據《周禮・天官・膳夫》載：

　　　凡王之饋，食用六穀，膳用六牲。[38]

鄭玄（127-200）說：

　　　六牲，馬、牛、羊、豕、犬，雞也。[39]

又說：

　　　六畜，六牲也。始養之曰畜，將用之曰牲。[40]

「畜」與「牲」，雖有所謂「始養」、「將用」之別，其實指的都是相同動物。又據「僖公十九年」（前641）載：

　　　古者六畜不相為用。[41]

這裏的「六畜」，也指馬、牛、羊、豕、犬、雞[42]。正因為六畜跟人的關係密切，所以造字的時候，由家畜所構成的字頗不少。例如：駕、駕、馴、駒、馳、馴、牧、牢、告、牡、牲、特、美、羔、鮮、羹、祥、義、豚、豢、豦、豨、豪、豬、犯、狂、狡、狀、獸、獻等等。

---

38 見《周禮注疏》卷四，1960年1月藝文印書館（臺北），頁57。
39 見同上。
40 見同上，頁59。
41 見楊伯峻《春秋左傳注》，頁381。
42 參閱同上。

「雞」字是合體字，加上其他部件構字會有困難，所以從「隹」從「鳥」的字很多，但沒有從「雞」或「鷄」的。至於「家」字為甚麼從「豕」而不從其他家畜？其中理由，或許可以這樣解釋：

(一) 豕（豬）的繁殖力強，數目較多。豕的數目，在古代往往是一家財富的代表，段注云：「豭豕之生子最多。」就是這個意思。馬、牛也是重要的家畜，但繁殖較難於豕，因此一般人家不會很多馬、牛，富貴人家，才會有較多馬、牛。

(二) 在古代，豕與人的關係最密切。因為豕常常與人同處一屋或一室之內，豕牢（豬圈）往往就是廁。馬、牛與人的關係，比較起來，就沒有那麼密切了。當然，密切或不密切，是相對而言的。

(三) 羊已構成美、羔、鮮、羹、祥、義等字，都是些好字眼。古人造字，或取義於此，或取義於彼，「家」字取「豕」不取「羊」，只是一種選擇。而且，提到羊，使人較易想到草原；提到豕，因為豕就在屋子裏，自然較易與人的生活聯想起來。

(四) 犬與雞，也是古人常養的禽畜，但牠們形體較少，作為食糧，經濟價值不大；在財富評估方面，也難以有大作用。因此，我國歷來的人，在評估一家人的財富時，甚少以犬、雞的數目為依據。作為依據，一般是豕，富貴人家，才兼考慮馬和牛，在一些以畜羊為主的地區，或許會考慮羊。

總括來說，在古代大多數人的心目中，提到「家」，就會想到「豕」，提到「豕」，就會想到「家」。陳煒湛在《漫談「家」》中說：

在古代，豬是財富的標誌。屋裏有豬，能飼養豬，是一個家庭的標誌，也是有家當的象徵。養豬越多，表示家越富有。故有

> 人居住之處，未必便是一個家庭，而屋下飼養肥豬者，才肯定
> 是家、人家。[43]

這可說是為豕也就是為肥豬爭取家庭地位的宣言。

「家」字，在國內進行文字改革時，據說有人曾提議簡化為
「宀」，著眼在「人」方面，但最後，仍然保存原來的樣子。簡化字
形，不妨作多角度的考慮，只要有理由、合規律，未嘗不可以接受。
不過造字之初，「家」既然以「豕」為重，我們今日倒不必為了強調
「人」的地位而去改動原有的字形。字字從今，往往就會是新字的創
造而不是舊字的改革了。「家」字由甲文、金文而至篆、隸、楷，字
形改變不大，因此我們今日仍可從「家」字的字形，看到造字初形的
本義，了解古代社會生活的情況。

四　結語

中國語文的特質之一，是漢字的字形可以表意。所謂「意」，也
就是「內涵」。審察漢字的內涵，有時可讓我們看到我國古代社會生活
和文化發展的一些情況。上面所舉的「家」字，固然是一個顯著的例
子，「示」部的字和象人形跪坐的字，也向我們提供一些消息。其他
漢字，不少內涵非常豐富、有趣，可惜限於篇幅，不能一一舉例細說。

從漢字看我國古代社會生活，無疑是語言人類學也是文字形義學
的部分。所謂「文字形義學」究竟是甚麼？沈兼士（1887-1947）說：

> 研究中國文字的形體訓詁之所由起，及其作用與變遷，而為之
> 規定各種通則以說明之，這種學問，就叫做文字形義學。[44]

---

43 見《古文字趣談》，頁 107。
44 見《文字形義學》，《沈兼士學術論文集》，1986 年 12 月中華書局（北京），頁 378。

沈氏為「文字形義學」提供界說後，更進一步指出：通文字形義學，才可以研究我國古代哲學、文學、考古學、歷史學、國語、文法等[45]。而沈氏所說的「國語、文法」，即現在我們所說的語言或語文。談語言研究，許多學者只着眼在語言方面而不及其他，固然是狹隘的做法，而研究其他學科的學者，如果不通文字形義學，也是很不足的。在《「鬼」字原始意義之試探》一文中，沈氏即對「鬼」字的形義，作精細而深入的探討，他所做的工作，並不只是語言文字的研究，同時也是歷史、文化、思想的研究[46]。著名史學家陳寅恪（1890-1969）對沈文的評價很高，他在一封給沈氏的信中這樣說：

> 大著讀訖，歡喜敬佩之至，依今日訓詁學之標準，凡解釋一字即是作一部文化史。中國近日著作適合此定義者，以寅恪所見，惟公此文足以當之無愧也。[47]

「凡解釋一字即是作一部文化史」，這句精要的話，不但揭示了現代訓詁學的標準，同時也為現代語言或語文學者和歷史學者，提示了治學的重要途徑，而歷史學者須通文字訓詁，語言或語文學者須通歷史、文化，也就不言而喻了。經濟史學家楊聯陞（1914-1990）很同意陳氏的意見，他在「錢賓四先生學術文化講座」中講《中國文化中報、保、包之意義》時，提出了「訓詁治史」的意見，又引述了陳氏給沈氏的信，然後說：

> 一個字牽涉許多重要事物，則其研究皆可構成一部（不必是全部亦不可能是全部）文化史。寅恪先生之說甚是。[48]

---

45 參閱同上，頁 378 至 380。
46 參閱同上，頁 186 至 201。
47 見《「鬼」字原始意義之試探》一文的「附錄」，同上，頁 202。
48 見《中國文化中報、保、包之意義》的《引言》，1987 年中文大學出版社（香港），頁 3。

研究每個漢字所包含的意義與所牽涉的事物，可說是既繁雜而又有趣的工作，而深切了解字詞內涵的變化，認識不同概念的產生，更是一個研究思想史、文化史的可行途徑。我嘗試從漢字看我國古代社會生活，主要是受了陳寅恪、沈兼士、楊聯陞諸位先生的言論或著述所啟發，同時我也想藉著拙文的撰述，強調一個意思：研究語言或語文，着眼於語言或語文以外的問題，採用語言、文學以外的資料，有時可讓我們看語言或語文的另一面，而且往往會使我們得到意外的啟發。

——原載《語言教育學院學報》第 6 期，語文教育學院（1990 年 6 月），後收入李學銘《中國語文教學的現況與發展》，學思 出版社（1997 年 6 月）

宋至道三年避真宗諱考

一

陳援庵（垣）先生（1880-1971）在《史諱舉例》卷五「數朝同諱例」中，提到弘農、恆農因為避諱的關係，出現時廢時置的情況：

一　弘農　漢武帝元鼎四年置。

二　恆農　後魏獻文時避諱改。

三　弘農　隋末復置。

四　恆農　唐神龍初避太子弘諱改。

五　弘農　唐開元十六年復。

六　恆農　宋建隆初避太祖父諱弘殷改。

七　虢略　宋至道三年避真宗諱改。

自此恆農弘農之名皆廢，宋人稱古弘農恆農曰常農。[1]

其中「宋至道三年避真宗諱改」一語，頗引起讀者的疑惑，甚至有學者認為這是不可能的事。因為根據常識的理解，「至道」是太宗的年號，太宗是真宗的父親，父又怎會避子諱？這樣說來，援庵先生所記，會不會有誤？考《宋史》卷八十七志第四十《地理志三》：

虢略，中。唐弘農縣。建隆初，改常農。

1　見《史諱舉例》，1958 年 1 月科學出版社（北京），頁 82。

> 至道三年，改今名。[2]

建隆是宋太祖的年號，當時為避太祖父弘殷諱，因而改弘農為恆農，宋人後稱弘農、恆農為「常農」，所以《地理志三》只出現「常農」一名，這是後來追改。至道三年（997）改恆農為虢略，無疑是因為真宗名「恆」的關係。可見援庵先生所記，是有所據而云然，並沒有錯誤。而且，援庵先生在《史諱舉例》卷八「歷朝諱例」宋諱例「真宗」條下也明確地說：

> 恆改為常，恆山改鎮山，恆農縣改虢略。[3]

為甚麼在「至道三年」，竟會避真宗的名諱？據《宋史》卷六《真宗本紀》載：

> （至道）三年三月，太宗崩，奉遺制即皇帝位於柩前。……咸平年春正月辛酉，詔改元。[4]

原來真宗即位於至道三年三月，但延至第二年的正月，才改年號為咸平元年（998）。由至道三年三月至咸平元年正月，中間經歷的時間有十個月之久，這十個月，循名責實，其實已不是太宗的至道三年而是真宗的至道三年了，雖然至道本來是太宗的年號。因此在這段期間內因避真宗諱把恆農改為虢略，並不是父避子諱，而是理所當然的事。

---

2 見《宋史》，1977 年 11 月中華書局（北京）校點本，頁 2145。又，建隆初所改本為「恆農」，《宋史》作「常農」，是為了避真宗諱追改。

3 見《史諱舉例》，頁 154。

4 見《宋史》，頁 104 至 106。

二

　　君主即位以後，並不急於改元，似乎是北宋歷朝君主的傳統，而太宗則屬例外。據《宋史》卷四《太宗本紀》的記述：

> 開寶九年……冬十月癸丑，太祖崩，帝遂即皇帝位。十二月……大赦，改是歲為太平興國元年。[5]

開寶是太祖的年號。太祖崩於開寶九年（976）十月，太宗同月即位，十二月即改元為太平興國元年（976）。太宗急不及待改元的心情，讀者或可根據史文推想。太宗的表現，撰史者也表示了不滿。據《宋史》卷五《太宗本紀》云：

> 贊曰……帝之功德，炳煥史牒，號稱賢君。若夫太祖之崩不踰年而改元……則後世不能無議焉。[6]

太宗在太祖崩後「不踰年而改元」，自有他急於取代舊君的心意存乎其中，在後世固然會引起批評，即在當時，群臣、百姓大抵也會視為異常的舉措，在私底下不免有所疵議。這些疵議，很可能形成一種「輿論」的壓力，致使真宗以下北宋歷朝各君主，再沒有「不踰年而改元」的情形。下面所列，就是北宋歷朝各君主剛即位和第一次改元的年月資料，藉供對比參考：

　　太宗（趙光義）　開寶九年（976）十月即位
　　　　　　　　　　同年十二月改元為太平興國元年（976）

　　真宗（　趙恆　）　至道三年（997）三月即位

5　見同上，頁 54。

6　見同上，頁 101。

第二年正月改元為咸平元年（998）

仁宗（ 趙禎 ）　乾興元年（1022）二月即位

第二年正月改元為天聖元年（1023）

英宗（ 趙曙 ）　嘉祐八年（1063）四月即位

第二年正月改元為治平元年（1064）

神宗（ 趙頊 ）　治平四年（1067）正月即位

第二年正月改元為熙寧元年（1068）

哲宗（ 趙煦 ）　元豐八年（1085）三月即位

第二年正月改元為元祐元年（1086）

徽宗（ 趙佶 ）　元符三年（1100）正月即位

第二年正月改元為建中靖國元年（1101）

欽宗（ 趙桓 ）　宣和七年（1125）十二月即位

第二年正月改元為靖康元年（1126）[7]

太祖是開國之君，所以他的即位和改元資料，並沒有在上面開列出來。從這些資料，我們可以看到，正月即位的有神宗、徽宗，二月即位的有仁宗，三月即位的有真宗、哲宗，四月即位的有英宗；這幾位君主，都在即位後頗長時間沿用舊君的年號，在沿用期間，當然會有避新君諱的情形，這是我們在談論避諱學時所不可忽略的。欽宗即位於十二月，第二年的正月改元；太宗即位於十月，同年十二月即改元；這兩位君主沿用舊君年號的時間極短，在沿用期間，恐怕來不及

7　參閱《宋史》太宗、真宗、仁宗、英宗、神宗、哲宗、徽宗、欽宗諸《本紀》有關即位、改元的載述，頁數從略。

作避新君諱的更張，因而父避子諱的疑惑，就較少機會引起了。

上述新君未改元而避諱的現象，不但會多出現在北宋時代，即在其他朝代中，也應該是常見的，只要新君即位後較長時間才改元，就有可能在舊君年號中避新君諱。可見君主即位的年月與改元的年月，在避諱學上值得特別注意，在讀史時也不可忽略。可是試檢援庵先生的《二十史朔閏表》，在至道三年下，並沒有真宗即位月份的說明，而只在第二年見到咸平元年的出現，因此要借助這部工具書來解決在太宗年號中為甚麼會避真宗諱的疑惑，是無能為力的[8]。其實這不僅僅是北宋時代避真宗諱的問題，也應該是中國歷朝新君即位後改元前所產生的問題，作為史學工具書，《二十史朔閏表》如果附加每位君主即位月份的說明，或許在史學上的利用會更為有效。不過我們也知道，援庵先生編製《二十史朔閏表》，主要目的，在考定中史二千年朔閏，並方便讀史者作中、西、回曆的比照，對於新君改元的月日，都有說明，以便參考，對於新君即位的月日，則沒有提及，因而在新君即位與改元之間的時間空隙，引起了避諱的疑惑，這也許是援庵先生所沒有考慮到的[9]。又在《史諱舉例》卷五中，援庵先生談到數朝同諱「弘」、「恆」兩字時，曾舉「號略」為例，並附「宋至道三年避

8　參閱《二十史朔閏表》，1962 年 7 月中華書局（北京），頁 121。

9　援庵先生在《二十史朔閏表・例言》中說：「始吾欲為中西二千年日曆，曾先將中史二千年朔閏考定。迨中西回史日曆告成，凡二十卷，卷帙較繁，一時不能付印。而朋輩索觀及借鈔者眾，故特將中史朔閏表先付影印，而西曆回曆亦附見焉。」又說：「易號改元應從下令之日為始，未必追改以前之月日。今表於年中改元者，悉仍其舊號，而繫新號於二年，並於表下著其改元之月日。」（頁 1-2。）又，《通鑑胡注表微・書法篇》也有類似說明：「古時改元，並從下詔之日為始，未嘗追改以前之月日也。《通鑑》患其棼錯，乃創新例，必取末後一號冠諸正月之上，當時已有議之者，說詳《日知錄》『史書一年兩號』條。余撰《二十史朔閏表》，凡在年中改元者，不書其元年，而書其二年，觀二年即知元年，而前元之末年，不致被抹摋也。」（1958 年 3 月科學出版社〔北京〕，頁 26。）

真宗諱改」一語,而無其他說明,這或許可以斟酌、補充。再細察
《史諱舉例》一書中所羅列的各例,其中並沒有「新君未改元而避
諱」一例,如果我們認為這一例是避諱學上所常見,就不妨把這一例
補入卷五「避諱學應注意之事項」或其他項目中,以免讀史者再在這
方面置疑。戔戔愚見,不知談論避諱學的前輩、專家是否同意?

<h2 style="text-align:center">三</h2>

「宋至道三年避真宗諱」的考察,其實並不煩難,考察的結果,
也只是避諱常識的補充而不是「石破天驚」之論。只是在考察過程
中,我倒得到一些治史的啟發,這些啟發,未嘗沒有一提的價值,現
姑且在這裏談一談。

一般來說,我們要了解地名是否有避諱的情形,當然要翻檢史書
的《地理志》。但《宋史・地理志三》對「虢略」的說明,並無補於
「宋至道三年避真宗諱」一事的了解。它只提供一個訊息,就是:
「虢略」之名,是至道三年改的。但是否因避真宗諱,可沒有提供答
案。而且它只有「弘農」、「常農」而沒有「恆農」,要聯想到避真宗
的名諱──恆,中間就多了一重轉折,幸而援庵先生在《史諱舉例》
卷五「數朝同諱例」中告訴我們「宋人稱古弘農恆農曰常農」,因此
才使我們想到原來由「恆農」改「虢略」,是為了避真宗的名諱。《宋
史・地理志三》的記述方式,往往使研究避諱學的人,忽略這方面資
料。簡而言之,史書的《地理志》會載述了不少改地名的資料,但是
否與避諱有關,就得進一步翻檢其他資料,才可得到核實。

《二十史朔閏表》,是援庵先生為治史者所編製的年代曆法工具
書。遇到了中西回曆比照、新舊君交替、改元的年份等等問題,我們
都可借助這部工具書來解決。只是新君即位以後,往往並不馬上改

元，因此新君即位的月份是一項可注意的資料，它不但可幫助我們解決一些避諱學上的問題，也可以幫助我們澄清一些歷史上的疑難。可惜《二十史朔閏表》並沒有為我們提供這樣的資料。反而一些常用的中國歷史紀年表，除了有新君即位和改元的年份以外，還會附加月份，檢索起頗為方便。《二十史朔閏表》是治史者所常用的工具書，它在史學上的利用局限，是我們要認識清楚的。

「竭澤而漁」，是援庵先生的治史方法之一[10]。所謂「竭澤而漁」，就是盡力搜羅有關材料使無孑遺的意思。在考察「宋至道三年避真宗諱」這一事的過程中，除了要細讀《史諱舉例》各例外，還要翻閱《二十史朔閏表》、《宋史·地理志》、《宋史》各《本紀》，尤其是《太宗本紀》和《真宗本紀》，這樣才找到關乎真相的材料。在《太宗本紀》的贊語中，更透露了太宗因急於改元而為人疵議的消息，對讀史者頗有啟發。援庵先生曾說：「見書愈多，修改愈甚。」[11]這是他自道撰著的甘苦，同時也顯示了多看材料的重要。材料愈多，愈有利於裁決，只看見一兩條材料，實不宜輕下結論。這種認識，或許只是治史的常識，但不是人人都可切實做到。

四

《史諱舉例》一書，無疑是一部關於避諱學的總結性著作。書中所舉，凡八十多例，對避諱的方法、避諱的種類、避諱學應注意的事

---

10 啟功在《夫子循循然善誘人》中談到援庵先生的治史方法時說：「老師研究某一個問題，特別是作歷史考證，最重視佔有材料……。自己常說，在準備材料階段、要『竭澤而漁』，意思即是要不漏掉一條材料。」（《陳垣校長誕生一百周年紀念文集》，1980 年 11 北京師範大學出版社〔北京〕，頁 66。）

11 語見陳樂素、陳智超編校《陳垣史學論著選·家書》（1938 年 7 月 12 日），1981 年 5 月上海人民出版社（上海），頁 626。

項、避諱學的利用等等，都作了分析和說明。它既可幫助我們解決一些歷史上的疑難問題，又可幫助我們審定古書文物的真偽和時代。參考過《史諱舉例》一書的人，應該都會同意，書中所舉各例，的確有很大的概括性和啟發性，但如果不避求全之譏，要對這書作進一步的補充，大抵也還是可以的。除了「新君未改元而避諱」一例，我們或許仍可從史書歸納一些諱例，補入《史諱舉例》一書中，供治史者參考。涓涓細流，只有使主流更為弘闊、壯大，應該無損於援庵先生在避諱學上的成就與聲光。

——原載《學術研究》月刊第 8 期，《學術研究》雜誌社（2001年8月）

論王國維先生的屈子情懷

一　引言

　　王國維先生（1877-1927）字靜安，號觀堂，是我國著名學者。
他先後從事哲學、文學、戲曲史、古文字訓詁及音韻、漢晉木簡、漢
魏碑刻、敦煌文獻、古器物、殷周史、西北地理、遼金元史等方面的
研究，成就卓越，在國內外學術界產生很大的影響。他在一九二七年
六月二日（農曆五月初三日）突然自沈於北京頤和園昆明湖[1]，噩耗
傳出，立刻震動了當時的學術界，同時也引發了諸多猜測和議論。這
些猜測和議論，歸納起來，不外虛寫和實寫兩大類。虛寫的例子有文
化社會激變說、悲觀思想影響說等等，實寫的例子有殉清死節說、羅
王晚年失歡說、時局世亂衝擊說等等。到了近期，由於有關資料相繼
出現，而真正知道內情的人又提供了可信的報道，王氏自盡的真相基
本上可以論定。只是目前仍有人堅持虛寫或實寫的立場，不肯妥協、
退讓，使本來不必再爭論的論題，仍會爭論下去。本文嘗試勾稽材
料，並引述學者的意見，討論王國維先生的屈子情懷，藉以了解王氏
重要思想的一部分。其中偶有調和虛寫和實寫之說，意圖打破兩者的
扞格，希望不會出現兩面不討好的情況。

1　或說是裂帛湖。陳守謙《祭王忠愨公文》自註云：「頤和園內係裂帛湖，相傳為昆
　　明湖者，誤也。」參閱陳平原、王楓編《追憶王國維》，1997 年 1 月中國廣播電視
　　出版社（北京），頁 3。陳文見《王忠愨公哀輓錄》，天津羅氏貽安堂 1927 年刻本。

二　王國維先生的自沈和遺書

王國維先生自沈後，各方議論紛紜，報刊報道也有推測失實的，甚至連自沈日期，也有不同說法。吳宓在一九二七年六月五日，寫信給北京《順天時報》的總編輯，詳述有關實況，意在糾正報道的錯誤。據《順天時報》在六月七日的轉述：

> 據云王氏之離校，在六月二日上午九時許（非六月一日）……王步行出校門外，僱三十五號人力車赴頤和園。十時至十一時間，購票入園。行至魚藻軒，由此處之石階，躍入水中。遠處有巡警，聞聲馳救。入水約二分鐘即撈起，已氣絕……王之三公子王貞明，在家久候不歸，追踪至園乃認知為其父。此六月二日下午四時也。[2]

上文的敘述頗為具體，其中雖有推想、憶述的成分，但應該是可信的。至於遺書內容，可參考趙萬里《王靜安先生年譜》的記載：

> 奉尸出園，始於裏衣中得致三子貞明遺書一紙。紙已濕透，惟字迹完好。書曰：「五十之年，只欠一死，經此世變，義無再辱。我死後，當草草棺殮，即行薰葬於清華塋地。汝等不能南歸，亦可暫於城內居住。汝兄亦不必奔喪，因道路不通，渠又不曾出門故也。書籍可託陳吳二先生處理。家人自有人料理，必不至不能南歸。我雖無財產分文遺汝等，然苟謹慎勤儉，亦必不至餓死也。五月初二日，父字。」[3]

2　見《王國維在頤和園投河自盡之詳情》，《順天報》（1927 年 6 月 7 日），陳平原、王楓編《追憶王國維》，頁 126。

3　見趙萬里《民國王靜安先生國維年譜》，1978 年 4 月臺灣商務印書館（臺灣）重印

遺書中的「陳吳二先生」，指陳寅恪和吳宓。王貞明有潛明、高明兩
兄，潛明先其父早一年去世，因此「汝兄」指王高明。談論王氏之死
的人，一般不會忽略遺書開頭十六字的話語，但在解說這些話語時，
卻往往出現理解的分歧。

三　自沈原因的猜測和議論

　　我們分析王國維先生的死因，不能不留意王氏的遺書。遺書文字
簡括，大部分涉及身後家事的安排，而真正與死因有關的，就是開頭
那十六個字：「五十之年，只欠一死，經此世變，義無再辱。」這十
六個字所引發的猜測和議論，可說十分紛紜，不過歸納起來，也不外
虛寫和實寫兩大類。現分別說明如下：

（一）虛寫之說

1 文化、社會激變說

　　從文化、社會激變的角度，來論王國維先生之死的，應以陳寅恪
之說為代表。陳氏在《王觀堂先生輓詞‧序》中說：

> 或問觀堂先生所以死之故。應之曰：……凡一種文化值衰落之
> 時，為此文化所化之人，必感苦痛，其表現此文化之程量愈
> 宏，則其所受之苦痛亦愈甚；迨既達極深之度，殆非出於自殺
> 無以求一己之心安而義盡也。吾中國文化之定義，具於《白虎
> 通》三綱六紀之說……近數十年來，自道光之季，迄乎今日，

本，頁 53。原譜無「民國」及「國維」四字。又，王氏遺書手迹影印本，見王慶
祥、蕭立文校注《羅振玉王國維往來書信》，2000 年 7 月東方出版社（北京），目錄
前插頁。

社會經濟之制度,以外族之侵迫,致劇疾之變遷;綱紀之說,無所憑依,不待外來學說之掊擊,而已銷沈淪喪於不知覺之間……蓋今日之赤縣神州值數千年未有之鉅劫奇變;劫盡變窮,則此文化精神所凝聚之人,安得不與之共命而同盡,此觀堂先生所以不得不死,遂為天下後世所極哀而深惜者也。[4]

陳氏指出綱紀之說,為中國傳統文化的要義,由於外來學說和社會劇變的衝擊,綱紀之說已逐漸「銷沈淪喪」,於是依存於中國傳統文化的王氏,自然深感痛苦,最後「不得不死」。

葉嘉瑩在《王國維及其文學批評》第一編第二章中,羅列王氏死因的不同說法,並一一加以辨析。最後的結論是:王氏是新舊文化激變中的悲劇人物,他的自沈,應包括時代和性格兩項重要因素。時代方面,葉氏指出:

靜安先生所生的時代,就不幸正當中國之舊文化既已衰老腐敗,但存其弊而不見其利之時,而當時列強環伺的危機,使全國急於求變的結果,倉促間接受了當時歐美資本主義挾其富強之餘威所傳入的新的文化和制度,於是遂又未蒙其利而先受其害。在這種雙重弊害的混亂中,靜安先生遂成了一個文化認同混亂之時代中的犧牲者,這自是時代有負於靜安先生之處。[5]

性格方面,葉氏指出:

第一,靜安先生原具有知與情兼勝之稟賦,這稟賦使他在選擇認同的途徑上,遂不免常發生理智感情之矛盾,以及由其引申

---

4 見陳美延編《陳寅恪集・詩集》,2001 年 5 月生活、讀書、新知三聯書店(北京),頁 12-13。

5 見葉嘉瑩《王國維及其文學批評》,1998 年 6 月河北教育出版社(石家莊),頁 87。

而來的知與行之矛盾；第二，靜安先生原具有悲觀之天性，缺乏樂觀進取的信心，因此在時代的激變中，不能真正從事任何革命的行動，而但能為潔身自保之計；第三，他又稟有追求理想的執着精神，對一切事物都欲衡之以最崇高完美之標準，因此一方面遂容易對人世感到失望，而另一方面卻又對自己之持守有極為嚴格的要求。[6]

葉氏認為，上述第一種性格上的傾向，足以釀成王氏悲劇性格的因素[7]。其實第二、第三種性格的特質，又何嘗不會構成性格中悲劇的成分！

有人認為，葉氏之說，「與陳寅恪先生的看法有點相似」[8]。我則認為，葉氏之說，仍然不出陳說的範圍，她只是在陳說的基礎上，對文化、社會激變作了進一步的發揮，而對王氏的悲劇性格，又有較詳細、較深刻的說明。

2 悲觀思想影響說

王國維先生之死，有人認為可能受了叔本華悲觀思想的影響。如陸懋德在《個人對於王靜安先生之感想》中推測：

> 吾又聞王君好德人蕭本華 Schopenhauer 之哲學，蕭本華有言曰：「人為生存而競爭，故生存終不能久。」又曰：「生命如吹肥皂水泡，雖能吹大，而知其必破。」王君之自殺，或亦了悟蕭本華之生死觀而然歟？[9]

---

6 見同上，頁 89。

7 參閱同上，頁 103。

8 參閱羅繼祖、王同策、王慶祥編《王國維之死》的編者按語，1999 年 6 月廣東教育出版社（廣州），頁 165。

9 見陳平原、王楓編《追憶王國維》，頁 183。陸文原載《晨報》（1927 年 6 月 12 日）。

繆鉞在《王靜安與叔本華》一文中，說得更為肯定、具體：

> 靜安受叔氏影響，常存厭世厭生之心……靜安之自殺，當時自
> 有其特殊受刺激之原因，然決不能謂原因僅止於此。蓋吾人如
> 研究靜安之人生哲學，知其憫生悲世，早存厭世之心。其書
> 《古書中故紙》詩曰……詩中借故紙以喻人生，「書成付與爐
> 中火，了卻人間是與非」。隱含毀滅此生無復顧惜之意。此詩
> 作於清光緒二十九年癸卯，靜安年未及三十，而其心中已潛伏
> 自殺之念，蓋自靜安視之，自殺或亦一種解脫也。[10]

蕭艾在《關於王國維的功過》一文也指出：

> 王國維到底為何自殺呢？……封建的儒家學說、老莊哲學、佛
> 學、叔本華與尼采，一切消極悲觀的東西，統統集中在王國維
> 身上。早在一九〇四年他寫《紅樓夢評論》時，就滿腦子厭世
> 思想。這種把「人間」視同「大夢」的觀點，終於形成了牢不
> 可拔的人生觀。[11]

蕭氏認為王氏的死因，與他的悲觀、厭世人生觀有關，只是他同時把
儒家學說、老莊哲學、佛學、叔本華、尼采都視為「消極悲觀的東
西」，不免把論據弄得模糊、乏力了。稍後他在《王國維評傳》中所
發表的意見，倒十分清楚。他明確指出：「叔本華的悲觀主義人生
觀，是王國維自沈的最根本原因」[12]。

---

10 見繆鉞《詩詞散論》，1962 年 8 月太平書局（香港），頁 77-78。

11 見蕭艾《關於王國維的功過》，羅繼祖、王同策、王慶祥編《王國維之死》，頁 166
及 168。蕭文原載《讀書》1981 年第八期。

12 語見蕭艾《王國維評傳》，1987 年 10 月浙江古籍出版社（杭州），頁 218。

（二）實寫之說

1 殉清死節說

　　王國維先生之死，不少人認為是殉清死節。較早期的意見，有陳守謙的《祭王忠慤公文》：

> 嗚呼！君何為而死耶？君何為而自沈以死耶？……君以纏綿忠愛之忱，眷懷君國之念，十餘年來，湮鬱填塞，卒以一死以自明，其志可敬，亦可哀已。[13]

楊鍾羲為王氏撰墓誌銘，也說：

> 甲子十月九日之變，憂憤懷必死之志。……比年戰禍頻仍，時局安危不可知，當事者不聞有所籌議，公欲言不可，欲默不忍，憤激異常時，密書遺囑藏衣帶中，略言「五十之年，只欠一死；經此世變，義無再辱」……遂效止水之節。[14]

吳宓在一九二七年六月二日的日記中，更明確地表示：

> 王先生此次捨身，其為殉清室無疑。大節孤忠，與梁公巨川同一旨趣。[15]

梁巨川（1859-1918）名濟，是梁漱溟的父親。梁漱溟在《王國維自沈昆明湖實情》中說：

13　見陳平原、王楓編《追憶王國維》，頁 3。陳文原載《王忠慤公哀輓錄》，天津羅氏貽安堂 1927 年刻本。

14　見楊鍾羲《誥授奉政大夫賞食五品俸南書房行走特謚忠慤王公墓誌銘》，陳平原、王楓編《追憶王國維》，頁15。楊文原據北京圖書館所藏拓片抄錄。

15　見吳學昭整理注釋《吳宓日記》第三冊，1998 年 3 月生活、讀書、新知三聯書店（北京），頁 344。

> 追懷我先父昔年自沈於積水潭後，曾有知交致輓聯云：「忠於
> 清，所以忠於世；惜吾道，不敢惜吾身。」恰可移用來哀輓靜
> 安先生。[16]

這也是認同王氏之死，與梁濟的殉清屬同樣性質。其他如羅振玉、樊
炳清、孫雄、金梁等人以至與王氏有交往的日本學者，如狩野直喜、
內籐虎次郎、神田喜一郎、青木正兒、小川琢治等等，都從殉清死節
立論，發表悼念王氏之死的文章[17]。

八十年代起，羅繼祖根據新發現的資料，例如王國維先生的書
札，寫了不少辨析王氏死因的文章。其中《王國維先生的政治態度》
一文，對王氏的政治取向論述甚詳，可說是討論王氏殉清死節說的力
作[18]；而王同策為《王國維之死》一書的出版，就乾脆撰文《殉清死
節：王國維自盡真因》，作為書的「代序」[19]。

2 羅王晚年失歡說

關於羅、王晚年失歡，基本上指兩件事：其一是羅、王晚年因家
事絕交；其二是羅向王逼債。殷南在《我所知道的王靜安先生》中
說：

> 他（王國維）從戊戌（一八九八）年以後，和羅振玉總是在一
> 起……偏偏在去年秋天，既有長子之喪，又遭摯友之絕，憤世

---

16 見梁漱溟《王國維自沈昆明湖實情》，陳平原、王楓編《追憶王國維》，頁 143。梁
   文原載《龍門陣》1985 年第四期。
17 參閱王楓《追憶王國維·後記》，陳平原、王楓編《追憶王國維》，同上，頁 574。
   本書收錄了許多日本學者憶念王氏的文章。
18 參閱吳澤、袁英光編《王國維學術研究論集》第一輯，1983 年 9 月華東師範大學出
   版社（上海），頁 398-409。
19 參閱羅繼祖、王同策、王慶祥編《王國維之死》，頁 138。

嫉俗，而有今日之自殺。[20]

原來羅、王本是兒女親家，但羅振玉在女婿王潛明（王國維先生長子）喪事剛料理完畢的第二日，馬上就帶女兒孝純（王潛明婦）歸寧，又沒有通知王家，使王氏大為悲憤。這就是所謂「遭摯友之絕」。商承祚也指出，王氏之死，實「出自家庭中的複雜問題」[21]。據說羅氏女兒出嫁後，因姻戚間的閑言蜚語和僕媼的挑撥，與家姑相處並不融洽。為免女兒在夫家受到欺侮，羅振玉在女婿喪事後盡快把女兒帶回家，不幸引發了王氏自殺的悲劇；這就是所謂「釁由中冓」[22]。

至於逼債之說，史達在《王靜庵先生致死的真因》敘述得最活靈活現，內容大致指羅振玉攜女歸寧後，強令王家每年為自己的女兒提供生活津貼大洋二千元。此外，又因羅王以前曾合伙做生意，可是大折其本。賠本後羅向王催逼還債，使王氏走投無路，最後只好自尋短見[23]！據說逼債說來自羅氏的政敵鄭孝胥，後來溥儀、郭沫若等又從而附會[24]，使羅氏被不少人認定為害死王氏的罪魁禍首。

3 時局世亂衝擊說

王國維先生之死，會不會與當時的時局有關？柏生《記王靜安先

---

20 見陳平原，王楓編《追憶王國維》，頁 138。殷南據說是馬衡的筆名，馬文原載《國學月報》二卷八、九、十合刊（1927 年 10 月）。

21 參閱商承祚《我和古文字學》及《關於王國維先生之死》，陳平原、王楓編《追憶王國維》，頁 172。《我和古文字學》原載《書林》1981 年第 5 期；《關於王國維先生之死》原載《晉陽學刊》1983 年第三期。

22 參閱上述商承祚兩文的編者按語，同上，頁 172-174。

23 參閱陳平原，王楓編《追憶王國維》，同上，頁 64-65。史文原載《文學周報》第五卷第一、二期合刊（1927 年 8 月 7 日）。

24 周君适《偽滿宮廷雜憶》、溥儀《我的前半生》、郭沫若《魯迅與王國維》，都同意逼債說，而周氏就指出，逼債說其實始自鄭孝胥。參閱陳平原、王楓編《追憶王國維》，頁 57、62、174。

生自沈事始末》一文云：

> 今歲四五日間，黨軍下徐州，馮玉祥引兵出潼關，敗奉軍於河
> 南，直魯危急，北京大恐。……是晚，某與同學謝國楨，謁先
> 生於校西院十八號私第……言下，涉及時局，先生神色黯然，
> 似有避亂移居之思焉……雖然，先生之死，自有宿因；而世亂
> 日迫，實有以促其自殺之念。[25]

柏生，據說是劉節的筆名。劉氏是王國維先生的學生，他的記述，是
親見親聞的事。

容庚在《甲骨學概況》中說：

> 自沈之前曾過訪余，談及共產黨槍殺葉德輝事，頗致憂鬱。時
> 先生方垂長辮，共軍來，不畏槍殺而畏剪辮也。[26]

上述意見，大概認為王國維先生在時局的衝擊下，不免有「世亂日
迫」的憂懼，最後促使他走上自殺之途。

關於王氏的死因，還有多種實寫的說法，例如「貧困多病厭世
說」、「受梁啟超排擠說」、「致信北大為清室爭遺產說」等等，可信性
並不大，也不必一一列舉了[27]。

四　王國維先生效法屈原說

周策縱在《論王國維人間詞》中，特別強調王氏的自沉與屈原

---

25 見陳平原，王楓編《追憶王國維》，頁 206-210。柏文原載《國學月報》第二卷第
　八、九、十號合刊（1927 年 10 月）。
26 見同上，頁 257。容文原載《嶺南學報》第 7 卷第 2 期（1947 年 7 月）。
27 參閱羅繼祖、王同策、王慶祥編《王國維之死》中所載顧頡剛、蕭艾、劉雨等人的
　說法，頁 100-105、頁 166-171、頁 175-178。

（前 339-？）的關係。他這樣說：

> 靜安之自沈也，世人論之紛紛，有謂為忠於故君者，有謂為殉
> 中國故有文化者，有謂因受叔本華悲觀哲學之影響過深者，有
> 謂其為厭世而自求解脫者，皆不為無理。而獨鮮人指出其受屈
> 原作品之極端感動何耶？靜安嘗於其《文學小言》中曰：「三
> 代以下之詩人，無過於屈子、淵明、子美、子瞻者。此四子
> 者，苟無文學之天才，其人格亦自足千古。」……又於二十六
> 歲時作《塵勞》一律……更為屈原之自沈作辯護。迨其自己投
> 淵之前九年（1918），復於《百字令》中云：「楚靈均後數柴
> 桑……有人同此伊鬱。」則其終與屈子同歸，不為無因。[28]

這說明了王氏既肯定屈原有高尚的人格，又有屈原同樣的情懷，因而
對屈原的自沈有深刻的同情和了解。不過周氏認為討論王氏的自沈，
很少人能指出屈原影響的因素，則可能與事實稍有出入。

陳守謙《祭王忠愨公文》云：

> 嗚呼！君何為而死耶？……更何為而必於天中節自沈裂帛以死
> 耶？……天中節者，屈大夫懷忠抱憤自沈於湖之日也。君以纏
> 綿忠愛之忱，眷懷君國之念，十餘年來，湮鬱填塞，卒以一死
> 自以明，其志可敬，亦可哀已。[29]

這明指王氏有意效法屈原的自沈。梁啟超《王靜安先生紀念號‧序》
又云：

---

28 見周策縱《論王國維人間詞》，1981 年 9 月時報文化出版事業有限公司（臺北），頁
  51。
29 見陳平原，王楓編《追憶王國維》，頁 3。陳文原載《王忠愨公哀輓錄》，天津羅氏
  貽安堂 1927 年刻本。

啟超以為王先生蓋情感最豐富而情操最嚴正之人也……充不屑不潔之量，不願與虛偽惡濁之流同立於此世，一死焉而清剛之氣乃永在天壤。夫屈原縱不投汨羅，亦不過更鬱悒侘傺十數年極矣，屈原自沈，我全民族意識上之屈原，曾沈乎哉？[30]

梁氏將王氏與屈原相提並論。所謂「情感最豐富而情操最嚴正之人」，既是說王氏，也是說屈原。陳寅恪在《輓王靜安先生》詩中，也清楚地表達：

贏得大清乾淨水，年年嗚咽說靈均。[31]

吳宓在一九二七年六月二日的日記中云：

宓以王先生獨赴頤和園，恐即效屈靈均故事。已而侯厚培來報，知王先生已於今日上午十時至十一時之間，投頤和園之昆明湖中自盡，痛哉！[32]

吳氏的輓聯也說：

離宮猶是前朝，主辱臣憂，汨羅異代沈屈子；浩劫正逢此日，人亡國瘁，海宇同聲哭鄭君。[33]

吳氏的意見，可說與梁啟超、陳寅恪同調。謝國楨在《題王國維先生書扇面絕筆書遺迹》中也說：

他（王氏）少年時代思想上曾受過歐洲資產階級學者叔本華、

---

30 見同上，頁 99-100。梁文原載《國學論叢》第一卷第三號（1928 年 4 月）。

31 見陳美延編《陳寅恪集·詩集》，頁 11-12。

32 見吳學昭整理注釋《吳宓日記》第三冊，頁 344。

33 見羅繼祖、王同策、王慶祥編《王國維之死》，頁 47。

> 尼采等人的洗禮，又為我國漢代班固《白虎通德論》中所說
> 「三綱六紀」的思想所束縛。新舊思想上的矛盾，交織往來於
> 胸懷之中，不能解決；而終於效法古代愛國詩人屈原沈汨羅的
> 自沈，他也恰當於榴花盛開，五月端午的時節……而投昆明湖
> 自殺了。[34]

這也是王氏有意效法屈原自沈的一種說法。

上述種種言論，都足以說明王氏既有傳統三綱六紀的思想，又有屈原的情懷，因此最後採用屈原自沈的相同方式，去了結自己的生命。王氏為甚麼會有屈原的情懷？我們看他在《文學小言》中稱譽屈原的人格「自足千古」，又推許他為「曠世而不一遇」的大詩人[35]，而在《屈子文學之精神》中，更說「周秦間之大詩人，不能不獨數屈子」[36]，就知道屈原在他心目中的分量和屈原的人格、行事、作品對他所產生的影響。但屈原情懷究竟有些甚麼特徵？我們就得要作進一步的辨析和說明。

五 屈子情懷的主要特徵

一個人的思想和情懷，往往對形象有影響。思想屬理性，情懷屬感性，兩者在一個人身上有或強或弱的表現，但並不能分為兩截。所以我們在分析屈原的思想時，當然會談他的社會理想和人格信念，但不能不涉及他的情懷；同樣的理由，我們在抉發屈原的情懷時，也不能不觸及他的思想。歷代學者對屈原的研究，由於時代思潮的影響，

---

34 見陳平原，王楓編《追憶王國維》，頁 189。謝文原載《文匯報》（1987 年 9 月 22 日）。
35 參閱傅杰編校《王國維論學集》，1997 年 6 月中國社會科學出版社（北京），頁 312。
36 參閱同上，頁 318。

因而對屈原作品有不同的解讀，也不斷改寫屈原的形象。但無論怎樣，當談到屈原的情懷時，大多數人都不會否定下列兩項主要特徵：其一是憤世嫉邪的怨懟，其二是忠君愛國的誠心。

《離騷》可說是最能顯示屈原思想、情懷的作品。司馬遷（前145-？）《史記・屈原列傳》云：

> 屈平疾王聽之不聰也，讒諂之蔽明也，邪曲之害公也，方正之不容也，故憂愁幽思而作《離騷》。……屈平正道直行，竭忠盡智以事其君，讒人間之，可謂窮矣。信而見疑，忠而被謗，能無怨乎？屈平之作《離騷》，蓋自怨生也。……其志絜，故其稱物芳。其行廉，故死而不容自疏。[37]

「憂愁幽思」蓄於中，表現出來就是憤世嫉邪的怨懟，因此《離騷》文中「責數懷王，怨惡椒蘭」[38]的語句，可說觸目皆是，但忠君愛國之情，又處處流露。朱熹（1130-1200）的《楚辭集注》，雖有理學思想為主導，但也足以發明屈原情懷的主要特徵。朱氏在《楚辭集注・序》中云：

> 原之為人，其志行雖或過於中庸而不可以為法，然皆出於忠君愛國之誠心。原之為書，其辭旨雖或流於跌宕怪神，怨懟激發而不可以為訓，然皆生於繾綣惻怛，不能自已之至意。……而所天者幸而聽之……豈不足以交有所發，而增夫三綱五典之重？[39]

---

37 見司馬遷《史記》卷八十四《屈原列傳》，1959 年 9 月中華書局（北京）校點本，頁2482。

38 語見班固《離騷序》，參閱洪興祖《楚辭補注》，1983 年 3 月中華書局（北京），頁49。

39 見朱熹《楚辭集注》，1979 年 10 月上海古籍出版社（上海），頁 2。

朱熹的《楚辭集注》，觀點上以儒家思想為主流，有「增夫三綱五典之重」的目的，但他所提到的「忠君愛國之誠心」、「怨懟激發」、「繾綣惻怛」，又的確是大部分人所認同的屈原情懷。更可注意的是，王國維先生也同意屈原具有這樣的情懷，而自己也有這樣的情懷。下面試略作闡述。

六　王國維先生的屈子情懷

王國維先生在《文學小言》中，稱屈原為「屈子」，並譽之為「曠世而不一遇」的文學天才；而文學天才的特質，必須具有「銳敏之知識」、「深邃之感情」、「高尚偉大之人格」[40]。可見他對屈原的仰慕和推崇。在《屈子文學之精神》中，王氏把先秦「道德政治上之思想」分為南北兩學派，北以孔墨為代表，南以老莊為代表。文學方面，《詩經》屬詩歌的文學，代表北，《老子》、《莊子》、《列子》屬散文的文學，代表南，而屈原則合有「北方人之感情與南方人之想像」[41]。王氏說：

> 屈子南人而學北方之學者也……其所稱之聖王，則有若高辛、堯、舜、禹、湯、少康、武丁、文、武，賢人則有若皋陶、摯說、尌、咸……皆北方學者之所常稱道，而於南方學者所稱黃帝、廣成等不一及焉。雖《遠遊》一篇，似專述南方之思想，然此實屈子憤激之詞，如孔子之居夷浮海，非其志也。……《九章》中之《懷沙》，乃其絕筆，然猶稱重華、湯、禹，足知屈子固徹頭徹尾抱北方之思想，雖欲為南方之學者，而終有

---

40 參閱傅杰編校《王國維論學集》，頁 311-312。

41 參閱同上，頁 315-317。

　　　所不慊者也。[42]

根據王氏的意見，屈原以南人而學北方之學，因此主導思想固然是北
方儒家的思想，而情懷也就是「忠君愛國之誠心」。有這種情懷的
人，遇到大是大非的關節，就會以儒家思想作為判斷的準繩。不過，
屈原是南人，在南方情懷的影響下，不免會有怨懟的言論和憤激的行
為。我們考察屈原的事跡和作品，不難得到相類的印證。王氏對屈原
極為景仰，並認同他的想法，因此我們推論他的自盡，實抱有與屈原
同樣的情懷，而且有意步趨屈原的行為，應該不是毫無根據的妄測。

　　在《屈子文學之精神》中，王國維先生極口稱頌懷沙自沈的屈
原：

> 屈子之自贊曰「廉貞」。余謂屈子之性格，此二字盡之
> 矣。……女嬃之詈，巫咸之占，漁父之歌，皆代表南方學者之
> 思想，然皆不足以動屈子。親則肺腑，尊則大夫，又嘗管內政
> 外交之大事矣，其於國家皆同累世之休戚，其於懷王又有一日
> 之知遇，一疏再放，而終不能易其志。[43]

王氏所推崇和嚮往的，就是屈原的完美品節和人格，因為其中有他所
看重的道德價值。王氏晚年把自己的詞集《人間詞》改為《苕華
詞》。「苕華」取義，源自《詩經》的《小雅·苕之華》。《詩序》云：

> 《苕之華》，大夫閔時也……君子閔周室之將亡，傷己逢之，
> 故作是詩也。[44]

---

42 見同上，頁 317。

43 見同上。

44 見《十三經注疏·毛詩注疏》卷十五，1960 年 1 月藝文印書館（臺北）影印本第四
　　冊，頁 526。又朱熹《詩集傳》卷十五《小雅·苕之華》注云：「詩人自以身逢周室
　　之衰，如苕附物而生，雖榮不久，故以為比，而自言其心之憂傷也。」（1961 年 1 月

周策縱在《論人間詞》中指出：

> 《苕之華》一詩原不必如傳統之解釋有大夫傷周室將亡之意，
> 寧為自傷及哀民生之多艱。其「知我如此，不如無生」之句，
> 亦類近於觀堂之人生觀，然則此又未嘗不微露其自沈之志也。[45]

王國維先生曾說過，「詩歌之題目，皆以描寫自己之感情為主，其寫
景物也，亦必以自己深邃之感情為之素地」[46]。我們試考察王氏的詩
詞，就可看到其中不乏顯示與屈原情懷相同或相近的語句，如《題梅
花畫笙》云：

> 夢中恐怖諸天墮，眼底塵埃百斛強。苦憶羅浮山下住，萬梅花
> 裏一胡床。[47]

夢中的「恐怖」與眼底的「塵埃」，代表人世的恐懼與濁穢，因此不
得不追求代表高潔芳香的萬樹梅花勝境。此詩作於光緒二十五年
（1899），當時只有二十二歲的王氏，在詩中表達的情意，已與屈原
以高潔芳香自許的作品近似。光緒二十九年（1903），王氏以《塵
勞》為題作詩：

> 迢迢征雁過東皋，謖謖長松捲怒濤。苦覺秋風欺病骨，不堪宵
> 夢續塵勞。至今呵壁天無語，終古埋憂地不牢。投閣沈淵爭一
> 間，子雲何事反離騷？[48]

中華書局〔北京〕，頁 174。）
45 見周策縱《論王國維人間詞》，頁 37。
46 語見王國維《屈子文學之精神》，傅杰編校《王國維論學集》，頁 316。
47 見陳永正校注《王國維詩詞全編校注》，2000 年 3 月中山大學出版社（廣州），頁
    28。
48 見同上，頁 50-51。

「塵勞」意云塵世的勞苦，王氏詩詞往往透露「不堪」「塵勞」之意。「呵壁天無語」，用的是屈原作《天問》的典故。最後王氏認為揚雄（子雲，前 53-後 18）的投閣與屈原的沈淵，只不過是一間之別，但揚雄卻有《反離騷》之作，顯然不是屈原的知音。王氏認為，屈原的自沈，原因是問天天無語，埋憂又地不牢，內心的委屈與痛苦無法消解，只好自我了結生命以尋求永久的解脫。異代同悲，王氏與屈原的情懷是一致的[49]。

光緒三十四年（1908），王氏有詞《虞美人》一首，流露了類似屈原的孤憤，是一篇追懷故國的作品：

> 杜鵑千里啼春晚，故國春心斷。海門空闊月皚皚，依舊素車白馬夜潮來。山川城郭都非故，恩怨須臾誤。人間孤憤最難平，消得幾回潮落又潮生。[50]

《楚辭·招魂》有「目極千里兮傷春心」句，「故國春心斷」，是同樣的情懷。「海門」指錢塘江口，傳說伍子胥死後，有人看見他素車白馬隨錢塘江潮水而來。王氏借伍子胥表達眷戀故國之情，何等傷痛深切！錢塘江之水與昆明湖之水，可能都有象徵的意義。

民國七年（1918），王氏所填的《百字令》，是為了《題孫隘庵南窗寄傲圖》，內容是借了題圖表達亡國遺臣的感慨。其上半闋云：

> 楚靈均後數柴桑，第一傷心人物。招屈亭前千古水，流向潯陽百折。夷叔西陵，山陽下國，此恨那堪說。寂寥千載，有人同此伊鬱。[51]

---

49 參閱同上，頁 52。揚雄，或作楊雄。
50 見同上，頁 440。
51 見同上，頁 448。「柴桑」指陶淵明；「夷叔」指伯夷、叔齊，兩人為商朝末年人。

伯夷、叔齊、陶淵明（365-427）都是國亡後隱居的遺民，因而與屈原同是心懷憂憤、「此恨那堪說」的傷心人物，而現實生活中的孫德謙（隘庵）和王氏自己，又何嘗不然！周策縱因此說「其終與屈子同歸，不為無因」。

七　死因諸說的辨析與調和

　　談論王國維先生的死因，意見儘管很多，但基本上仍然緊扣王氏遺書的關鍵語句，只是解說各有不同。遺書的關鍵語句是：「五十之年，只欠一死，經此世變，義無再辱。」王氏生於一八七七年，一九二七年投水自盡，剛剛五十歲，這就是所謂「五十之年」。「只欠一死」，有「早就該死」的含意。原來民國十四年（1925）馮玉祥向宣統逼宮，王氏與羅振玉、柯劭忞相約同沈神武門御河殉節，後因故未踐約，顯然應死節而沒有死節，所以自責為「只欠一死」。「經此世變」的「世變」，程度上應指國家社會上的大變動，羅王失歡、催逼還債、貧困多病、受人排擠、為清室爭遺產等等說法，只是個人的榮辱，都夠不上「世變」的程度，何況其中還有一些只是猜測、失實的傳聞。因此，「世變」應指南軍勢張，北伐成功，清皇朝行將覆滅這一件大事[52]。金梁《王忠慤公殉節記》云：

> 既以世變日亟，事不可為，又念津園可慮，切陳左右，請遷
> 移，竟不為代達，憤激幾泣下。[53]

羅振玉《海寧王忠慤公傳》云：

52　參閱王同策《殉清死節：王國維自盡真因》（代序），羅繼祖、王同策、王慶祥編《王國維之死》，頁 5-6。

53　見陳平原、王楓編《追憶王國維》，頁 81。

南勢北漸,危且益盛,公欲言不可,欲默不忍。[54]

趙萬里《王靜安先生年譜》有較詳細的敘述:

> 去秋以來,世變益亟,先生時時以津園為念。新正赴津覲見,
> 見園中夷然為常,亦無以安危為念者,先生睹狀至憤……四月
> 中,豫魯間兵事方亟,京中一夕數驚,或有甚於甲子之變,乃
> 益危懼。[55]

陳寅恪《輓王靜安先生》詩自註云:

> 甲子歲馮兵逼宮,柯、羅、王約同死而不果。戊辰馮部將韓復
> 榘兵至燕郊,故先生遺書謂「義無再辱」,意即指此。遂踐舊
> 約,自沈於昆明湖,而柯、羅則未死。[56]

如果馮玉祥的甲子逼宮是「初辱」,則韓兵會使清室「再辱」;清室
「辱」,則忠於清之人不能免「辱」。王氏在「世變」中不免日益危
懼,而溥儀左右竟「無以安危為念者」,更屬不可忍受,最後不得不
自沈以踐舊約。我們如果了解王氏晚年的政治情懷和態度,則應該明
白王氏的自盡,主要並非出於一己之慮,而實與殉清死節有關。但殉
清死節,即表示王氏自視為清遺民。在我們今天看來,王氏自視為清
遺民,沒有甚麼不對,但在民國初年,排滿意識強烈,清遺老、遺少
是嘲諷的貶義詞,自視為清遺民有為異族守節之嫌,與民族大義、民
主思潮相牴逆,與元代宋遺民、清代明遺民的性質大異其趣。敬愛王
氏的學者,為了避免王氏被視為遺老、遺少,因而在虛寫方面大造文
章,在實寫方面避重就輕。陳寅恪對王氏有深刻的同情了解,他並不

---

54 見同上,頁9。
55 見同上,頁179。
56 見陳美延編《陳寅恪集・詩集》,頁11。

否定王氏殉清的事實，但仍然強調王氏「以一死見其獨立自由之意志」，與傳統文化綱紀「共命而共盡」[57]。至於傳統文化綱紀的體現，就是屈原情懷的主要特徵——忠君愛國的誠心。不過屈原生於楚，所以忠君愛國的誠心以楚為對象；王氏生於清，所以忠君愛國的誠心以清為對象。王氏的態度，最好用梁濟殉清的事來說明。

民國六年（1917），復辟失敗，梁濟認為清遺民中應有人殉節，於是在民國七年（1918）自沈，並公開明確表示自己是「殉清朝而死」。他在遺書中這樣解釋：

> 清朝者，一時之事耳；殉清者，個人之事耳。就事論事，則清朝為主名；就義論義，則良心為道理。設使我身在漢，則漢亡之日必盡忠；我身在唐，則唐亡之日必盡忠；在宋在明，亦皆如此。我身為清朝之臣，在清亡之日則必當盡忠於清。是以義為本位，非以清為本位。[58]

陳寅恪在《王觀堂先生輓詞·序》中推許王國維先生之死是「殉道」，並指出「其所殉之道，與所成之仁，均為抽象理想之通性，而非具體之一人一事」[59]，可見王氏之死的性質，實可與梁濟之死的性質等量齊觀。「忠於清，所以忠於世」，倒過來就是「忠於世，所以忠於清」。無論忠的對象是「清」也好「世」也好，內裏的涵義是尊重傳統的文化綱紀，外在的表現則往往是偏激的行為，而驅使梁、王兩人有所行動的力量，就是「屈子情懷」。

---

57 參閱陳寅恪《清華大學王觀堂先生紀念碑銘》，《金明館叢稿二編》，1980 年 10 月上海古籍出版社（上海），頁 218；《王觀堂輓詞並序》，陳美延編《陳寅恪集·詩集》，頁 13。

58 見梁濟《敬告世人書》（戊午九月二十一日），《遺筆彙存》（遺書之一），梁煥鼐、梁煥鼎編《桂林梁先生遺著》，1968 年臺灣華文書局（臺北）重印本，頁 84-85。

59 參閱陳美延編《陳寅恪集·詩集》，頁 12。

　　我們不能說，王氏之死，與他晚年個人遭遇的種種完全沒有關係。如羅王失歡、時局世亂、生活不如意等等，再加上為人內向木訥，「體素羸弱，性復憂鬱」[60]，都會導致他好叔本華、尼采之說，有厭世、悲觀、自毀的傾向，但如果沒有屈原的思想、情懷，他就不會視忠君愛國為人生中的頭等大事，也不會因邪曲害公、宗國危亡而心懷極大的憂憤。當國亡主辱時，臣又怎能不殉節！時至今日，我們倒不必以大漢民族主義的心態，貶抑殉清的行為，並千方百計去掩飾、開脫王氏的殉清，因而忘記他為了維護文化綱紀和道德價值的精神意義所作出的重大犧牲。

八　結語

　　王國維先生的自沈，原因是虛中有實，實中有虛。從虛處看，是抽象的屈子情懷；從實處看，是具體的殉清死節。屈子情懷，指激越的忠君愛國情緒，有維護傳統文化綱紀、看重傳統道德價值的意義。殉國死節，在我國歷史上改朝換代時不乏其人，而且會受到當時和後世極大的尊重。我們在談到宋遺民、明遺民時，往往會流露敬重、仰慕之情。元、清兩代由異族統治，在漢民族主義者的心目中，元遺民、清遺民有「漢奸」的含義，在以漢民族為主流的國家社會中，往往難以討好。於是愛護王國維先生的親友、同輩、後學，在提及王氏之死時，都只好從虛處着筆，大談文化意義、自由意志、道德操守，而清遺老、遺少則認定是殉清。只是遺老、遺少的言論，在當時甚至在今天是受人貶抑為封建、保守、落伍的。

　　葉嘉瑩討論王氏的死因，駁斥眾說，主要從文化立論，可說是文

---

60 參閱徐中舒《王靜安先生傳》，陳平原，王楓編《追憶王國維》，頁 193。徐文原載《東方雜誌》二十四卷十三號（1927 年 7 月）。

化論者的中堅，雖然她的意見，其實是以陳寅恪之說為基礎。不過，陳氏從沒有否定殉清之說，而且也以屈原與王氏相比。有人認為，陳氏之所以有這樣的表現，正因為他與王國維先生同樣有文化遺民心態[61]。不過這與本文論旨無關，這裏就不多討論了。羅繼祖很敬重王氏，但為了要為祖父羅振玉辨誣，他多年來蒐集了不少可靠資料，特別是王國維先生的信札，證明王氏之死實因殉清死節。從資料來說，王氏殉清是可信的，因此近期已形成一種蓋棺論定之說，《追憶王國維》（1997）、《王國維之死》（1999）兩書，結集了不少資料，可以作為代表。而羅繼祖的論述、王楓所寫的《後記》、王同策所寫的《代序》，都是論據堅實、值得參考的篇章[62]。可惜有部分學者過分執着於王氏殉清的事實，而不理會殉清背後所蘊含的文化綱紀、道德價值的意義和屈子情懷對王氏的影響。其實在羅繼祖所發表的論述中，並不否定王氏的屈子情懷，也不否定文化綱紀、道德價值在王氏死因中的成分，只是讀者較留意的，是羅氏對王氏殉清的有關論證和所提供資料。王氏遺書，把書籍處理託付陳寅恪、吳宓兩人，其中不無以知己待之的意思。吳氏在日記中，明確表示王氏「忠事清室」，並自誓為了「實行所志」，或為了「維護中國文化道德禮教之精神」，不惜效「王先生之行事，從容就死」[63]；又自述病中朗讀王國維《頤和園詞》和陳寅恪《王觀堂先生輓詞》，不覺「涕泗橫流，久之乃舒」[64]。

---

61 參閱余英時《陳寅恪的學術精神和晚年心境》，《陳寅恪晚年詩文釋證》，1998 年 1 月東大圖書股份有限公司（臺北），頁 12。余文原載《明報月刊》1983 年 1 及 2 號。

62 參閱陳平原，王楓編《追憶王國維》，頁 568-592；羅繼祖、王同策、王慶祥編《王國維之死》，頁 1-8。

63 參閱吳宓 1927 年 6 月 3 日的日記，吳學昭整理注釋《吳宓日記》第三冊，頁 344。

64 參閱王楓《追憶王國維‧後記》引述吳宓 1971 年 1 月 29 日的日記，陳平原、王楓編《追憶王國維》，頁 584。本文完稿時在香港只見到《吳宓日記》一至十冊，第十冊是 1946 至 1948 的日記。

我以為陳氏和吳氏，在當時已試圖調和虛寫和實寫之說，只是沒有作較詳細的論述而已。

最後，我們或許可以概括地說，王國維先生之死，有遠因、內因，也有近因、外因。性格內向、思想悲觀是遠因，文化、情懷是內因；時局世亂是誘發他自沈殉清的近因和外因。至於個人遭遇的種種，除了部分無根失實之說，其他因素不能說完全沒有關係，但跟屈子情懷的影響比較起來，恐怕微不足道了。

——原載《21世紀世界與中國——當代中國發展熱點問題》，清華大學出版社（2003 年 12 月）

附錄　王國維先生遺書

五十之年，只欠一死。經此世變，義無再辱。我死後當草草棺殮，即行藁葬於清華塋地。汝等不能南歸，亦可暫於城內居住。汝兄亦不必奔喪，因道路不通，渠又不曾出門故也。書籍可托陳吳二先生處理。家人自有料理，必不至不能南歸。我雖無財產分文遺汝等，然苟謹慎勤儉，亦不至餓死也。

五月初二日　父字

清宮診病制度與一個地方醫生應詔北行的短期生活

——薛寶田《北行日記》讀後

　　清代宮廷設有太醫院，屬五品衙門（一度為四品）。醫術初設十一科，後併為九科，前後雖有增減，但大小方脈、傷寒、婦人、瘡瘍、鍼灸、口齒、咽喉、正骨、痘疹等，大體齊備。據《清史稿‧職官志》載：太醫院設管理院事王大臣一人，其次是院使、左右院判，以下設御醫、吏目、醫士、醫生。在太醫院供職的醫官，服務對象主要是宮裏的人，當然是皇帝、后妃、皇子等等，不過有時也要為王公、公主、額駙（駙馬）、文武大臣服務；皇帝駐蹕或出巡外地，也有醫官隨行。所有診療，都要有詳細「脈案」，以備查核[1]。能供職太醫院，醫術必須高明，那不用說了，但醫術高明，不一定可藥到病除，有時甚至屢醫不愈，哪怎麼辦？當時的做法是，下詔官員在京城以外的地方，物色、保舉名醫入宮診病[2]。可見為皇帝、后妃、皇子診病的醫務人員，實包括在太醫院供職的醫官和應詔入宮的各地醫

1　參閱趙璞珊《中國古代醫學》，1983 年 3 月中華書局（北京），頁 244；陳可冀編
　　《清代宮廷醫話》的《前言》，1987 年 8 月人民衛生出版社（北京），在「目錄」前，
　　未編頁數；李春生《清宮中的醫事制度》，陳可冀編《清代宮廷醫話》，頁 10-15。《清
　　史稿‧職官志》有關記述，參閱《清史稿》卷一百十五，1977 年 12 月中華書局（北
　　京）校點本，頁 3325-3326。
2　參閱李春生《清宮中的醫事制度》，陳可冀編《清代宮廷醫話》，頁 14-15。

生。《北行日記》的著者薛寶田（心農），就是以地方醫生的身份，應
詔入宮為慈禧太后診病。鄭逸梅在《御醫馬培之》一文中說：

> 清廷太醫院設御醫，專為皇帝和后妃治病，供奉的都是歧黃高
> 手、刀圭名家，似乎可以不事外求了，但事實並不如此。原來
> 帝后的膳食，決不是一般的蔬菜蘿菔，慣例膏腴雜陳，脯醢並
> 薦，經常這樣，於生理衛生是有妨礙的。所以「九五之尊」大
> 都身貴體弱，病了不易即愈。病稍久，就認為太醫不中用，便
> 下詔招召海內名醫，由地方長官物色保舉，赴京就診。[3]

馬培之也像薛寶田一樣，以地方醫生的身分，應詔入宮。嚴格來說，
他不算「御醫」，稱他為「御醫」，只是從俗的尊稱。這類醫生，必須
經由地方長官的保舉。保舉者在考慮人選時，因為要負保舉的責任，
所以必須小心謹慎，唯恐出錯；受保舉者也會驚喜交集，誠惶誠恐[4]。
　　據《北行日記‧德馨序》的記述：

3　見紫禁城雜誌社編《故宮新語》，1984 年 2 月上海文化出版社（上海），頁 166。馬
　　培之（1820-1899，一作 1903），名文植，清江蘇孟河人，是清末的醫學大家，精通
　　內外科，尤以外科最為著名。馬氏撰有《紀恩錄》一書，記述自己應詔入京為慈禧
　　診病的經過。鄭逸梅曾見過《紀恩錄》的副錄本。周文泉在《馬培之為慈禧診病奏
　　折小議》指出：「稱馬培之為御醫，不甚準確，以稱『徵君』為妥。」（見陳可冀編
　　《清代宮廷醫話》，頁 29。）因為應詔入宮診病的地方醫生，與太醫院的「御醫」
　　並不相同，而太醫院的醫官，也不盡是「御醫」。
4　關於「保舉」一詞的涵義，楊聯陞在《原保》一文中有具體的說明。楊氏的說明，
　　雖非專為清代的保舉而發，但頗能說明保舉到底與一般所謂「推薦」不同。楊氏
　　說：「保舉為官，與薦舉有分別。據漢法，保舉人員有終身的責任，這就是保舉連
　　坐法。唐以後，保舉人負的責任略有增減。我已故的朋友 E. A. Kracke 教授是宋史
　　專家，認為保舉可相當於英文 Sponsorship……清代士人如要任官，必須陛見時要先
　　覓適當之人擔保，須以在京同鄉中級品官出具印結，是故具結費是京官的一項可觀
　　收入。」（見楊聯陞《中國文化中報、保、包之意義》，1987 年中文大學出版社〔香
　　港〕，頁 13。）

皇帝龍飛之六年……是夏六月奉上諭，以慈禧太后聖躬不豫，令直隸各督撫擇精通醫術者具疏奏進。時浙撫茶陵尚書譚公鍾麟也，諮諏考核，慎難其人，持審者久之。予進而言曰：「……今後時不舉，將無以為四國光也。」公曰：「是固然矣。然聞之，肱不三折，不良於醫，醫不三世，不服其藥。顧安得倉公扁鵲其人者，克肩斯任乎？」予曰：「浙江舊仿宋惠民私劑例，設醫局於運司，署立本堂，主其事者，為薛鹺尹寶田。其人吏而文，醫而儒，切脈既真，臨診亦夥，前院司皆倚重之，宜若可使。」或曰：「薛尹誠良醫，然年幾七十矣……或病未能。」予曰：「不然……」遂以語君。君曰：「君父有急，正為臣子者致身竭力之時……」予喜，為力言於譚公，遂定，計以君應，而仲廣文學輅副之。[5]

下詔直隸各督撫保舉精通醫理者入宮為慈禧治病，在光緒六年（1880）。從德馨和譚鍾麟的對話，我們應可約略想見，地方長官在甄別、保舉醫生人選時，所考慮的條件，既要有豐富經驗、湛深醫術，同時又要是醫學世家，所謂「諮諏考核，慎難其人」，所謂「持審者久之」，都可見態度的極度矜慎。薛寶田時年六十六歲[6]，當被問及是否接受保舉成行時，曾表示願意「致身竭力」，以報君父之急。其實只要是合適的人選，願意或不願意，也是要成行的。《北行日記·唐樹森序》的記述，或許近於事實：

5 見薛寶田（1815-1885）《北行日記》，1985 年 7 月河南人民出版社（河南），頁 3-4。本書由劉道清校注。薛氏清江蘇如皋人，與馬培之同時，出身名醫世家，一生只做過鹺尹、縣令等小官。除《北行日記》外，薛氏還有著作《症治管窺》和手批《醫藥心悟》。

6 據薛寶田《北行日記》「八月初六日」的記事：「（慈安）皇太后問余：『何處人？』對以江蘇人。問：『多少年紀？』對：『六十六歲。』」（頁 66。）

乃者慈禧太后聖躬違和，太醫罔效，於是從寶竹坡學士之請，
徵醫於外省，直隸、山西、江南、湖北，均有應徵入者。浙江
中丞則舉薛寶田、仲學輅以應。心農時年已七十，自揣衰邁，
退然如不勝，只因上官催迫登程，同僚從旁慫恿，乃航海北
上。閱三月而旋。[7]

　　當時保舉醫生入京的地區，廣及直隸、山西、江南、湖北各地。
薛寶田的年齡雖不是真的七十，但以六十六的年紀，勉力登程，恐怕
「上官催迫」、「同僚從旁慫恿」等語，才真是當時情實。又，薛氏應
詔上京，行程採取海道，在接近京師時則乘馬車，沿途舟車之勞，對
一個年近七十歲的長者來說，是夠苦的。下面是《北行日記》中一些
有關記述[8]：

日期	行程
七月十三日	登舟……晚宿大關，是夜極熱。
七月二十一日	宿上艙。房間人聲喧雜，永夕不寐。
七月二十二日	五鼓啟輪。無風，甚熱，與昂庭至艙外納涼，遇含山陳君，閑話，頗以余白鬚航船為奇事。
七月二十三日	卯刻，過黑水洋。有微風，船小顛簸。余素患頭暈，稍覺不支，臥艙中不能觀海矣。
七月二十六日	患腹痛泄瀉，甚劇……臥床，不能飲食……晚間瀉止，進薄粥一碗。
七月二十七日	辰刻，乘二馬車入都。力疾登程，中尖（間）強食麵餅一。

7　見同上，頁 23-24。

8　參閱同上，頁 50-60。七月二十二日提及的昂庭，即仲學輅。

在極為酷熱的七月中，薛氏僕僕征途，既因人聲喧雜而整夜失眠，又受海船顛簸之苦，頭暈、腹瀉又來困擾，本來最好喫藥、臥床好好休息，但事實卻仍要「力疾登程」，而聊以充飢的是薄粥和麵餅。薛氏所記，文字頗為簡略，但沿途所歷艱辛，已能曲曲傳出。薛氏的「應詔」，真是「致身竭力」！

應詔的醫生抵達京師後，除了居留在官方預先安排的住所外，還要向有關部門辦理報到的手續。據《北行日記》「八月初二日」的記述：

> 辰刻，移居內城東安門外冰盞胡同賢良寺……寺內先有醫生江蘇職員馬文植（號培之）、江西縣丞趙天向（號德興）及伴送之端太守昶（號石如）住焉。[9]

薛氏留京期中，住所就是賢良寺，當時同在這寺院住下的，還有其他應詔的醫生和伴送的官員。又據同書「八月初四日」的記述：

> 內務府投文報到，謁見大臣廣紹彭大司馬壽，並師、恩、志、廣各大臣，及內務府主事恩湛如溥。內務府五大臣中，恩名承，字露圃，時官大宗伯步軍統領而兼管太醫院事務者也。……翁叔平尚書答拜，諭以明日入朝宜早。[10]

薛氏持公文往內務府報到，並謁見內務府各大臣，這是應詔醫生抵達京師後應有的手續。從大臣的接見，可見受重視的程度。地方醫生地位誠然不高，但因為是為太后治病，所以受到禮遇。應詔醫生報到以後，第二天就須入朝接受太醫院官員的面試，這也是不可省略的手續。在《北行日記》「八月初五日」的記事中，敘述了面試的情況：

9　見同上，頁 62-63。

10　見同上，頁 64。大司馬，指兵部尚書。

> 至內務府大堂，謁見內務府堂官。其時師、恩二堂官在座，與
> 太醫院堂官李卓軒德立察看，隨問「溫」、「瘟」二字有何分
> 別？余答：「《傷寒論》云：『冬傷於寒，春必病溫；冬不藏
> 精，春必病溫。』比戶傳染謂之瘟，吳又可論之詳矣。」內務
> 府具奏：醫學、脈理均極精通。時已向午，內務府司員邀至花
> 廳吃飯，飯畢退出。[11]

看來太醫院堂官的面試，要求並不過苛，或許只是例行手續，應詔醫
生醫學、脈理水平的評估，主要還是聽取保舉者的意見。「醫學、脈
理均極精通」云云，應該不是三言兩語的面試所可判定。

　　面試通過以後，第二天就要入宮為慈禧診病。只是在診病之前，
又要接受兩位太后的垂詢，這也是例行手續。《北行日記》「八月初六
日」這樣記述：

> 五鼓，蘇拉帶余與昴庭進大內……是日不垂簾。慈安皇太后正
> 坐，皇上隅坐，內務府大臣皆跪。太醫院堂官李德立引余與昴
> 庭行三跪九叩首禮。禮畢，皇太后問余：「何處人？」對以江
> 蘇人。問：「多少年紀？」對：「六十六歲。」問：「一路安
> 靜？」對：「安靜。」又諭：「慈禧皇太后病要小心看。」對：
> 「是！」復隨內務府大臣、太醫院至長春宮……恭候慈禧皇太
> 后召見。行禮畢，慈禧皇太后問何處人及年歲，對如前。內務
> 府大臣、太醫院跪左邊，余與昴庭跪右邊。[12]

慈安、慈禧兩太后垂詢的內容，都是些無關痛癢而又重複的話語，在
太后方面來說，可能是儀節的需要，其中未嘗沒有故作親民表現的成

11　見同上，頁 65。
12　見同上，頁 66-68。蘇拉，宮中擔任勤務的人。

分,而薛寶田不惜詳為載錄,當然因為他視此為「天恩浩蕩」的榮
寵。

《北行日記》中最可貴的資料,是細緻地記述了醫生在宮中會診
和會議病情、方劑的情形:

> 皇太后命余先請脈。余起,行至前。榻上施黃紗帳,皇太后坐
> 榻中,榻外設小几,几安小枕。皇太后出手放枕上,手蓋素
> 帕,惟露診脈之三部。余屏息跪,兩旁太監侍立。余先請右
> 部,次請左部。約兩刻許。奏:「聖躬脈息,左寸數,左關
> 弦……」皇太后問:「此病要緊否?」奏:「皇太后萬安。總求
> 節勞省心,不日大安。」內務大臣奏:「節勞省心,薛寶田所
> 奏尚有理。」皇太后曰:「我豈不知?無奈不能!」皇太后
> 問:「果成勞病否?」奏:「脈無數象,必無此慮。」退下,仍
> 跪右邊。俟鼎庭請脈畢,同太醫院先出。隨後薛撫屏、汪子
> 常、馬培之進,請脈。余與鼎庭到太極殿東配殿,立方內。內
> 務府大臣、太醫院與諸醫畢至方內,先敘病原,次編方劑。草
> 稿呈內務府太醫院與諸醫,看後用黃箋摺子楷書,進呈皇太后
> 御覽。所用之藥,內務府大臣用黃籤在本草書上標記。御覽
> 後,御藥房配藥。在東配殿賜飯。……午正,內監傳旨,散
> 直。隨內務府大臣趨出,至直廬坐,堂郎中及各司員索方,謄
> 送內務府大臣及軍機大臣。[13]

上述文字,可讓我們看到一些事實:(1)醫生須在診斷後解說脈理、
病情,並回答問題;(2)應詔醫生來自各地,診病時分批請脈,如薛
寶田、仲學輅是一批,薛撫屏、汪子常、馬培之是一批,等等;(3)
診病後,內務府大臣、太醫院堂官、太醫院醫官、應詔醫生等共聚一

---

13 見同上,頁67-68。

堂,會商病情、方劑,並擬定藥方草稿,由大臣及太醫院的醫官審
閱;(4)藥方通過以後,須錄呈太后,而所用藥,又須在本草書上標
記,以便翻檢、覆核;(5)太后對藥方同意後,才在御藥房按方配
藥;(6)藥方須謄錄送內務府大臣和軍機大臣。由請脈、斷症、用
藥、配藥以至標記用藥、傳送藥方,中間須經過種種程序,其中有會
商,有審查,有監察,考慮不可謂不縝密,制度不可謂不周全,只是
斷症、用藥出於眾意,矜慎是夠矜慎了,但也就沒有人敢於用猛藥、
求速效。而且藥方廣眾周知,病情就無所謂「私隱」了。又據「八月
初七日」的記事:

> 黎明進內,至內務府直廬坐。辰初傳進。是日未請脈,與子
> 常、昂庭至東配殿。俟薛撫屏、馬培之、趙德興請脈出,公議
> 立方,進御。內務府大臣恩傳慈禧太后懿旨:浙江巡撫譚所薦
> 醫生,看脈立方均尚妥。聞命之下,愈滋悚懼。[14]

既然懿旨說「初六日」的「看脈立方均尚妥」,而「初七日」竟未有
再命浙江巡撫譚鍾麟所薦醫生「請脈」,真不知「尚妥」標準何在!
或許這是要讓所有應詔醫生部有診斷、立方的機會。這樣說來,患病
的慈禧,倒好像是接受試診、試藥的對象。又據「八月初八日」的記
事:

> 黎明傳進,余與薛撫屏、汪子常、馬培之請脈。出,公議立
> 方,進御。皇太后命去續斷,改當歸,遵旨更換。[15]

可見請脈醫生每日不盡相同,而沒有請脈的醫生,也須參加「公議立
方」,至於決定請脈人選究竟根據甚麼原則,則沒有說明。而更特別

---

14 見同上,頁72。
15 見同上。

的是，作為病者的慈禧，竟可更換用藥，結果自然是「遵旨更換」。
如果因更換用藥而使病情轉壞，不知該由何人負責！古往今來，不乏
居高位者把權位大小與專業能力等同起來，慈禧下令「去續斷，改當
歸」，就是一例。又如「八月十二日」記述：

> 昨用人參一錢，精神頓健，皇太后甚喜，云：「吉林人參頗有
> 效，仍照用。」出照原方進御。[16]

慈禧的意見，自然甚有影響，結果是「照原方進御」。以後診病的過
程無大變化，也就不再一一引述說明了。所要補充的，是「八月二十
七日」記述的情況：

> 黎明進內。內務府大臣師傅諭，面奉皇太后懿旨：各省醫生俱
> 已到齊，人多，分班聽傳，並不因醫道各有優劣稍示區別。傳
> 者進宮，不傳者在內務府伺候。……是日，傳進程麗芬、汪子
> 常、薛撫屏，余等出隆宗門，至內務府花廳吃飯。飯畢飲
> 茶。……茶罷，仍至內務府大臣直廬坐。俟眾人出，閱方，專
> 主溫補。回寓。[17]

各省應詔醫生的人數必頗可觀，所以才會傳諭「分班聽傳」。進宮的
當然誠惶誠恐，悉力以赴；不進宮的就在內務府吃飯、喝茶、坐候、
閱方，然後回寓。在這次為慈禧診病的活動中，應詔的地方醫生受到
看重，而太醫院的醫官，顯然居於較不重要的位置。

　　慈禧病情日趨好轉，應詔的地方醫生，也就先後陸續回歸原省。
下面是薛寶田在《北行日記》中所記有關自己的情況。「九月十九
日」：

---

16 見同上，頁76。
17 見同上，頁87。

> 黎明進內。內務府大臣恩面奉慈禧皇太后懿旨：趙天向、薛寶
> 田、仲學輅、連自華均各回原省，欽此。余等即時趨出，回
> 寓。[18]

既有懿旨「各回原省」，便可「即時趨出」，不必再在內務府直廬坐候
了。由八月初六日第一次為慈禧請脈，到九月十九日奉懿旨回原省，
共四十三天，薛氏每天都要在黎明時分進宮候命請脈，但他實際為慈
禧請脈的次數只有十五次，而與內務府大臣、太醫院堂官、太醫院醫
官、應詔醫生等會商病情和議立藥方，則每天都要進行，共四十二
次，只有奉懿旨回原省那天「即時趨出」，不用會商[19]。又「九月二十
日」：

> 辰正始起，緣不進內供奉也。內務府司官恩湛如諸君，遨遊海
> 子。[20]

如果要進宮診病，就得早起；「始起」兩字，頗能顯示薛氏的心情。
「遨遊海子」，是內務府官員表示酬謝之意。又「九月二十四日」：

> 辰刻，至內務府衙門領文。飯後，至內務府大臣、軍機大臣各
> 家辭行。車行數十里，憊極，歸寓即睡。[21]

回原省前，應詔醫生必須前往內務府衙門領取公文，以便銷差。至於
逐家向各官員辭行，也是回原省前應有的禮節。書中有關向官員辭行
的記述尚多，而前來居所向薛氏等人表達送行之意的官員也不少，你
來我往的拜會，也不必詳述了。只是其中有一小節記載，可約略透露

---

18 見同上，頁 116。
19 參閱同上，頁 67-116。
20 見同上，頁 116。
21 見同上，頁 119。

薛寶田等人完成診病任務後的心情，倒可加以引述。記載見「九月二
十七日」：

> 辰初出城，移住煤市街鴻陞店。與連書樵、仲昴庭合請恩湛
> 如、文果亭、文鏡涵、明小舫、翁敬卿泰豐樓午飯。拇戰甚
> 樂，皆有醺意。歸後，五人來寓送行。[22]

移住客棧，表示診病任務已正式完成，所以不再在官方所安排的居所
住宿。恩、文、明、翁等人，都是內務府官員，薛、連、仲等與他們
午飯於泰豐樓，「拇戰甚樂，皆有醺意」，可見官、醫兩方於任務順利
完成後的心態。在為慈禧診病之初，我相信應詔醫生、保舉官員、內
務府官員等等，恐怕都會忐忑不寧，飽受心理的壓力。最後慈禧幸得
痊愈，快如何之[23]！而應詔醫生以後在醫術上的聲譽，當然也大大有
利。

　　薛寶田由七月十三日應詔起程，到十月二十一日，終於返抵家
門。薛氏記述云：

> 薄暮到寓，兒孫相見，皆歡躍。……越日，詣撫轅，投遞內務
> 府公文，銷差。[24]

薛氏把這段記事繫於十月二十一日，其實投遞公文銷差，已是「越
日」的事，因此他的記述，可謂自亂體例。不過，他到底把一個地方
醫生怎樣經歷應詔、出差、銷差的過程，完整地記錄下來，供有意了

---

22 見同上，頁 120。

23 李春生在《清室中的醫事制度》中說：「皇帝患病死亡，即所謂『龍馭上賓』，太醫
　院院使、院判、御醫、醫士等有關人員，都要受到處分。……後來光緒皇帝死後，
　太醫院院使張仲元、御醫余順、醫士忠勛等也被革職。」（見陳可冀編《清代官廷
　醫話》，頁 15。）文中所謂「有關人員」，我相信也包括應詔醫生在內。

24 見薛寶田《北行日記》，頁 137-138。

解清宮診病制度的人參考。至於薛氏兒孫的「歡躍」，不僅僅是久別
重聚的緣故，而主要因為薛氏能順利完成為太后診病的任務，避免了
一場可能會發生的受責災難，才真真值得歡躍慶賀。我們應該可以這
樣推想：應詔醫生的家人，所受到的心理壓力是很大的。

　　根據《北行日記》載述，薛寶田的入京，主要當然是為了要替慈
禧診病，但由於他是應詔的關係，身份不免較為特殊，因此在京中的
活動，不乏酬應交往，而這些酬應交往，除探望、飲宴、餽贈外，又
往往要為達官貴人的家屬診病。可見地方醫生應詔上京，服務的對
象，已不單是皇室中人。現試按時間先後，摘錄有關資料表列如下[25]：

日期	為官員家屬診病、立方
七月三十日	未刻，孫筱漪農部家穆及其姪伯元比部傅辰來拜。……去後，答拜，即為筱漪之如君及乃郎治病；復至鳳陽會館，為其婿方坤吾比部連軫內眷等診脈，日暮甫歸。
八月十一日	方坤吾、孫伯元兩比部在寓等候，邀至鳳陽會館診病。
八月十四日	未刻，至方坤吾比部寓診病，留吃點心。
八月十八日	未正，出城至姚子祺寓，為其夫人診病，留吃酒麵。

25　參閱同上，頁 61-121。比部，指刑部。周文泉在《御醫難當》中說：「由于御醫屬皇
　　家之私有，服務於宮中，所以一切活動都得聽從皇家安排。甚至給大臣看病也得經
　　皇帝批准。凡王公大臣等患病想請御醫診治，應先奏明皇家允許後，御醫遵旨往
　　診。其治療情況，御醫亦得及時稟奏，治療效果，更當詳報，如病家有所賞賜或餽
　　贈，尤應奏明，聽候皇上諭示，不得私人收納。」（見陳可冀編《清代宮廷醫話》，
　　頁 8。）周氏文中的「御醫」，當指太醫院編制中的各類醫官，與應詔入宮的醫生不
　　同。據薛寶田的記述，可見他可自由為達官貴人的家屬診病，診病後也可隨意留吃
　　點心、麵酒、晚飯，不必經由內務府或皇帝的批准、安排。不過，如果王公大臣自
　　己患病，想請像薛寶田這樣的應詔醫生診治，大抵也得事先奏請允准才可以。在
　　《北行日記》中，並沒有為王公大臣診病的明確記載。

八月十九日	未刻，至孚伯蘭家，為其妹多夫人診病。
八月二十一日	銳小舫來邀診病，即往。順道至孚伯蘭家閑話。是日，適接其尊人廉訪山東家信，信內極讚余醫道。伯蘭屬為診脈立方。
八月二十三日	懷太僕邀至四牌樓，為俊方伯夫人診病。
八月二十四日	未刻，至方坤吾比部處診病。
八月二十六日	至內務府主政翁敬卿家看病。
八月二十七日	未刻，至孚伯蘭農部家，為其妹復診病。
八月二十八日	歸寓，方坤吾送其子來就診。
九月初六日	晤孚伯蘭，為其尊人蔚生廉訪患疥索方。余開一煎藥方，一搽藥方。
九月十四日	內務府主政文鏡涵鑑，邀為其子看病。
九月十五日	未刻，至文鏡涵家診乃郎病。
九月十七日	未刻，仍至文鏡涵家看病。
九月十九日	未刻，至文鏡涵家看病，病已大愈……。
九月二十一日	飯後，至孚伯蘭家，為其妹立丸方。
九月二十五日	飯後，至懷紹先太僕、文西園筆政、翁叔平尚書、孫燮臣侍郎、孚伯蘭農部、英小山筆政、銳小舫司馬各處辭行，即為小舫乃郎定丸方。
九月二十六日	飯後，至內務府司官恩湛如、文果亭、文鏡涵……各處辭行。即為鏡涵乃郎定末藥方。
九月二十九日	順至姚子祺中翰寓，為其夫人定丸藥方。時徐蓮卿夫人抱恙，邀余診視，即在蓮卿處晚飯。

薛寶田在八月初四日往內務府投文報到，九月十九日奉懿旨回原省，在這段期間之前或後，固然已為一些官員的家屬診病，即在為慈禧診病期間，薛氏亦曾為姚子祺中翰、孚伯蘭農部、銳小舫司馬、懷紹先太僕、方坤吾比部、翁敬卿主政、文鏡涵主政等官員的家屬治病。這

種往來奔波的診病、酬應，對一個年達六十六歲的人來說，也真夠勞累的，難怪掌故名家鄭逸梅在提及另一位應詔醫生馬培之時，有這樣的記述：

> ……慈禧病情好轉。一時王公大臣紛紛請御醫馬培之診病，增添了額外任務。他無法脫身，後來偽裝有病，故意暈倒地上，才得乞歸田里，釋去重負。[26]

馬培之是與薛寶田同時應詔的地方醫生。鄭氏的記述，充分說明了這類額外的診病服務，是相當沈重的負擔。只是說馬培之要「偽裝有病」，「才得乞歸田里」， 則與事實稍有出入。因為向內務府領文回原省銷差，是一個地方醫生應詔診病後必須辦理的手續，而且回歸田里，是奉懿旨行事，任何人也不敢阻撓。只是回原省前，到底可以在京師停留一段日子。例如薛寶田在九月十九日奉太后懿旨回原省，二十四日往內務府領文，二十七日出城，期中為官員家屬診病的服務持續不斷，到了出城後的二十九日仍為姚子祺夫人定丸藥方，為徐蓮卿夫人診病。馬培之吃不消這種酬應，因而偽裝有病，藉以稍減勞苦，是可以理解的，但這並不表示他如不偽裝有病，就不能回歸田里。不過為達官貴人的家屬診病，在達官貴人方面固然是趁機利用，在醫生方面則未嘗不是一種結納的手段，而且回歸原省以後，又可以用這種交往以傲鄉閭，有宣傳的效果。所以薛氏在《北行日記》中，不惜把這種額外服務和為慈禧診病的情況，詳為載錄，回家以後，又廣徵各人寫序，木刻出版[27]，目的當然是為了表彰榮寵，增加聲譽[28]。我們

---

26 見鄭逸梅《御醫馬培之》，紫禁城雜誌社編《故宮新語》，頁170。

27 薛寶田在光緒六年（1880）七月應詔入京，十月回家，《北行日記》則在光緒七年（1881）秋冬間木刻出版。

28 薛寶田在《北行日記》的《引言》中說：「謹於七月十三日起程，往返皆航海，歷

試細讀薛氏的《北行日記》,並參詳他的措詞、語句,應該可以體會到他應詔入京的心情,是既驚且喜,而在京師的生活,可說是忙而悅樂。只是由於當時交通不便,因而他在來回的行程上備嘗艱辛,倒是可以約略了解的。

《北行日記》是一部記述慈禧病況的實錄,從病因、病狀、病理,到處方、用藥,都有詳細的記載。在四十多天治療過程中,先後用了養心湯、保元湯、歸脾湯、逍遙散四個基本方劑,加減調方二十餘次,終於使慈禧恢復了健康,因此它可說是一份完整的清宮病案史料[29]。書中還記述了一些事情,會令治史者產生興趣,如果加以利用,在史學上不失為有用的史料。下面試稍作說明:在一般中國醫學史中,大抵會有清代太醫院的記載,尤其是對太醫院的組織、職官等,都會有詳細的說明。但有關地方醫生應詔入宮診病的說明,往往付諸闕如,因此讀這類醫學史的人,並不能從中得到清宮診病制度的完整印象。而在面對面的診病過程中,情況怎樣?醫生的進退、應對、會商又怎樣?在醫學史以至正史中都不會有說明。在《北行日記》中,不但有資料補充清宮的診病制度,而且對診病的儀節、過程,也有詳細、具體的描述。這些描述,固然會使醫學專業人員大感興趣,而研究宮廷史事的人,也可從中擷取一些宮廷人物的音容、活動史料,在史學上加以利用。

光緒六年(1880),是兩宮垂簾聽政時期,光緒只是傀儡。而兩宮之中,又是慈禧多出主意。《北行日記》這樣記述:

九十八日差竣。伏念小臣得瞻天家氣象,可謂幸矣!爰述仰被恩禮之加,旁及山川、道理(里)所經,繫以月日,為《北行日記》一卷,以志榮遇云爾。」(頁50。)薛氏所謂「榮遇」,語調上好像只為替太后診病一事而發,其實言中之意,也包括與達官貴人的酬應交往在內,否則何必詳為載錄!

29 參閱劉道清《前言》,薛寶田《北行日記》,頁 1-2。

　　皇太后問：「此病要緊否？」奏：「皇太后萬安。總求節勞者省
　　心，不日大安。」……皇太后曰：「我豈不知？無奈不能！」[30]

「無奈不能」這句話，充分顯示了慈禧緊抓政權不肯放手的性格。有
這樣性格的人，即使在患病期中，仍然要「召見諸王公大臣、六部九
卿、翰詹科道，論中外交涉事」，因此令到自己心神勞累，「夜寐不
安」[31]。薛寶田無意評論國事，也決不敢月旦皇室人物，但慈安與光
緒的無所作為，慈禧的事事要管，在他的筆下是呼之欲出了。研究晚
清政局或為慈禧、光緒寫評傳的史學家，是否也可以利用這部書的資
料？

　　在《北行日記》中，也保留了一些晚清社會生活的資料，這些資
料，雖然只是一鱗半爪，但也反映了一些情況。例如在海上，薛氏乘
的是小輪船。因為船小，所以遇上微風，也會顛簸。無風之日，則船
行甚快[32]。在陸地上，則坐肩輿、東洋車、馬車[33]。在上海，可遊洋場
作消遣。洋場，有洋貨店，當然是展陳或出售洋貨、洋物的地方[34]。
旅客投宿的地方，則有客棧。客棧的環境優劣不一，而煤市街鴻陞店
的情況，則是「四更，聽車馬絡繹聲。既明，人聲嘈雜」[35]。這大抵
是當時客棧環境的一般情況。吃飯、品茗的地方，有可小憩的路旁茶
店，有可吃餛飩的致美齋，有設在洋場中的洋飯店和洋場茶樓，有吃
麵的麵館，還有其他吃飯、喝酒的泰和館、泰豐樓、萬福居等等，也
不必細舉了[36]。此外，書中還提到招商局、會館、酒店、信局等等，

---

30 見薛寶田《北行日記》，同上，頁 67。

31 參閱同上，頁 81。

32 參閱同上，頁 58-59。

33 參閱同上，頁 56、57、60。

34 參閱同上，頁 56、133。

35 參閱同上，頁 120-121。

36 參閱同上，頁 61、62、118、120、121、133。

也約略反映了晚清社會的一些情況[37]。我們要了解晚清一個醫生或一個中產者的生活，可從《北行日記》中勾稽到不少資料，上面所述只是其中的一部分。

薛寶田出身於名醫世家[38]，自幼研習經史百家，有他的政治抱負，但他一生只做過艤尹、縣令等小官。在仕途坎坷的情況下，他繼承家學——精研醫術，最後成為江浙一帶名醫。讀《北行日記》，我們覺得他並不甘心只做一個醫生，他似乎更樂於讓人視自己為儒者、文人。因此在診病之餘，他與友人論醫、論詩、論經史疑義，並多番吟詠，藉以表意明志。這些資料，都忠實地反映了晚清時代讀書人的心態，這種心態，其實並不限於薛氏一人。如譚鍾麟、德馨、孫家谷、惠年、如山、豐紳泰、王景澄、黃彬、陳璚、俞樾等人為他寫序，其中有達官貴人，有碩學通儒，他們卻不約而同，直接或間接強調薛氏博學工詩，有治國之才，而結果是沈於下僚，為醫名所掩。他們的惋惜之意，可謂情見於辭[39]。他們的惋惜，正好反映了他們都懷著與薛氏相同的想法，去同情薛氏。要研究晚清知識分子的心態以至中國人傳統的思想，《北行日記》這類書籍，無疑是個可供汲取的資源。

薛寶田的北行任務，可說功成身退，與他同時應詔診病的有薛撫屏（福辰）、汪子常（守正）等多名地方醫生。慈禧病體好轉，薛撫屏以道員遇缺題補，賞加布政使銜，特旨道員，不久授廣東雷琼遺缺道，補督糧道；汪子常記名以知府遇缺題奏，也加了正三品食鹽運使銜，簡江蘇揚州知府。慈禧病體完全康復，薛氏就調補直隸通永道，

---

37 參閱同上，頁 57、62、63、88。

38 薛寶田的父親是北京的名醫，而他的曾祖父也曾為十額駙治愈頑固的黃疸病，受到重賞。（參閱劉道清《前言》，薛寶田《北行日記》，頁 1。）

39 參閱薛寶田《北行日記》一書中各人的序文，同上，頁 1-49。

賞加頭品頂戴，後更先後任順天府府尹、宗人府府丞、左副都御史；
汪氏則升直隸天津府知府，賞加二品頂戴，後調宣化府知府[40]。薛寶
田在《北行日記》中沒有記述自己得到擢職、加銜的寵遇。他在返回
原省途中，抵達天津，住春元客棧，正因感受風寒而喉痛。據《北行
日記》「十月初十日」的記事：

> 如冠九都轉來問疾，力疾接談一時許。都轉傳（轉）述：李爵
> 相聞余到京，有留余在津之意。緣三年前都轉為余說項，爵相
> 曾專札調余，因病不果往。今復以老病力辭，懇都轉代達，都
> 轉首肯。[41]

上文所提「李爵相」，指的是李鴻章。三年前憑都轉的說項或可在仕
途有出路，可惜因病未能前往。三年前還有意營求的薛氏，三年後卻
「以老病力辭」。「老病」固然是事實，但與薛撫屏、汪子常相比，留
在天津做李鴻章的幕僚，將來或許也有出路，但以暮年之身，恐怕有
點意興闌珊了。受人譽為有治國之才的薛寶田，只好「力辭」都轉的
好意。

　　還可注意的，就是薛寶田在書中，用了不少筆墨，來描述富麗堂
皇的皇宮建築、茶湯粥餅、美果嘉餚，同時也具體記述光緒向皇太后
請安、恭送同治及其皇后遺像等等實錄的場面[42]，這都是親見親聞的
記載，是晚清史料的一部分。而在「八月初六日」的記述中，有一段

---

40 參閱任恆俊《晚清官場規則研究》第五章，2003 年 8 月海南出版社（海口），頁 191-
　　192。薛撫屏（？-1881 仍在），江蘇無錫人，或說是吳縣人，由李慈銘保舉入京為
　　慈禧治病；汪子常（1826-1894），浙江錢塘人，由曾國荃保舉入京為慈禧治病。

41 見薛寶田《北行日記》，頁 129。劉道清校注時認為「傳述」應作「轉述」，其實「傳
　　述」也可通，不必改字。都轉，官名，本指宋代都轉運使，掌管一路財賦；清代相
　　類官職有督糧道，簡稱糧道，司漕運，稱都轉，是借用。

42 參閱同上，頁 64、65、66、68、75、76、78、93、94、116、118 等。

文字，或許頗能引起讀者的興味：

> 屏息立檐下，慈安皇太后、皇上召見。宮內鋪地用烏金磚，光
> 滑如鏡，時虞傾跌，足縮縮而進。[43]

地滑如鏡，再加上誠惶誠恐的心情，接受召見的臣子，只好「足縮縮
而進」。不少年高位崇的王公大臣，都可能在烏金磚上，有過滑足或
幾乎跌跤的狼狽經驗。設計光滑烏金磚的人，大抵要每個進入皇宮的
人，都不能在殿堂之間昂首闊步，「足縮縮而進」的樣子，正好就是
「如臨深淵，如履薄冰」的情狀，這才顯得太后、皇帝的凜凜天威！

《北行日記》本來只是一部有關醫事的小書，薛寶田撰寫、刻印
這部書，主要目的，是為了保留榮寵的紀錄。但從史學研究的角度
看，這部篇幅不大的小書，卻有不少有用的資料，可供發掘、參考，
可惜治史者在蒐集資料時，往往會忽略了這類小書的史料價值。不
過，《北行日記》的局限和不足，也不可不留意。大家都知道，為皇
帝、后妃、皇子治病，本來是太醫院醫官的責任，而竟要地方醫生來
幫忙，這會不會引起太醫院醫官的嫉妒、不安？薛寶田沒有交代，因

---

43 見同上，頁 66。劉道清校注本在「足」字後斷句，作「時虞傾跌足」。據說現在故
宮各殿內墁地的金磚，多在明代燒製。明代宋應星《天工開物》卷中《陶埏第七》
對製磚有這樣的記述：「凡埏泥造磚，亦掘地驗辨土色，或藍或白，或紅或黃，皆
以黏而不散、粉而不沙者為上。汲水滋土，人逐數牛錯趾，踏成稠泥。……造方墁
磚，平板蓋面，兩人足立其上，研轉而堅固之，燒成效用。石工磨斫四沿，然後墁
地。……又細料方磚以墁正殿者，則由蘇州造解。」（見宋應星《天工開物》，2004
年 10 月中國社會出版社〔北京〕，頁 208-209。）至於蘇州燒製細料方磚的過程，
明代工部郎中張向之《造磚圖說》云：「入窖後要以糠末薰一月，片柴燒一月，棵
柴燒一月，松枝燒四十天，凡百三十日而窖水出窖。」到了以磚鋪地時，石工先仔
細磨斫磚的四沿，使鋪墁後能嚴絲合縫，然後抄平、鋪泥、彈線、試鋪，最後按試
鋪要求把磚墁好、刮平，再浸以生桐油，才算完成金磚的鋪墁工作。（參閱蔣博光
《「金磚」墁地》，《文史知識》編輯部編《古代禮制風俗漫談》，1983 年 6 月中華書
局〔北京〕，頁 148。）可知宮內鋪地的金磚能光滑如鏡，工匠所費的功夫可不少。

為把書公開印行，這類事是不方便記述的。而且，地方長官把醫生保舉上去，地方長官與地方醫生，就會榮辱與共。他們有共同的目標，就是診病的任務，只許成，不許敗。因此，他們的心理負擔是相當重的。在宮廷中的內務府官吏、太醫院醫官、太監等侍職人員，他們應該不難了解應詔醫生和保舉者的心理負擔。他們會不會乘機刁難、勒榨呢？晚清時代，貪污之盛，素為讀史者所深悉，尤其是內務府官吏的腐敗、貪婪，更是人所共知，薛氏和保舉者為了要順利完成任務，究竟有沒有向侍職人員送禮、納賄？在書中並沒有記載。沒有記載，不表示沒有這類事發生。當我們採用《北行日記》中的記載作為史料時，要留意它所缺乏的，是負面資料，而這些負面資料，往往較能平衡正面的載述，並讓我們看到一個時代、一個社會的真象。

——原載《新亞學報》第 24 卷，新亞研究所（2006 年 1 月）

乙輯
陳援庵先生之學

陳援庵先生論貨利

　　近來為著參考的需要，重新把陳援庵（垣）先生（1880-1971）的
《通鑑胡注表微》略讀了一遍，愈覺得他的思想與見識，決非那些只
知撏撦餖飣的學者所可夢見。胡身之（三省，1230-1302）在異族統
治下注《通鑑》，言多所指，充分表現了民族氣節和愛國熱情，而援
庵先生在日本人統治的淪陷區中為《胡注》表微，也是體會了身之當
日的心情，有為而作，這一點，論述的人頗多，我也無意在此饒舌。
我現在要提出來的，只是援庵先生在《通鑑胡注表微‧貨利篇》中的
意見，而且所引錄的，也只限於確能針砭現時社會風氣的幾段文字。
　　《貨利篇》的「引論」說：

> 貨利者人之所同欲，而最能陷溺人者也，故昔人以利為大戒。
> 然雖戒之，人仍趨之，則以人之於貨利猶水火，得之則生，弗
> 得則死，個人可以忍餓，不能置父母妻子不顧也。故魯褒有錢
> 神之論，韓愈有送窮之文，天下攘攘，皆為利往矣。雖然，人
> 非水火不能生活，水火而過剩，亦足為災也。今天下攘攘者，
> 果為生活而已乎？抑尚有無厭之求乎？[1]

提到「貨利」，許多人往往採取貶斥的態度，以為只要貶斥愈力，便
愈顯得自己清高。其實自己是否清高，跟是否貶斥貨利，並無必然關
係。「口未嘗言錢」的王衍，亦只不過是「矜高浮誕」之徒，不見得

1　見《通鑑胡注表微》，1958 年 3 月科學出版社（北京），頁 381。

便清高到那裏去[2]！援庵先生論貨利的意見，可說平實而切理。他首先指出「昔人以利為大戒」，因為貨利最能使人陷溺；他同時指出，貨利的重要，跟水火並無分別。在日常生活裏，我們缺乏水火，就不能生存，缺乏貨利，也不能活下去；而且個人忍餓事小，但不能不照顧父母妻子。從語氣上，我們可以看出，援庵先生對有所需而求取貨利的人，是懷著同情的了解，並不予以深責。這種通達的見解，恐怕不是一般自鳴清高的書獃子所可了然。不過，援庵先生反對我們過分追求貨利，因為適量的貨利，固然可以讓我們維持生活，過量的貨利，就好像水火過剩，足以釀成災害。可惜多數追求貨利的人，都懷有「無厭之求」，而並非只為了維持生活，援庵先生字裏行間所流露的慨歎，我們應該可以體會出來。目下本港賭風熾盛，甚至本來以投資為目標的證券交易、房屋買賣，也一變而為心存僥倖的賭博，無非也是由「無厭之求」所促使。援庵先生多年前的話語，倒好像專為今日社會風氣而發了。

人之所以對貨利有「無厭之求」，按照中國人的傳統思想，不一定為了個人的享受，反而為子孫營求的成分居多。針對這種思想，援庵先生提出他的看法：

> 子孫賢者，不必藉父母之財；子孫不肖，財適足為造孽之具。語曰：「兒孫自有兒孫福，莫與兒孫作馬牛。」殖貨者可以少休矣。[3]

又說：

> （唐代）王鍔曾刺廣州，節度嶺南，擅市舶之利凡八年，家貲

---

2 詳見《晉書》卷四十三《王衍傳》，1974 年 11 月中華書局（北京）校點本，頁 1236-1237。

3 見《通鑑胡注表微‧貨利篇》，頁 385。

> 富於公藏，諺所謂「發洋財」者也。卒也以財賈禍，乃不於其
> 身，而於其子，亦足為積財以貽子孫者戒。[4]

追求貨利的人，大多存有為子孫積財的想法，這種想法，其實是不必
要的。要藉父母之財的子孫，恐怕已不是賢子孫，如果子孫不肖，
「財適足為造孽之具」，這真是足可深思的至理明言。而且，積財的
人，用意本在造福子孫，但有時財卻可為子孫賈禍，如王鍔的遭遇，
就是一個好例子，我們又何必呕呕為子孫積財呢？援庵先生的話，乍
眼看來，不過是「老生」的「常談」，但真能領會「常談」的意義而
付諸實行的人，又有多少？

　　我們固然不必為子孫積財，即使為了自己，其實也沒有積財的必
要，因為「自古聚財者，率為他人積」[5]。為了闡發這個道理，援庵
先生自己不加說明，只引述了《莊子》外篇《胠篋第十》的文字：

> 《莊子》言：「將為胠篋探囊發匱之盜而為守備，則必攝緘
> 縢，固扃鐍，此世俗之所謂智也。然而巨盜至，則負匱揭篋擔
> 囊而趨，唯恐緘縢扃鐍之不固也。然則嚮之所謂智者，不乃為
> 大盜積者也。」[6]

《莊子》原文所強調的，本在「絕聖棄知」，援庵先生借用過來，卻
好像特別為了闡發身之的注文。緘縢扃鐍，收藏可謂牢固，但巨盜一
來，負匱揭篋擔囊而去，牢固又有甚麼作用？追求貨利的人，豈不好
像專為巨盜積財？損失財物，還不太嚴重，最嚴重的，倒是因財殺
身。援庵先生指出：

4　見同上，頁394。
5　語見胡三省注文，《通鑑胡注表微・貨利篇》引述，頁395。
6　見同上。

> 劫殺取財之事，在五代時屢見，而人不之悟者，非不悟也，如
> 傳染病然，其來勢兇者，不能以驟止，必歷若干時而後漸漸銷
> 滅。罹病於其間者，皆時代之犧牲者耳。[7]

援庵先生的意見，雖只針對五代時的情況，但劫殺取財的事，自古迄今，無時無之。積財的人，又怎知殺機已隱伏在所積聚的財物之內，到了橫禍加身時，後悔也就遲了。援庵先生用傳染病來形容劫殺的風氣，真是十分適當。現時本港居民，不是正受著這種來勢兇猛的傳染病所侵襲麼？

有積財思想的人，固然會對貨利有「無厭之求」，劫殺取財的人，何嘗又不是對貨利有「無厭之求」！所謂「無厭之求」，其實就是「貪」，我們想避免受害或害人，就要從事節制貪念的修養。援庵先生有一段話，本為「嗜利」與「招權」而發，我現在只節取他有關「嗜利」的意見：

> 嗜利由於貪……貪之始念為進取，本美德也。……然不有以節
> 制之，則進取之極，必流於貪……美德遂變為惡德，所謂習相
> 遠也。……故君子對德性，貴有修養，節制即修養功夫之一
> 也。[8]

援庵先生對於「貪」字，並不採取完全排斥的態度。他認為貪念之初，就是進取，進取本屬美德，進取之極，纔會把美德變為惡德。所以，「進取」也須加以節制，毫無節制的進取，就會流為無厭之求的貪念。現時許多人如癡如狂地追求貨利，就是受了這種無厭之求的貪念所驅使。「節制」，固然是平凡不過的字眼，但真能明白節制之道的

7　見同上，頁 399。
8　見同上，頁 394-395。

人，恐怕並不多罷？

援庵先生著書的原意，並非向本港居民說教，但史家的名言，有時可以打破時空的限制，甚或具有不朽的價值。我讀了援庵先生的書，有感於本港追求貨利的風氣，不覺動筆寫了這篇短文。援庵先生泉下有知，恐怕要怪筆者多事！

援庵先生，號圓庵，生於一八八〇年（光緒六年），廣東新會石頭鄉人，學者稱為新會先生。又因為他的書齋叫做「勵耘書屋」，所以又有人稱他為勵耘先生[9]。他在第一次教書時，還不滿十九歲。開始時教蒙館，後來教小學、中學，以至大學，凡七十多年，歷任輔仁大學、清華大學、北京師範大學等校教席。一九二六至一九五二年，任輔仁大學校長；一九五二至一九七一年，任北京師範大學校長。他治學的範圍甚廣，但以史學上的成就貢獻為最大，而著述行文的質樸謹嚴，言簡意賅，沒有半句浮詞，反而是餘事了。他的專著約有二十餘種，所撰論文，散見輔仁、北京、燕京各大學學報、季刊、中研院史語所集刊及其他學術性期刊，他如序跋、傳記、雜著、論學書札等，已發表的，亦有很多篇。

在日本人侵佔北平時期，援庵先生著有《通鑑胡注表微》，將身之的注文加以分析、闡發，無論講史法或評史事，都以愛國思想為出發，目的在畫忠奸之界，肅春秋之義，可謂用心良苦。胡、陳兩人，相隔雖有六百六十年[10]，但著書的用意相同，而兩人的處境，也同是在異族統治之下，因此，我們在讀這書時，可以看作是「陳垣心

9　援庵先生的父親名田，字維啟，號勵耘。援庵先生因喜歡「勵耘」兩字，於是把自己的書齋命名為「勵耘書屋」，其中既有自勉的目的，也有紀念父親的意思。

10　援庵先生在 1945 年 7 月寫《通鑑胡注表微·小引》云：「《鑑》注成於臨安陷後之八年，為至元二十二年乙酉；《表微》之成，相距六百六十年，亦在乙酉，此則偶合耳！」（見《通鑑胡注表微》目錄前頁 1。）按：至元是元世祖年號，二十二年是1285 年。

史」。

一九七一年六月二十一日，援庵先生病故，享年九十二歲。

——原載《中國學人》第 5 期，新亞研究所（1973 年 7 月）

陳援庵先生論語文教學

一 援庵先生的生平和學術成就

陳援庵先生（1880-1971）名垣，又名星藩、援國，二十年代曾字圓庵。他是廣東省新會縣石頭鄉人，書齋名「勵耘書屋」，學者因稱他為「勵耘先生」或「新會先生」[1]。

在少年時期，援庵先生曾參加順天鄉試，但沒有中選[2]。二十世紀初，他在維新思想影響下，曾積極介入反對美國政府排斥華工的運動，又用「謙益」、「錢罌」等隱含反清意義的筆名，發表了不少反清文章[3]。辛亥革命後，他當選為眾議院議員，又在交通系梁士詒（1869-1933）任國務總理期內，擔任過半年左右的教育部次長[4]。以後，他就專志於歷史研究和教育工作。

---

1 參閱存萃學社《歷史學家陳援庵先生》，《陳垣先生近廿年史學論集》，1971 年 11 月崇文書店（香港），頁 149；劉乃和《陳垣同志勤奮的一生》，《中國當代社會科學家》第四輯，1983 年 5 月書目文獻出版社（北京），頁 88；陳樂素《陳垣》，《中國史學家評傳》下冊，1985 年 4 月中州古籍出版社（河南），頁 1244。

2 參閱陳垣《家書》（1941 年 10 月 23 日），見陳智超《陳垣傳略》的引述，晉陽學刊編輯部編《中國現代社會科學家傳略》第一輯，1982 年 2 月山西人民出版社（太原），頁 183。

3 參閱陳智超《陳垣傳略》，同上，頁 184-185。

4 參閱同上，頁 187-188。交通系，指北洋軍閥統治時期的官僚政客集團。這個集團的首領是梁士詒。清末，梁任郵傳部鐵路局局長，把持交通事業，並以交通款項成立交通銀行。辛亥革命後，梁先後在袁世凱政府任總統府秘書長及交通財政總長，世稱「交通系」。袁死後梁被通輯，曹汝霖任交通總長兼交通銀行總理，稱「新交通系」。以後新舊交通系不斷把持交通及金融財政，直至北洋軍閥政府覆滅。

　　援庵先生曾任北京大學、北平師範大學、輔仁大學、燕京大學等
校教授和輔仁大學校長，又曾任京師圖書館（北京圖書館前身）館
長、故宮博物館館長、清室善後委員會委員、中央研究院評議員。中
華人民共和國成立後，他任北京師範大學校長、中國科學院歷史研究
所第二所所長、《歷史研究》編委、中國科學院哲學社會科學部學部
委員[5]。

　　文化大革命爆發，援庵先生受到衝擊，協助研究的工作人員先後
離去，他只好保持沈默，研究工作停頓。一九七一年六月二十一日，
援庵先生病逝北京醫院，足齡九十一歲。根據遺囑，家屬把他幾十年
珍藏的四萬餘冊圖書、大批文物全部捐獻國家。現時他的圖書和部分
手稿、資料，由北京圖書館收藏，文物由北京市文物管理處保管[6]。

　　援庵先生的學術成就，是多方面的。他在宗教史、元史方面有專
門研究，而且成就卓絕，內容充實，取材豐博，見解非常精闢深入。
史部目錄學、年代曆法學、校勘學、避諱學等方面，他都有開創性或
總結性成就，而他的史義表微之學，表現尤為出色。

　　中國人信仰宗教，有很長遠的歷史，宗教典籍也很多，但把宗教
作為歷史課題，有計畫、有系統地研究，援庵先生算得是一位開創者
和推動者。他在材料運用上，更能利用以前學者所忽略的，為史學研
究者打開了特殊資料寶庫的大門。元史研究，援庵先生所着重的，是
元代民族、文化、宗教的歷史，由於蒐集資料集中，研究範圍集中，
因此他的元史研究著述，達到高度的學術水平。援庵先生的史部目錄
學，不以講求書籍的源流、版本、校勘為滿足，他所重視的，是史部

5　參閱陳智超《陳垣年譜》（《史學大師陳垣的一生》），《廣角鏡》第九十七期，1980 年
　　10 月廣角鏡出版社（香港），頁 68-74。
6　參閱陳智超《陳垣傳略》，晉陽學刊編輯部編《中國現代社會科學家傳略》第一輯，
　　頁 208-209。

目錄學之用。援庵先生又編撰與年代、曆法有關的工具書，並能善用年代學、曆法學的知識，抉隱發微，層層剖析，使史事得到新解。援庵先生採用中國傳統方法，為沈刻本《元典章》作校補，取得非常好的成績[7]。但他最大的貢獻，還是因為他把前人缺乏系統的校勘知識，整理而為具有規律性的知識，使校勘學成為一門更精密、更有系統的學科。援庵先生在避諱學上也大有貢獻，他一方面集避諱史料的大成，另一方面他把這些避諱史料作系統化、規律化的整理，使能在史學研究上加以利用。重視微意，陳古證今，是我國史學家的傳統，援庵先生的著述，主要即在發揚這個傳統；他的「史義表微之學」，在學術界中是極有名的。抗日戰爭期間，他寫成的專著如《釋氏疑年錄》、《明季滇黔佛教考》、《清初僧諍記》、《南宋初河北新道教考》、《中國佛教史籍概論》、《通鑑胡注表微》等等，即能堅持民族氣節，以愛國思想為出發，目的在畫忠奸之界，肅春秋之義，充分發揚了中國史學傳統精神。

援庵先生的著述很多[8]，重要著述，除上面所提以外，還有：《元也里可溫教考》、《開封一賜樂業教考》、《火祆教入中國考》、《摩尼教入中國考》、《元西域人華化考》、《二十史朔閏表》、《中西回史日曆》、《史諱舉例》、《元典章校補》、《元典章校補釋例》、《元祕史譯音用字考》、《吳漁山生平》、《吳漁山先生年譜》、《舊五代史輯本發覆》、《湯若望與木陳忞》、《語錄與順治宮廷》等等。

7　胡適在《〈元典章校補釋例〉序》中說：「陳援庵先生校《元典章》的工作，可以說是中國校勘學的第一偉大工作，也可以說是中國校勘學的第一次走上科學的路。」他又說：「我們承認他這件工作是土法校書的最大成功，也就是新的中國校勘學的最大成功。」（見陳垣《元典章校補釋例》，1934 年 10 月中央研究院歷史語言研究所〔北平〕，葉七及葉十三，即頁 14 及頁 25。）

8　參閱劉乃和《陳垣同志已刊論著目錄繫年》，《陳垣校長誕生一百周年紀念文集》，1980 年 11 月北京師範大學（北京），頁 94-119。

二　援庵先生重視語文教學

援庵先生是史學家，卻很重視國文教學，即中國語文教學。劉乃和（1918-1998）在《學而不厭，誨人不倦》中說：

> 他非常重視基礎課程的設置，主張不論文科、理科都在一年級設置國文課，全校使用統一教材，統一考試。除聘請學有專長的教師擔任「大一國文」課外，他自己也常親自教授這門課程。這門課程要求每兩周作文一次，擇優張貼在樓道兩壁特設的專欄內，以為觀摩，稱「以文會友」。由於重視國文課，所以當時不論文科理科的畢業生，文字都能達到較高水平。[9]

援庵先生很重視「大一國文」這門基礎課程，因此他很留意師資的選擇，教材、考試都要統一，而且規定學生每兩周作文一次，又採取「觀摩」的措施，藉以收取指導、鼓勵的良好效果。

牟潤孫師（1908-1988）在《敬悼先師陳援庵先生》中，對援庵先生重視國文教學的情況，有更具體的敘述：

> 先師自己主持輔仁大一的國文的教學，教員由他聘定，課本由他自選。每年暑假前全體一年級學生國文考試由他自己出題，指定幾個人分閱，然後他老人家親自校閱一遍。一本《大一國文選》之外，還有一本《論孟一臠》，均由先師自己選定。……先師曾經這樣說：「在中國語文裏有許多詞彙是出自古代經書，成為我國語文的主要傳統，尤以《論》《孟》為最重要，所以我要選些給學生讀。」[10]

---

9 見《歷史教學》第 3 期，1981 年 3 月歷史教學社（北京），頁 5-6。
10 見《明報月刊》第 6 卷第 10 期，1971 年 10 月明報有限公司（香港），頁 17。

援庵先生既為大一國文的考試統一出題，又把全部考卷親自校閱一遍，可見他態度的認真和對大一國文的重視。至於教材，除了一本《大學國文選》，還加入《論語》、《孟子》的篇章。他這樣做，是要在大一國文課中，讓學生對中國文化有基本的認識；同時他也要利用這些教材，去訓練學生的語文，使他們從古代典籍中，汲取有用的詞彙，作為閱讀、寫作的基礎。

三 援庵先生對我們的提示

（一）《上課須知》

援庵先生沒有特別研究過甚麼教學法、教育心理學，但在教學方面，卻有他的一套理論。這些理論，他曾不斷向學生、後輩和任教中學、大一國文的教師提示。啟功先生（1912-2005）在《夫子循循然善誘人》中，把援庵先生的提示綜合記錄下來，寫成《上課須知》九則。這九則《上課須知》，值得從事教學工作的人參考。下面是啟功所記錄的文字：

1 教一班中學生與在私塾裏教幾個小孩子不同，一個人站在講臺上要有一個樣子。人臉是對立的，但感情不可對立。

2 萬不可有偏愛、偏惡，萬不許譏誚學生。

3 以鼓勵誇獎為主。不好的學生，包括淘氣的或成績不好的，都要盡力找他們一小點好處，加以誇獎。

4 不要發脾氣。你發一次，即使有效，以後再有更壞的事件發生，又怎麼發更大的脾氣？萬一發了脾氣之後無效，又怎麼下場？你還年青，但在講臺上即是師表，要取得學生的佩服。

5 教一課書要把這一課的各方面都預備到，設想學生會問甚

麼。陳老師還多次說過,自己研究幾個月的一項結果,有時並不夠一堂時間講的。

6　批改作文,不要多改,多改了不如你替他作一篇。改多了他們也不看。要改重要的關鍵處。

7　要有教課日記。自己和學生有某些優缺點,都記下來,包括作文中的問題,記下來以備比較。

8　發作文時,要舉例講解。缺點盡力在堂下個別談;缺點改好了,有所進步的,盡力在堂上表揚。

9　要疏通課堂空氣,你總在臺上坐着,學生總在臺下聽着,成了套子。學生打呵欠,或者在抄別人的作業,或看小說,你講的多麼用力也是白費。不但作文課要在學生坐位行間走走,講課時,寫了板書之後,也可下臺看看。既回頭看看自己板書的效果如何,也看看學生會記不會記。有不會寫的或寫錯了的字,在他們坐位上給他們指點,對於被指點的人,會有較深的印象,旁邊的人也會感覺興趣,不怕來問了。[11]

據啟功說,上面這九則《上課須知》,援庵先生不止一次向他反覆說明,恐怕他聽不明,記不住[12]。可見援庵先生對教學工作的關心,對教師表現的重視。除了啟功,援庵先生會不會也把上述意見,向其他人提供?根據常理推斷,援庵先生提供意見的對象,必然會普及於從事教育的學生和後輩,決不會只是啟功一人。

(二)要傳達的主要意見

從上述九則《上課須知》,我們可以看到援庵先生要傳達的意

11　見《陳垣校長誕生一百周年紀念文集》,頁 63。

12　參閱同上。陳援庵先生最初向啟功先生提示《上課須知》,是前者交派後者在輔仁大學附屬中學教國文的時候。

見，主要有幾方面：

1 教師態度：援庵先生認為，教師對學生不可偏愛或偏惡，對他們要以鼓勵、誇獎為主，不要譏誚，不要發脾氣，不要把自己放在與學生的對立位置上。援庵先生說：「在講臺上即是師表，要取得學生的佩服。」這就是說：「站在講臺上要有一個樣子。」只是這個「師表」的「樣子」，不是道貌岸然，拒人千里，而是與學生的「感情不可對立」。他的意見，正好是「望之儼然，即之也溫」的要求。援庵先生又說：「不好的學生」，「都要盡力找他們一小點好處，加以誇獎」。這樣，可避免淘氣或成績不好的學生走向自暴自棄之途。

2 備課工作：援庵先生認為教師對每課教學內容，要有周詳的考慮，甚至要設想學生會問甚麼。援庵先生的意見，所指就是教學的準備工作，即所謂備課。即使是很有學養、很有經驗的教師，仍然需要一絲不苟地備課，才能有計畫地達到預期的教學目標，完成教學任務。援庵先生說：「教一課書要把這一課的各方面都預備到。」所謂「各方面都預備到」，用語文教育學者的意見，就是：（1）教師要充分掌握與教材有關的知識；（2）教師要對教材本身，如語言、結構、手法、中心、背景等等，都要有深入的探研和全面的了解；（3）教師要依據教學課程的要求，對教材作適當的處理[13]。援庵先生又說：「設想學生會問甚麼。」這是說，教師的備課工作，必須把了解教學對象，作為主要任務。不看對象，就不能因應學生實際需要，就不能在學生的已有知識和能力方面提高[14]。上述有關備課的

---

13 參閱何深等《中學語文教學法》，1981 年 5 月河南人民出版社（鄭州），頁 341-345。

14 參閱同上，頁 347。

意見，我們可以看作是援庵先生對讀書教學的要求。

3 寫作教學：援庵先生認為，批改學生的作文，應在關鍵處下筆，不必多改；而且批改之後，須有適當的實例講評；講評時，要多着力在優點、進步方面。援庵先生建議：「缺點盡力在堂下個別談」，主要的理由，我相信是指個別學生的個別缺點而言，共通的缺點，只要不是指名道姓，我認為也可以歸納起來與學生共同討論。批改學生的作文，該多改還是少改，直到目前仍有爭論。援庵先生強調「不要多改」，「要改重要的關鍵處」，應該是個合理、切實、有用、可行的意見。有人建議，「作文要精批細改」，原則是對的，但怎樣「精」？怎樣「細」？可沒有明確的準則。其實，要提高學生的寫作水平，主要得靠教師有計畫、有目的去指導他們自己多讀、多想、多寫、多改。教師的批改，即使是仔細、有效的批改，也只是有助於學生寫作能力的提高，而不是決定學生寫作能力高低的最重要因素。把「精批細改」的作用不恰當地誇大，可以說是不切實的做法[15]。援庵先生的意見，直到現在，還有實效的意義。

4 教學檢討：援庵先生建議教師寫了板書，也可走下講臺回頭看看自己板書的效果。其實值得「回頭看看」，何止板書！援庵先生的用意，恐怕不只這一點。他舉這個例，是提示我們對自己的教學，要經常「回頭看看」。他提到設教課日記，記錄自己教學上和學生學習上的優點和缺點，以便了解、檢討、改進，就是一種「回頭看看」的自我評估方法。談語文教學，我們一般會留意幾種影響因素，這幾種因素是：課程、教材、設

---

15 參閱陸鑒三《作文提高之路》，1986 年 4 月浙江教育出版社（杭州），頁 204。

備、教法、教師、學生，於是我們會力求多方面改善，例如：
改革課程、修訂教材、增添設備、改進教法、留意學生學習情
況、講求教師培訓工作。但說來說去，還是較少人注意教師自
我評估、自求改進的問題。談論語文教學的參考書，大多忽略
了教師自我評估、自求改進的方法。援庵先生建議教師寫教課
日記，在當時是個可行的做法，在現在也應該是個可行的方
式。通過教課日記，教師可根據自己的教學實況、個人感受，
作出自我檢討和批評，有了檢討和批評，自然就有改進了[16]。

5 課堂氣氛：援庵先生主張要「疏通課堂空氣」。所謂「疏通」，
是教師去教室裏講課時，要表現得較為活躍，有時要走下講
臺，在學生的坐位行間走走、看看，並隨時對學生提供適當、
及時的指導。這樣，課堂的氣氛就會較為生動、活潑，課堂的
空氣就不會凝滯而符合「疏通」的要求了。課堂氣氛，與教學
效果有極密切的關係，我們即使有理想的教材、精美的教具、
高明的教法、熱誠的教師，但如果課堂氣氛凝滯，忽略了學生
的反應，就不能引發學生的研習興趣，也不會取得良好的教學
效果。要營造適當的課堂氣氛，就要講求疏通課堂空氣的方
法，方法如：走下講臺、在學生中間來回走動、回頭看看自己
的板書、在學生坐位中給他們指點、使學生不怕提問等等，都
是隨手拈來、平實易行的例子。「疏通課堂氣氛」，屬教室管理
技巧的一部分，援庵先生的意見，雖屬舉隅性質，或許有不周
全的地方，而且也不是甚麼動人耳目的高明技巧，但卻給我們

---

16 教課日記，即王牧天所提到的「教後」。王氏指出：寫「教後」，有利於逐步端正教
師的教育思想；有利於師生之間的思想交流，及時進行教學上的反饋；有利於教師
的業務進修，便於累積資料，解決教學上的疑難問題；有利於及時總結教學經驗，
逐步認識教學規律。（參閱《語文教學藝術》，1984 年 2 月山東教育出版社〔濟南〕，
頁 83-88。）

一個重要的提示：教師要重視教室管理，要留意學生的反應，
要講求「疏通空氣」的技巧。

（三）其他意見

援庵先生對文章的要求，有他自己的尺度。他的意見，對留意寫
作教學的人，也有提示的作用。在《談談文風和資料工作》中，援庵
先生說：

> 有時看到報上的一些長文章，登了滿滿一整版，而細細分析一
> 下，如果把重複的、空洞的話減去，就可以省掉一半。……我
> 以為，發表的文章，最低要求應當：（1）理要講清楚，使人心
> 裏服；（2）話要講明白，使人看得懂；（3）閒話不說，或者少
> 說。[17]

上面的意見，是援庵先生對報刊文章的批評和最低要求。我們指導學
生寫作，是不是也可以有類似要求？這些要求，對中學生來說，當然
並非最低，這是可以理解的。啟功先生在《夫子循循然善誘人》中這
樣憶述：

> 一次我用了「舊年」二字，是從唐人詩「江春入舊年」套用來
> 的。老師問：「舊年指甚麼？是舊曆年，是去年，還是以往哪
> 年？」……三十年代流行一種論文題目，像「某某作家及其作
> 品」，老師見到我輩如果寫出這樣的題目，必要把那個「其」
> 字刪去……。陳老師的母親去世，老師發訃聞，一般成例，孤
> 哀子名下都寫「泣血稽顙」，老師認為「血」字並不誠實，就

---

17 見陳樂素、陳智超編校《陳垣史學論著選》，1981 年 5 月上海人民出版社（上海），
頁 636-637。

把它去掉。[18]

援庵先生反對用「舊年」，是因為意思不周密，表達得不明確；他把「某某作家及其作品」的「其」字刪去，是因為文字不夠精簡；他主張把「泣血稽顙」的「血」字去掉，是因為不誠實。可見援庵先生為了求文章的簡潔，不惜簡而又簡，甚至讀起來不太順嘴或不合習慣用語，他也不想多費一個字。而且他很重視修辭立誠，他不接受情感不真實的濫調浮詞。我們對一般學生的寫作練習，或許不能有過高的要求，但援庵先生要求文章周密、精簡、誠實的意見，也不妨用來作為斬向的標準，在寫作講評中結合實例向學生提出。

四　援庵先生對我們的啟發

（一）語文教學要重視

援庵先生是史學家，卻很重視國文這門基礎課程。當時的國文科，即後來的語文科，只是當時國文科的施教重點，一般以讀、寫為主，後來的語文科，則須兼顧聽、說、讀、寫幾方面，同時也是書面語和口頭語並重。

無論是國文科還是語文科，除了有思想性、知識性、藝術性外，也有工具性的特質。在教學中，我們既要學生學習教材的內容，又要學生學習教材的表達形式，這與其他學科比較起來，是不同的。而且，語文教材，不只是講授語言、文學、寫作知識的例證，同時也是進行思想教育、文化教育的材料[19]。此外，我們面對任何學科，進行

---

18 見《陳垣校長誕生一百周年紀念文集》，頁 69。

19 參閱十二院校中文系編《中學語文教學法》，1983 年 3 月人民教育出版社（北京），頁 9-11。

任何研究，或從事任何工作，都要通過傳意的途徑，也就是需要理解和表達。要理解和表達，就不免有讀、寫以至聽、說能力的要求。上述理由，很可能就是援庵先生為甚麼會以史學家的身份，卻很重視語文教學的緣故。

據我們所知，援庵先生重視國文，常親自講授大一國文這門課程；他又重視師資，重視教材，重視評估，重視觀摩，重視寫作能力的培養；對於古代典籍的研讀，他重視的，是從語文運用的角度，去汲取有用的詞彙。援庵先生的種種「重視」，對我們從事語文教學工作的人，應該有很大的啟發作用。

（二）通達與認真

從事語文教學的人，最忌不通達。

援庵先生是史學家，卻不忽視語文，而且特別重視語文教學，這就是他通達的地方。他知道我們的生活和工作，都離不開語文，要做一個成功的史學家，必須通過語文這個重要關口，否則，就不會有足夠能力，去理解、剪裁、組織史料，也不會有足夠能力，把自己的心得，表達得恰當、高明。只是有許多從事其他學科教學或其他學科研究的人，卻往往不重視語文；例如有些著名史學家的論著，材料非常豐博，論見也很精到，文字卻生硬、乏味而不暢達。也有從事語文教學或語文研究的人，在心目中只有語文，語文以外的學科或材料，都不重視，甚至認為從事其他學科教學或其他學科研究的人，都不配談語文。他們最多認為，只有文學，才與語文有關，多讀文學篇章，語文、文學不分，就可以提高學生的語文程度。語文的範圍，真是那麼狹隘？語文的內涵，真是那樣簡單？我認為，不重視語文，是一種不通達；只知語文或文學而不知其他，是另一種不通達！

認真，也是援庵先生給我們的啟發。

　　我們做任何事，都要態度認真，這是原則。從事語文教學的人，當然也不應例外。只是態度認真，要真正做到，卻也並不容易。援庵先生在當時是輔仁大學的校長，行政工作、教學工作、研究工作是夠忙的，但他仍然積極介入大一國文的教學：教員由他聘請，教材由他選定，甚至撰擬試題、校閱評分的工作，他也親自去做；備課的時候，他多方面都預備到，連學生會問甚麼問題，也去設想；加上作文後的講評，教學後的日記，在在都顯示他的認真態度，不但在同事中有示範作用，對從事教學工作的後學，更有策勵、啟發的作用。今時今日，要提高學生的語文程度，我們的確很需要較多像援庵先生那樣勤奮、認真的校長與教師。

（三）文史兼通

　　語文與歷史，是兩個不同的學科。在中學，教中國語文的教師，大多兼教中國歷史；我們或許也可以說，教中國歷史的教師，大多兼教中國語文。這兩個學科之間，必然有共通的東西。只是不少人認為，一個研究陸游詩的教師，教語文是合理的，教中國歷史也是合理的，但一個研究宋史的教師，教語文只是勉勉強強，教文學就不適當了。從語文教學的觀點來說，上述兩類教師，在能力和知識方面都有局限，都有不足，要做好語文教學工作，他們都要想辦法提高能力和擴大知識面。厚前者而薄後者，是十分不公平的！援庵先生是史學大師，成就卓絕，在學術界早有公論；而他寫出來的文章，素以精嚴簡約、一洗浮辭見稱；他在史書要刪方面的表現，他利用釋氏語錄來研究佛教史，他通過元代語文知識來作《元典章校補》及《釋例》，他深入考察《元祕史》的譯音用字問題，都顯示他的語文理解和表達能力，是不容置疑的；他又去教大一國文和選定教材，而且指導學生從古代典籍汲取有用的詞彙。他懂得為學生在古代漢語與現代漢語之間

打開通路，使他們可以從古代漢語中吸收滋養現代漢語的養分。他的
表現，使人知道他是一位文史兼通的學者，他成就之所以大，就因為
他有文史兼通的能力。古代學者或前輩學人，兼通文史的很多、很
多，如司馬遷（前 145-？）、班固（32-92）、范曄（398-445）、劉知
幾（661-721）、司馬光（1019-1086）、錢大昕（1728-1804）、全祖望
（1705-1755）、章學誠（1738-1801）、柯劭忞（1850-1933）、陳寅恪
（1890-1969）、余嘉錫（1884-1955）等等，真是數不勝數。「典型在
夙昔」，援庵先生的行事與成就，可使我們明白：文史兼通，對語文
教學、語文學習、語文研究非常有利，只知語文，只知文學，不知有
歷史，不知有文化，就不足以知語文的精微與光彩，就難以在語文教
學、學習、研究方面有卓絕的表現！

五　結語

從語文教學的新趨勢來看，現時語文教學的要求，應該以聽、說、
讀、寫的技能訓練最重要，配應著聽、說、讀、寫的訓練，適量的知
識提供，適當的思想啟發，也不可忽視。至於語文的藝術性，不是不
需要，只是要看教學的對象。在小學至初中階段，應該以聽、說、
讀、寫訓練為主、為先，密切配合訓練的需要，在適當時候，或有適
當教材，也該與學生討論語文的藝術性，但要精簡，要切實，要配應
技能訓練的需要！到了中學高年級以至大學，多講語文的藝術性，多
讀知識性強、思想性強的篇章，當然是語文教學應有之義，但聽、
說、讀、寫的訓練，仍然是語文教學中絕不可忽略的部分。

援庵先生論語文教學，只強調讀、寫而不提聽、說，在今天看
來，顯然並不周全，我們也不必為賢者諱。但時代不同、社會不同，
語文的需要不同，因而意見有所局限，我們應該可以充分理解。援庵

先生以史學家的身份，卻來強調學生的讀、寫訓練，可見他在當時已認識到語文技能訓練的重要。而且他沒有刻意去誇張語文的知識性、思想性、藝術性，也沒有把文學視為與語文唯一有關的科目，在他所處的那個時代，可說是難得的通達意見。援庵先生其實並沒有忽略語文的知識性、思想性、藝術性，他的著述，他的文筆，都可以作為證明。但談語文教學，學生到底是受訓練的主體，留意課堂的氣氛與學生的反應，配應學生的程度與需要，強調語文技能訓練，不但在當時切合實際，即使在現時也切合實際。

語文教師或語文教育學者重視語文教學，一點也不令人驚奇。一位著名史學家也重視語文教學，而且積極介入實際教學工作，又留意與語文教學有關的種種，如：師資、課程、教材、教法、評估等等，就看出他有開闊的胸襟，不自閉，不自以為是。「有容乃大」，難怪他在學術界中，既是史學大師，又是有貢獻的教育家，而他的史學成就，並沒有因為他重視語文教學、介入語文教學而受到影響。從事語文教育工作的人，是不是也該有廣闊的胸襟，不以有限的語文能力和知識為滿足，跳出自限的框框，去擴大自己的知識面，去認識歷史，去了解文化，去吸收、容納異於語文的種種？至於從事其他學科教學的人，是不是也該像援庵先生一樣，去認識語文運用的實用性和語文教學的重要性？我認為，人人都重視語文教學，人人都講求語文的掌握，人人都了解語文內涵的豐博，人人都知道只認識一位文學家、一種文學作品、一個文學流派或一些文學常識的不足，一個國家、一個社會的語文程度，才有提高的希望。我今次特意介紹一位著名史學家論語文教學的意見，就是要透出這個意思。

——原載《教育學報》第 16 卷第 1 期，香港中文大學教育學院（1988 年 6 月），後收入李學銘《中國語文教學的現況與發展》，學思出版社（1997 年 6 月）

陳援庵先生的體例歸納

　　體例，一般指規定的款式或文辭的格式，從一部著述來說，所指應該是它的撰作條例和內容規律，也就是它的系統。陳援庵（垣）先生（1880-1971）治史，非常講究著述體例。他自己的著述，在體例方面，就有嚴格的要求，而且不時有所開創。他很擅長歸納，許多瑣碎、繁雜的材料，一到他的手裏，就能採用類舉的方法，從這些材料中尋找出系統來，歸納出體例來。他研究前人的著述，也特別着眼在體例分析上，常能在複雜紛紜的內容或現象中，把體例歸納出來，再揭而出之，使讀者對著述的內容，既可有系統、深入的理解，同時又可進而掌握著述的內在規律，得到以此推彼、舉一反三甚至聞一知十的效果。

　　援庵先生究竟怎樣重視著述的體例？先師牟潤孫先生（1908-1988）在《勵耘書屋問學回憶》中這樣憶述：

> 先師對葉昌熾的《藏書紀事詩》頗為愛好，但批評它說：「葉氏找到這樣多材料，卻用詩表示出來，未免減低了價值。」顯然惋惜葉氏既缺乏著史之才，更不知史書體例。真的，如果葉氏用那些材料寫一部《中國藏書史》，其在學術上的作用一定要大過今天。陳先生對葉德輝的《書林清話》也說「書是很好，只是體例太差」。[1]

_____

1 見《陳垣校長誕生一百周年紀念文集》，1980 年 11 月北京師範大學出版社（北

從援庵先生對《藏書紀事詩》和《書林清話》的批評，我們可以推想他對著述體例的重視程度。為了撰作《藏書紀事詩》，葉昌熾（1849-1917）搜羅了很豐富的藏書史料，可惜卻採取詩的形式來表達，平白把寶貴的材料浪費了；這是用錯了著述體例。葉德輝（1864-1927）《書林清話》的內容，主要是說明書籍和版本的各種名稱、歷代刻書的規格和材料、工料價值的比較、印刷裝訂鑑別保存的方法，並敘述了古代活板印刷、彩色套印的創始和傳播，以及各時代特出的著本、刻書、鈔書、賣書、藏書等許多掌故，其中所包含的材料，非常豐富，可惜在體例方面，只是分條羅列的筆記，因此援庵先生不得不批評為「體例太差」！為甚麼分條羅列的筆記，就是「體例太差」？原來他認為，著述必須有條例、有規律，也就是有系統，瑣碎的考證筆記，分條羅列，無條例、規律可言。除非把這些一條一條的筆記組合起來，賦以適當的體例，人家要掌握其中條例、規律，有可循的途徑，這樣子的撰作，才可以稱為著述。《書林清話》一書，在條例、規律方面，也即是在系統方面，顯然有不完善的地方。方東樹（1772-1857）的《書林揚觶》一書，也有些不完善，但因為談了許多撰述體例，援庵先生即大為讚賞，而且準備撰寫《廣書林揚觶》一書，藉以補方書的不足。據說他已把需用的材料全部抄錄出來，又擬好了撰著大綱。可惜援庵先生已歸道山，這部遺稿再沒有完成的一日，否則我們如要了解他有關著述體例的學說，只要讀《廣書林揚觶》，就應該有足夠的直接材料[2]。目前只好寄望他的後人或學生，能夠根據留下來的撰著大綱整理所得材料，並把這部《廣書林揚觶》寫

京），頁 31。

2　先師牟潤孫先生《勵耘書屋問學回憶》說：「前些日子得先師的長孫智超世兄的來信，說找到陳先生為撰《廣書林揚觶》抄的全部材料及編寫大綱……如果想尋覓援庵先生講求著述體例的學說，肯定要在《廣書林揚觶》之中去找了。」（見同上。）

出來。對於俞樾（1821-1907）的《古書疑義舉例》，援庵先生非常欣賞，認為有最好的著述體例，足為後學法式。他自己的著述，在體例方面，有不少就是向俞氏這一部書效法的[3]。原來《古書疑義舉例》一書，內容主要是歸納九經、諸子中的文法、用字、錯簡、誤字等例，加以解釋，共八十八條，不但有助於我們對古代典籍的理解，而且更為學者提供了很好的著述體例[4]，難怪援庵先生對這書採取肯定的態度。

援庵先生的史學著述，在學術界中，一向得到很高的評價，其中有些著述，就是根據所見材料，理出其中規律，然後再通過類例的方式，把體例歸納出來，形成系統，最後寫成很有分量的作品。例如《史諱舉例》、《元典章校補釋例》（《校勘學釋例》）、《元西域人華化考》、《舊五代史輯本發覆》、《元祕史譯音用字考》、《通鑑胡注表微》等，都是這方面著述的顯著代表，我們不妨以這些著述為例，加以說明。

《史諱舉例》八卷，是一部總結性質的避諱學著作，內容主要是利用歷史材料，歸納了八十二個例，去說明歷代避諱所用的方法、避諱的種類、怎樣利用避諱學，以及與避諱有關的種種問題，而且還整理出由秦漢至清的諱例，供讀史者參考。這書的形式和體例，就是以俞樾的《古書疑義舉例》為效法對象。在《史諱舉例》的序文中，援庵先生說：

---

3 參閱潤孫師《敬悼先師陳援庵先生》，《明報月刊》第六卷第十期，1971 年 10 月明報有限公司（香港），頁 17-18。

4 俞樾《古書疑義舉例·序》說：「執今人尋行數墨之文法，而以讀周、秦、兩漢之書……執今日傳刻之書，而以為是古人之真本……此古書疑義所以日滋也歟！竊不自揆，剌取九經、諸子為《古書疑義舉例》七卷，使童蒙之子，習知其例，有所據依，或亦讀書之一助乎？」（見俞樾等《古書疑義舉例五種》，1957 年 1 月中華書局〔北京〕，頁 6。）

茲編所述，以史為主，體裁略倣俞氏《古書疑義舉例》，故名
曰《史諱舉例》，為例八十有二，為卷八：第一避諱所用之方
法；第二避諱之種類；第三避諱改史實；第四因避諱而生之訛
異；第五避諱學應注意之事項；第六不講避諱學之貽誤；第七
避諱學之利用；第八歷朝諱例，凡八萬餘言。意欲為避諱史作
一結束，而使考史者多一門路一鑰匙也。[5]

援庵先生根據歷史中複雜、紛紜的避諱材料，歸納了八十多例，掌握
了這些例，無疑可幫助我們讀史、考史。不過，我們現時談論的着重
點，是他的治史方法，因此，他在避諱學方面的造詣，較適宜另作討
論，倒是他怎樣駕馭材料、怎樣把材料歸納成例的方法，就需要在這
裏談一談。

在《史諱舉例》卷五「第四十八」中，援庵先生列舉了恆、宏、
隆、弘、炎、虎、泰、禎、忠、敬、玄等字，說明這些字都不止諱於
一朝，跟著他更按照時代先後，排比歷史材料，製為簡表，證明歷來
有一字而數朝同諱的事實：

有一字而數朝同諱者……弘歷恆農，恆山常山，時廢時置，備
極糾紛。今試以此為例，根據史實，為簡表如下：

一 恆山　　　漢高帝置。

二 常山　　　避漢文帝諱改。

三 恆山　　　後周置恆州，隋大業初復置恆山郡。

四 恆州　　　隋義寧初又置恆州。

五 常山　　　唐天寶元年改為常山郡。

六 恆州　　　唐乾元元年復為恆州。

5　見《史諱舉例》，1958 年 1 月科學出版社（北京），頁 1。

七　鎮州　　　唐元和十五年避穆宗諱，改為鎮州。

八　真定　　　宋慶曆八年置真定府，此節非關避諱。

九　正定　　　清雍正初兼避宜定，改為正定。

一　弘農　　　漢武帝元鼎四年置。

二　恆農　　　後漢獻文時避諱改。

三　弘農　　　隋末復置。

四　恆農　　　唐神龍初避太子弘諱改。

五　弘農　　　唐開元十六年復。

六　恆農　　　宋建隆初避太祖父諱弘殷改。

七　虢略　　　宋至道三年避真宗諱改。

自此恆農弘農之名皆廢，宋人稱古弘農恆農曰常農。[6]

本來一字而數朝同諱，或改或闕，極為混亂，但材料經這麼一聚合排比，就很容易讓人看出「數朝同諱」的事實，某一字何時避諱，為甚麼避諱，都有規律可循，讀者也可一目了然。這是通過類舉、歸納的方法，把「數朝同諱例」找出來。援庵先生在上文提到宋至道三年（997），因避真宗諱，改「恆農」為「虢略」。至道是太宗年號，真宗是太宗子，為甚麼會父避子諱？原來至道三年三月，太宗崩，真宗隨即即位，仍用至道年號，到了第二年的正月，才改元為咸平元年（998）；所以在至道三年有避真宗諱的情形，是不足為奇的[7]。又《史諱舉例》卷五「第五十三」云：

6　見《史諱舉例》卷五《數朝同諱例》，同上，頁 80-82。

7　為了把這個問題說得較為詳細、清楚，我特別撰寫《宋至道三年避真宗諱考》一文，集中討論為甚麼會有父避子諱的情形，並建議為《史諱舉例》一書，補入「新君未改元而避諱」一例。拙文載《學術研究》2001 年第 8 期（總第 201 期），2001年 8 月 20 日《學術研究》雜誌社（廣州），頁 98-100。此文已收入本書。

> 晉王羲之子知名者五人：曰玄之，凝之，徽之，操之，獻之。
> 徽之子槙之，獻之嗣子靜之。祖孫父子，皆以之為名，不以為
> 嫌也。宋王弘子僧達，孫僧亮、僧衍，從子僧謙、僧綽、僧
> 虔，從孫僧祐。叔姪皆以僧為名，不以為嫌也。[8]

根據這些材料，援庵先生歸納出「南北朝父子不嫌同名例」，並且用
這條例，糾正了前人的錯失：

> 《避諱錄》二曰：「《魏書》稱前秦苻宏為永道，宏為堅長子，
> 堅字永固，其子不應字永道，疑《魏書》永字誤。」不知此當
> 時風尚也。……校《南史》者以僧達僧衍同排，遂妄改達為衍
> 弟。武英殿本《王弘傳》考證，又誤以僧亮與僧達同為弘子。
> 《史姓韻編》於王操之獻之，亦誤以為槙之弟。石印小字本
> 《韻編》，更誤以操之為槙之子，愈理愈棼矣。[9]

援庵先生不但把材料合在一起，把體例歸納出來，讓人看出其中規
律，同時他更讓我們知道，他是怎樣利用所歸納出來的規律，去糾正
前人的錯失，去解決一些令人困擾的問題。

　　《元典章校補釋例》，又名《校勘學釋例》，六卷。這書的撰述，
主要是援庵先生要為學生講校勘學，需要有具體的實例作為說明，於
是用五種《元典章》本子，跟沈家本刻本《元典章》對勘。對勘結
果，援庵先生發現沈刻本有很多地方是訛誤、衍脫、顛倒、妄改的，
把這些謬誤的材料摘錄下來，竟有一萬二千多條[10]。從這一萬二千多

8　見《史諱舉例》卷五《南北朝父子不嫌同名例》，頁91。

9　見同上，頁92。

10　援庵先生在《校勘學釋例‧重印後記》中說：「《校勘學釋例》本名《元典章校補釋
　　例》，余昔為同學講校勘學，要舉例說明，欲廣引群書，則檢對不易，欲單引一
　　書，則例子不多。例子多就是錯誤多，錯誤多未必是好書，未必是重要的書，要找

條材料中，他又選出有代表性的一千多條，加以分析、歸納、分類，總結成四十二條誤例和八條校例，共五十例。所謂「誤例」，也就是刊刻、傳抄書籍中造成錯誤的四十二種原因；這四十二種誤例中，既有行款字句之誤的通例，也有因不懂元代用字、用語和名物而致誤的特例。所謂「校例」，是援庵先生根據《元典章》的材料和校勘學的知識，為校勘學所歸納出來的八條例，其中包含了四種最基本的校勘方法——對校法、本校法、他校法、理校法，為校勘學工作者指示了校勘學的通則和入門的途徑。所以《元典章校補釋例》中所舉的例，並不限於用來校補沈刻本《元典章》，也可適用於其他書籍的校勘，因此後來改名為《校勘學釋例》。援庵先生在《校勘學釋例》一書的序文中，有清楚的說明：

> 余以元本及諸本校補沈刻《元典章》，凡得謬誤一萬二千餘條……乃復籀其十之一以為之例，而疏釋之，將以通於元代諸書，及其他諸史，非僅為糾彈沈刻而作也。且沈刻之誤，不盡由於沈刻，其所據之本已如此，今統歸其誤於沈刻者，特假以立言耳。[11]

援庵先生找出來的誤例，材料全部來自沈刻本《元典章》，照常理說，這些誤例，都只可視為與《元典章》有關的特例，但經過整理、歸納、說明後，卻可視為校勘學上的通則，這就是援庵先生的功夫。例如《校勘學釋例》卷二的「通用字句誤例」，說的雖是沈刻本《元典章》的字句，引述的材料也只限於沈刻本的材料，但經援庵先生把字句材料分類歸納為十一例後，這十一條例，也可以視為校勘其他書

一本好而又重要又錯誤多的書，莫如沈刻《元典章》。」（見《校勘學釋例》，1959年 12 月中華書局〔北京〕，頁 174 後之頁 1。）

11 見同上，頁 1。

籍的準則，因為其他書籍，在字句方面，也不免有同樣致誤的情況。
這些致誤情況，據援庵先生的意見，可類別為形近而誤、聲近而誤、
因同字而脫字、因重寫而衍字、因誤字而衍字、重文誤為二字、一字
誤為二字、妄改、妄添、妄刪、妄乙。在「形近而誤例」項下，共引
材料三十條，藉以說明「形近而誤」的三種情況：

> 形近而誤，有易察覺者，有不易察覺者，其易察覺者，文義不
> 通者也。……其不易察覺者，文義似通非通者也。……又有譌
> 誤在二字以上，文義似通非通，雖知其誤，不易知為何誤者。[12]

在沈刻本《元典章》中，因文字形近而誤的例子很多，如把「流民」
誤作「流戈」、「懷孕」誤作「懷朶」、「老成」誤作「考成」、「妄稱」
誤作「妾稱」、「比丘戒」誤作「比兵戎」、「丁阿保」誤作「下河係」
等等。援庵先生就從紛紜的謬誤材料中尋求體例，使讀者可以得到有
條理、有規律的理解，掌握了條理和規律，讀者就容易舉一反三，甚
至進一步可達聞一知十的效果。至於卷三至卷五的元代用字、用語、
名物誤例，材料都從沈刻本《元典章》中歸納得來，而且標明「元
代」，因此，這方面的誤例，會不會只為沈刻本的錯誤而發？事實並
不盡然，因為校勘任何一個時代的用字、用語、名物，都會有相類基
礎知識的要求，缺乏這方面知識，校勘起來，就會犯上沈刻本相同的
毛病。所以卷三至卷五的「誤例」，固然是有關元代的「特例」，其實
也是校勘學上的「通則」。不過，如果不是援庵先生把這些材料勾稽
出來，再歸納為不同類別，而且附加說明，讀者要把屬於「特例」的
材料轉化為「通則」的參考，就沒有那麼容易了。「誤例」，無疑是援
庵先生為學生講校勘學所歸納出來的反面教材，用在校勘工作上，或

---

12 見同上，頁 20-23。

許消極性比較大，因此，他又從正面提出八條校例，這八條校例所依據的材料，也是從沈刻本歸納出來的。於是《校勘學釋例》一書，不但有消極的「誤例」可供參考，同時也有積極的「校例」可以遵循。《校勘學釋例》一書，完全是借了沈刻本《元典章》的材料，為我們歸納了校勘學的條例和規律，在體例方面，雖然也算學自俞樾的《古書疑義舉例》，但俞書的內容，訓詁、校勘的界限並不分明，而《校勘學釋例》，卻是一部只講校勘學的專著，如果我們說，這書有它本身的著述體例，應該也不過分。

《元西域人華化考》，是一部近十萬字的史學專著，內容是根據大量材料找出事實，具體說明西域人華化的情況和程度。這是一部關於國內外各民族間文化交流的鴻篇巨製，也是運用了類舉、歸納材料的方法，來考證史事。不過，在類舉、歸納材料的時候，如果沒有明確的範圍和準則，就難以控制材料，因此，援庵先生在《緒論》中，先限定元西域的範圍和界定華化的意義。他指出，在元人著述中，西域人即色目人，而元西域的範圍，非常廣闊，由唐兀、畏吾兒、歷西北三藩所封地，以至於東歐，都包括在內。由於研究對象只限於元西域人，因此蒙古、契丹、女直（真）各族的華化情況，都不在論述之列。至於「華化」的意義，簡單地說，「則以後天所獲，華人所獨者為斷」。即或有久居漢地、歸化中國的西域人，但在中國文化方面並沒有甚麼特殊表現的，也就不把他們放在華化之列。其他如西域的翻經沙門和明末清初的耶穌會士，他們都「嫻習華言，博綜漢典」，算不算「華化」呢？據援庵先生的意見，他們的表現，只可稱為「華學」，不能稱為「華化」[13]。援庵先生就是以上述西域範圍和華化意義的理解基礎來進行研究的。他在《元西域人華化考·緒論》中說：

---

13 參閱《元西域人華化考·緒論》，《勵耘書屋叢刻》（上），1982 年 10 月北京師範大學出版社（北京）重印本，頁 13-18。

西域之範圍明，華化之意義定，可以進言西域之如何華化。[14]

可見談到材料的類舉和歸納，必須先有明確的範圍和準則，否則泛濫無主，空有大批材料，實在無從着力。援庵先生在《元西域人華化考》一書中，清楚地為我們提供了體例歸納的原則，示範了體例歸納的方法。根據援庵先生的歸納，華化的西域人可分為六類，這六類是：儒學、佛老、文學、美術、禮俗、女學。在這六類中，凡一百六十八人，除去各篇互見的三十六人，實得人數一百三十二人。如果用地域來畫分，這一百三十二人又可分為葱嶺東部五十六人，葱嶺西部六十八人，其他八人[15]。為了要具體了解援庵先生歸納材料的情況，我們不妨用《儒學篇》作為例子說明。《儒學篇》載錄了二十九個華化西域人，援庵先生把他們分為五類：

> 西域人之儒學：十二人
> 基督教世家之儒學：二人
> 回回教世家之儒學：五人
> 佛教世家之儒學：一人
> 摩尼教世家之儒學：九人[16]

有了這樣分類的材料，我們可以明白，不但普通西域人在儒學方面有所表現，甚至宗教思想濃厚的基督教世家、回回教世家、佛教世家、摩尼教世家，其中的西域人，在儒學方面也有表現。由於材料不易勾稽，援庵先生所舉為例的宗教世家中人，不免有人數不多的情形，如佛教只得一人，基督教也只得二人，但通過他的類舉歸納，我們應該

---

14 見同上，頁 25。

15 參閱《元西域人華化考・結論》，頁 257-258。

16 參閱《元西域人華化考・儒學篇》，頁 27-78。

可以明白：接受儒學，在當時並不只限普通西域人，甚至宗教世家中人，也會接受儒學；換句話說，華化的情形，在當時不同出身的西域人中，實在頗為普遍。所舉例子，雖或只有一、二人，卻可以讓人推知其餘，這是類舉歸納的好處。這種把材料歸納成例的方法，固然是援庵先生的治史方法之一，同時也是《元西域人華化考》一書的著述體例。我們明白了他的著述體例，就不難掌握其中規律，由已知推想未知，達到聞一知多的效果。

　　《舊五代史輯本發覆》，是援庵先生歸納實際例證來揭露四庫館臣改竄古籍的秘密，這也是一個通過體例歸納來解決歷史問題的例子。原來《舊五代史》早已散佚，現在通行的《舊五代史》是從《永樂大典》中輯出來的，因此它既不是全本，而且又經過清人的竄改。援庵先生在《舊五代史輯本發覆‧序》中這樣說明：

> 《舊五代史》輯本印行者有三本：一為乾隆四十九年武英殿刊本。此本從四庫全書定本出……二為民國十年豐城熊氏影印南昌彭氏藏本。此《四庫全書》初寫本也……三為民國十四年吳興劉氏刻甬東盧氏藏本。此本亦從四庫館原輯本出……故老相傳，殿本薛史，曾經改竄。熊劉本出，余嘗以校殿本，字句果有異同，最著者熊劉本戎王二字，殿本悉改為契丹或契丹主。又嘗以《冊府元龜》校三本，異同之處尤多。……其最可注意者，為胡虜夷狄等字，莫不改易或刪除也。是不獨殿本然，熊劉本亦莫不然。[17]

《舊五代史》輯本的三個本子，字句都有不同，但值得留意的，是熊本、劉本中的「戎王」兩字，在殿本中，都改為「契丹」或「契丹

17　見陳智超編《陳垣學術論文集》第二集，1982 年 2 月中華書局（北京），頁 148-149。

主」。再用《冊府元龜》來校這三個本子，字句的出入更多，其中
「胡虜夷狄」等字，在這三個本子中都不見了。援庵先生認為，這並
不是《冊府元龜》在引錄《舊五代史》的史文時所改竄，而是四庫館
臣從《永樂大典》輯出《舊五代史》時，有意把忌諱的文字改易或刪
除。而且這種改易或刪除並不止一次，所以殿本、熊本、劉本的字句
都有異同了。援庵先生歸納三個本子在字句上的出入情況，得出下列
結論：

> 凡所改三本皆同者，纂輯時所改者也。殿本與熊劉本異者，雕
> 版時所改者也，殿本異而有挖補痕或增刪字句以就行款者，雕
> 成後所改者也。第一次所改為總纂及纂修之事，占十之六；第
> 二第三次所改，為總校及分校之事，占十之四，然發縱指示者
> 恐仍在總裁也。一百五十年來，學者承誦引據，以為薛史真本
> 如此，信奉不疑，而孰料其改竄至於如此，今特著其忌改之
> 例，以發其覆。[18]

《舊五代史》從《永樂大典》輯出，已經不是全本，再經過四庫館臣
的多次改竄，與原本面目更有距離，歷來引用的人，似乎並沒有留意
這方面的情況。援庵先生把有關竄改的材料從《舊五代史》輯本勾稽
出來，經歸納分類後，共得忌改之例凡十類，共一百九十四條。這十
類是：忌虜、忌戎、忌胡、忌夷狄、忌犬戎、忌蕃忌酋、忌偽忌賊、
忌犯闕、忌漢、雜忌[19]。這又是援庵先生通過歸納的方式，把材料組
織起來，成一完整系統，藉以揭露清人有意改竄典籍的真相。

　　《〈元祕史〉譯音用字考》，也是一篇從繁雜材料中把原則通例歸
納出來的論文。為了要考出《元祕史》（即《蒙古祕史》）譯音用字的

---

18 見同上，頁 149。
19 見同上，頁 149-150。

規律，援庵先生用了各種不同本子的《元祕史》來對勘、分析，這些
本子是：《葉刻元祕史》、《葉刻底本》（即《文廷式抄本》）、《李文田
抄本》、《顧廣圻校本》、《俄本》（即《鮑廷博抄本》）、《內閣大庫藏殘
洪武槧本》[20]。經過對勘、分析之後，援庵先生發現《祕史》的譯音
用字，與《華夷譯語》不同：《華夷譯語》是單純音譯，《元祕史》則
音譯之外，不論名詞、動詞，如果可以附以意義的話，往往選用音義
相同的字。援庵先生在《〈元祕史〉譯音用字考》中說：

> 「伯」與「別」為蒙古語過去動詞語尾音譯，漢文義譯為
> 「了」。此等「了」字，《華夷譯語》音譯為「八」、為「伯」、
> 為「巴」、為「別」（見第八表），《祕史》則音譯為「罷」、為
> 「畢」（見第九第十表）。然《祕史》始譯者，亦參用「伯」
> 「別」等字，後乃一律改為「罷」。……其原作「畢」者不
> 改，疑因「畢」亦有「了」字之意也。[21]

在第八表中，援庵先生舉出二十四條屬於《華夷譯語》的材料，說明
「了」字在《華夷譯語》譯為「八」的有十條，譯為「伯」的有四
條，譯為「巴」的有三條，譯為「別」的有七條。他又從《元祕史》
中找出二十條材料，跟《華夷譯語》的材料逐一對勘，在對勘下，我
們很容易看到：相同的用語，在《元祕史》中，「了」字是全部譯為
「罷」字的。至於《華夷譯語》其他四條材料，因為在《元祕史》中
不能找到相同的用語，所以只好闕而不作對勘[22]。第九表和第十表，
是《〈元祕史〉了字譯罷表》和《〈元祕史〉了字譯畢表》，主要是要

---

20 見同上，頁 104-111。

21 見同上，頁 112。

22 見同上，頁 113-115。

顯示「了」字在《元祕史》中譯「罷」、譯「畢」的情形[23]。這都是通過材料的勾稽、聚合、分類，尋找出《元祕史》譯音用字規律，歸納出《元祕史》譯音用字的體例。《元祕史》的譯音用字材料，本來非常複雜、瑣碎，互不連貫，但一經裁汰、歸納、說明，立刻體例分明，成為具有說服力的論據。

《通鑑胡注表微》一書的內容，主要是分析、闡發胡三省（1230-1287）在注文裏所隱藏的忠君愛國之忱，並具體介紹了胡氏的生平抱負和治學精神。原來胡氏為《資治通鑑》作注時，南宋已亡，在異族統治下，胡氏心境非常悲憤抑鬱，因而下筆作注時，言多所指。可惜歷來談論胡注的人，並沒有特別注意他在這方面的精意深旨。援庵先生身處日本人統治下的北平，與胡氏有相同的感受，於是通過類舉材料的方式，把胡注的體例歸納出來，讓我們既可掌握胡注的表達規律，同時也可看到胡氏隱藏在注文裏的思想感情。援庵先生在《通鑑胡注表微・小引》中說：

> 自考據學興，身之始以擅長地理稱於世。然身之豈獨長於地理已哉，其忠愛之忱見於鑑注者不一而足也。今特輯其精語七百數十條，為二十篇，前十篇言史法，後十篇言史事，其有微旨，並表而出之，都二十餘萬言。庶幾身之生平抱負，及治學精神，均可察見，不徒考據而已。[24]

胡氏為《資治通鑑》作注，無疑會先訂下作注的體例，只是他並沒有把自己所訂的體例，明告後人。為了要顯彰胡氏的著述體例，援庵先生首先從浩繁的胡注中，輯出有代表性的材料七百數十條，經過歸納以後，七百數十條材料，也就成為二十篇中的類舉材料。這二十篇的

---

23 見同上，頁 115-118。
24 見《通鑑胡注表微》，1958 年 3 月科學出版社（北京），目錄前頁 1。

內容，前十篇談史法，後十篇談史事，而忠君愛國的微旨，則散見於二十篇中。這是援庵先生深入胡注本文，為我們尋找出胡氏的著述系統。而注文的材料經過他這麼選擇、類舉、歸納，胡注的體例，也就清楚地給揭示出來了。《通鑑胡注表微》，可說是一部較全面說明胡注體例的專著。至於援庵先生怎樣把材料一條一條組織起來，歸納成例，就得從書中舉出例子來說明。《本朝篇》是《通鑑胡注表微》的第一篇，在這篇的開端，援庵先生說：

> 本朝謂父母國。人莫不有父母，觀其對本朝之稱呼，即知其對父母國之厚薄。胡身之今本《通鑑注》，撰於宋亡以後，故《四庫提要》稱之為元人。然觀其對宋朝之稱呼，實未嘗一日忘宋也。大抵全書自四十卷至二百三十二卷之間，恆稱宋為「我朝」或「我宋」，而前從則率稱「宋」或「宋朝」，吾頗疑為元末鏤版時所改，其作內詞者，身之原文也。[25]

援庵先生用具體材料，證明胡注在卷四十至卷二百三十二之間，往往稱宋為「我朝」或「我宋」，胡注原文俱在，不難覆檢，我們可以不必置疑。但卷四十至卷二百三十二以外的前後文，有稱「宋」的，也有稱「宋朝」的，究竟是甚麼理由？是體例不一致還是有其他原因？援庵先生表示「頗疑為元末鏤版時所改」，措詞矜慎，並沒有把話說盡。但從語氣之中，我們應該可以體味出他對自己推斷的信心。為甚麼他會有這樣的推斷？理由很簡單：他有具體的材料作為根據。首先，援庵先生從《資治通鑑》卷八和卷十一中，分別引述了兩段胡注的注文：

> 《班志》盱眙縣屬臨淮郡。《史記正義》曰：「今楚州。」宋屬

泗州。

《班志》定陶縣屬濟陰郡,古之陶邑,宋為廣濟軍理所。[26]

援庵先生對兩條材料中的「宋」字,表示了這樣的意見:

> 此二條在開篇前數卷,皆單稱「宋」,不類本朝人語,身之對
> 父母國,似已漠然矣。然以後文例之,原稿當稱「我宋」,刻
> 版時去「我」字耳。[27]

援庵先生為甚麼可以說得這樣肯定?如果他不是統觀全部材料,並把
體例歸納出來,他決不敢說出「以後文例之」這句話。不過,單憑
「以後文例之」這句話,說服力顯然不足,因此,援庵先生從《資治
通鑑》卷二十二中,又引述了胡注:

> 據漢時匈奴謂中國人為秦人,至唐及國朝,則謂中國為漢,如
> 漢人漢兒之類,皆習故而言。[28]

這裏的「國朝」,可指「宋」,可指「元」,所以援庵先生也說:

> 全注稱宋為「國朝」者絕少,必謂身之為元人,此「國朝」本
> 可指元,因元時亦時稱中國為漢也。[29]

問題是,胡氏肯不肯自居為元人?如果胡氏自居為元人,注文中的
「國朝」,自然是指元了。為了解決這個問題,援庵先生又從《資治

---

26 見同上。原文見《資治通鑑》卷八《秦紀三》「二世皇帝二年」(前 208)及卷十一
   《漢紀三》「高帝五年」(前 202),1963 年 4 月中華書局(北京)校點本,頁 274
   及 355。援庵先生引述時有省略。

27 見《通鑑胡注表微‧本朝篇》,頁 2。

28 見同上。原文見《資治通鑑》卷二十二《漢紀十四》「武帝征和四年」(前 89),頁
   739。

29 見《通鑑胡注表微‧本朝篇》,同上。

通鑑》卷二十八中，引述了一條胡注的材料：

> 採珠蜑丁，死於採珠者多矣，此我太祖皇帝所以罷劉氏媚川都也。[30]

有了這條材料，援庵先生可以肯定地說：

> 此稱宋太祖為「我太祖」，身之之忠於宋，可謂深切著明矣，夫誰得而元之！[31]

「夫得誰而元之！」真是一句非常有力的話。胡氏既以宋人自命，再加上卷四十至卷二百三十二之間的「我朝」、「我宋」材料，援庵先生自然有足夠信心，以後文例前文，指出卷四十前的「宋」或「宋朝」，「為元末鏤版時所改」了；不過，推斷到底是推斷，與實證仍有分別，所以援庵先生就加上「頗疑」兩字，這是他的矜慎性格和謙虛態度所使然。表面看來，援庵先生的推斷，是抽象的推理，實際上，他是通過材料的選擇、精細的分析，然後把胡注的體例具體地歸納出來的。他的歸納，有充實的材料作為基礎，並不是憑空的臆想。此外，胡注稱宋為「我朝」、「我宋」，至卷二百三十二而止，以後或稱「宋朝」，或單稱「宋」，有了前文稱「我朝」、「我宋」、「我太祖」之例，要斷定卷二百三十二以後的「宋朝」和「宋」「為元末鏤版時所改」，也就順理成章了。從上舉例子，我們應該可以了解援庵先生的

---

30 見同上。原文見《資治通鑑》卷二十八《漢紀二十》「元帝初元二年」（前 47），頁 904 至 905。援庵先生引文，文字稍有更易。關於劉氏罷媚川都事，援庵先生在《通鑑胡注表微‧本朝篇》中有概括的說明：「媚川都南漢劉氏置，定其課令人入海五百尺採珠，見《宋史》四八一《南漢世家》。宋太祖罷之。」（頁 3）《宋史》原文為：「置媚川都，定其課令入海五百尺採珠。」（見《宋史》，1977 年 11 月中書局校點本〔北京〕，頁 13920。）

31 見《通鑑胡注表微‧本朝篇》，頁 2。

體例歸納造詣，同時也可看到，他怎樣利用歸納而得的體例來解決問題。有人或許懷疑：元人覆刻《資治通鑑》，對書中的行款、原文，並沒有特意去改動，為甚麼對胡注的「我朝」、「我宋」，卻要刻意去改避呢？而改避以後，為甚麼仍然留下不少「我朝」、「我宋」的字樣？援庵先生對這些問題，有這樣的答案：

> 溫公書著於北宋，可信其無礙於元；胡注於宋亡以後，不敢必其無懷舊之念。且當時曾檄諭中外，稱宋宜曰「亡宋」；元貞元年七月，又曾詔毀江南諸路道觀所奉宋太祖神主，均見《元史》本紀，則「我朝」、「我宋」之語，自觸忌諱，胡注刻於元末，其時國力已弱，不復當年氣勢，故身之原注，猶得大體保全，此則後學之幸也。[32]

援庵先生指出，胡注撰於宋亡以後，所以「我朝」、「我宋」的字樣，自然有所不便。但胡注經改避後，注文大體仍能保全，則是因為書刻於元末衰微之世，文網漸疏，所以留下了沒有改避淨盡的線索，供後人的探尋。不過這方面的線索，並不是集中一處，而是散見《資治通鑑》卷四十至卷二百三十二之間，因此，如果不是援庵先生把有關材料輯出加以歸納，揭示胡注的體例，我們想要了解胡氏的微意深旨，認識胡氏的思想感情，就沒有那麼容易了。在《通鑑胡注表微》中，《本朝篇》和其他十九篇的內容，無論是談史法或談史事，都是援庵先生通過歸納方法而得出來的結果，也不必一一舉例說明了。

綜觀援庵先生對體例的歸納，不外從兩種途徑入手：一是把瑣碎、繁雜的材料歸納起來，使成為有系統、有體例的有機體；另一是深入前人的著述，把系統、體例歸納出來，讓讀者通過規律的掌握，

---

32 見同上，頁 18-19。

更好地理解著述的內容。如《史諱舉例》、《元典章校補釋例》（《校勘學釋例》）、《元西域人華化考》等，應該是屬於前一種歸納方法；《舊五代史輯本發覆》、《元祕史譯音用字考》、《通鑑胡注表微》等，應該是屬於後一種歸納方法。不過，這只是大略的畫分，較細緻地審察，我們可以看到上述六種著述都有不同的面目。理由之一，當然是受到材料內容所影響；取材不同，著述的面目也會跟著不同，這是常識，不必多說。不過，更重要的理由是，這六種著述，都有它本身的著述體例，體例不同，面目自然各異了。援庵先生很講究著述體例，他的「講究」，不但表現在他對繁雜材料和前人著述的體例歸納上，也表現在他對自己著述的體例安排上。我們讀援庵先生的著述，應該不要忽略他在體例歸納、安排方面的表現和成就。

　　——原載《宋代歷史文化研究》續編，北京人民出版社（2003 年
　　　9 月）

陳援庵先生「通史致用」析論

　　「通史致用」，是中國史學的傳統。致用，有兩層意思，一是司馬遷（前 145-？）以來的「通古今之變」，一是申明《春秋》大義。前者的做法，是陳古證今，以古為鑑，達到明古知今的目的；後者是發揚民族意識，申明夷夏之辨，藉以取得古為今用的效果。明古知今，着眼點常在治國理民方面；發揚民族意識，則往往針對外敵入侵而發，尤其是在外患嚴重之際。治史而可以發揮明古知今的作用，又為了實際的需要，借史文的微言大義來發揚民族意識，斥責當前的侵略者或變節的國人，那就符合「通史致用」的中國史學傳統。司馬遷著《太史公書》，即表明了要「通古今之變」[1]，司馬光（1019-1086）主持《資治通鑑》的修纂，也顯示了要以史事為鑑戒的宗旨；他們兩人，對夷夏之辨都有明確的看法。此外如唐代的杜佑（735-812）、宋代的李燾（1115-1184）、徐天麟（生卒年不詳）、李心傳（1167-1244）、陳傅良（1137-1203）、王應麟（1223-1296）、馬端臨（約

1　班固《漢書・司馬遷傳》載司馬遷《報任安（少卿）書》云：「僕竊不遜，近自託於無能之辭，網羅天下放失舊聞，考之行事，稽其成敗興壞之理，凡百三十篇，亦欲以究天人之際，通古今之變，成一家之言。」（見《漢書》卷六十二，1964 年 11 月中華書局〔北京〕校點本，頁 2735）；《昭明文選》收錄司馬遷《報任少卿書》，上述文字字句與班書所載稍有出入：「僕竊不遜，近自託於無能之辭，網羅天下放失舊聞，略考其行事，綜其終始，稽其成敗與壞之紀，上計軒轅，下至於茲，為十表、本紀十二、書八章、世家三十、列傳七十，凡百三十篇，亦欲以究天人之際，通古今之變，成一家之言。」（見《昭明文選》卷四十，1957 年 3 月藝文印書館〔臺北〕影印胡克家仿宋本，頁 383）。

1254-1323）以至明末清初的顧炎武（1613-1682）、黃宗羲（1610-
1695）、王夫之（1619-1692）等人，他們的著述，都充分發揮了「通
史致用」的精神[2]。

陳援庵（垣）先生（1880-1971）治史，可說完全符合了中國史
學的傳統精神。他的不少論著，都是通過嚴格、精密的考證工作，來
研究中國史上的一些關鍵性大問題，並儘量想辦法從其中獲取一些關
於當前處境的啟示或教訓。援庵先生在一九四三年十一月二十四日
《致方豪》的信中，有這樣的意見：

> 至於史學，此間風氣亦變。從前專重考證，服膺嘉定錢氏；事
> 變後，頗趨重實用，推尊崑山顧氏；近又進一步，頗提倡有意
> 義之史學。故前兩年講《日知錄》，今年講《鮚埼亭集》，亦欲
> 以正人心，端士習，不徒為精密之考證而已。此蓋時勢為之，
> 若藥不暝眩，厥疾弗瘳也。[3]

信中提到史學的風氣，表示「此間風氣亦變」，所謂「此間」，其實是
援庵先生的夫子自道。援庵先生治史，一向服膺錢大昕（1728-
1804）之學，專重考證，但七七事變以後，外敵侵略日亟，他愈來愈
感到徒事精密考證的不足，於是逐漸把治史的方向，轉趨顧炎武所主
張的經世致用之學，也就是重視實用的史學。後來更進一步，他又提
倡有意義的史學，而且用全祖望（1702-1755）的《鮚埼亭集》作為

2　參閱先師牟潤孫先生《從〈通鑑胡注表微〉論援庵先師的史學》，《紀念陳垣誕辰百
　　周年史學論文集》，1981 年 11 月北京師範大學出版社（北京），頁 35；此文又收入
　　《勵耘書屋問學記》，1982 年 6 月生活・讀書・新知三聯書店（北京），頁 72。徐
　　天麟，南宋開禧元年（1205）進士。

3　見陳樂素、陳智超編校《陳垣史學論著選》，1981 年 5 月上海人民出版社（上海），
　　頁 624；又見陳智超編注《陳垣來往書信集》，1990 年 6 月上海古籍出版社（上
　　海），頁 302。

指導學生治史的教材。實用的史學,指的是針對現實、以古為鑑的史學研究,研究所得的結論或意見,往往涉及當前的治國理民問題;有意義的史學,指的是發揚民族意識,目的是「正人心,端士習」。援庵先生提倡有意義的史學以後,是不是就不再重視實用的史學呢?事實並不如此,因為「實用」與「有意義」,往往二而為一,並不可分。例如顧炎武、全祖望兩人,他們在著述裏,既記載現實、討論現實、關懷民生利病,同時又表現出極強的民族意識;他們的史學,兼有「實用」和「有意義」的內容。援庵先生治學,與顧、全兩人有很類似的地方,他在談論有意義的史學時,往往同時也在談論實用的史學,所以我們理解他的「通史致用」,應該把「致用」的範圍,包括「實用」和「有意義」兩方面。

從《通鑑胡注表微》一書,我們可以更具體地知道援庵先生對「通史致用」的意見。《書法篇》引述了《資治通鑑》卷二四五「唐文宗太和八年(834)」的一段史事:

> 時李德裕、李宗閔各有朋黨,上患之,每歎曰:「去河北賊易,去朝廷朋黨難。」溫公論之曰:文宗苟患群臣之朋黨,何不察其所毀譽者為實為誣,所進退者為賢為不肖,其心為公為私,其人為君子為小人。乃怨群臣之難治,是猶不種不芸,而怨田之蕪也。[4]

4　見《通鑑胡注表微》,1958 年 3 月科學出版社(北京),頁 32;原文見《資治通鑑》卷二四五《唐紀六十一》,1963 年 4 月中華書局(北京)校點本,頁 7899-7900。引文中略有刪節。《通鑑胡注表微》在引述《資治通鑑》原文或胡三省注文時,往往遵守略而不改的「引用」原則,刪去不需要的字句,而不輕易增飾或改動原文;在刪去字句的地方,一般不會省略號。但有時為了實際的需要,也會為原文增加一些文字,或把原文「檃括」為精簡的文字。「引用」和「檃括」,是援庵先生的「史書要刪」表現,而不是他的引文有脫漏。關於這方面,我另有專文論述。「檃括」原作「桰」,又作「檃括」或「隱括」,《通胡注表微·書法篇》作「檃

針對這段史事，胡三省（1230-1302）注云：

> 溫公此論，為熙、豐發也。[5]

「熙、豐」指宋神宗熙寧、元豐年號。援庵先生的解釋是：

> 古人通經以致用，讀史亦何莫非以致用。溫公論唐事，而身之
> 以為「為熙、豐發」，陳古證今也。昔孔子居衛，衛君據國拒
> 父，冉有曰：「夫子為衛君乎？」子貢曰：「諾，吾將問之。」
> 入曰：「伯夷叔齊何人也？」曰：「古之賢人也。」曰：「怨
> 乎？」曰：「求仁而得仁，又何怨。」出曰：「夫子不為也。」
> 不問衛事而問夷齊，賢夷齊兄弟讓國，即知其不為衛君父子爭
> 國，此史學方法也。[6]

司馬光論唐代朋黨之爭，認為唐文宗只知歎息「去朝廷朋黨難」，而
不積極去了解是非、分辨賢愚忠奸，「是猶不種不芸，而怨田之
蕪」！胡三省表示司馬光的議論，是為宋代黨爭而發。援庵先生指出
胡氏這種論古知今的方法，子貢早就曾經採用。子貢本來想要知道孔
子對衛君父子爭國一事的意見，但他不直接問衛君的事而只問伯夷、
叔齊讓國的事，從孔子的答覆，子貢也就知道孔子的意向；這是一個
明古知今的最佳例證。援庵先生說：「此史學方法也。」又說：「讀史
亦何莫非以致用。」可見這種明古知今或陳古證今的方法，就是援庵
先生心目中的「通史致用」。

在《通鑑胡注表微・勸戒篇》中，援庵先生又有這樣的意見：

括」。參閱同上，頁23。

5 見《通鑑胡注表微》，頁 32；原文見《資治通鑑》卷二四五《唐紀六十一》，頁
   7900。

6 見《通鑑胡注表微・書法篇》，頁同上。

> 勸戒為史家之大作用，古所貴乎史，即取其能勸戒也。勸戒起
> 於經歷，經歷不必盡由讀書，然讀書則可以古人之經歷為經
> 歷，一展卷而千百年之得失燦然矣。故胡注於史事之可以垂戒
> 者，每不憚重言以揭之曰：「可不戒哉！可不戒哉！」孔子
> 云：「書之重，辭之複，其中必有善者焉。」此之謂也。[7]

史事可垂戒於後世，史家撰述歷史，也為了要對後人起勸戒的作用。
換句話說，讀史可以知道前人的經歷，也可以了解前人做事的得失，
於是後人就可以從前人的經歷和得失中，得到了與當前處境有關的啟
示或教訓；這就是明古知今，也就是「通」古之「史」以「致」今之
「用」。援庵先生更以胡注為例，指出胡注中的「重言」或「複辭」
部分，往往有「垂戒」的用意存乎其中；這是援庵先生有意用較易掌
握的材料為例，為後學說明「通史致用」的方法。其實有「垂戒」作
用的材料，又何止「重言」或「複辭」部分？治史者須隨時隨地懂得
以史事與今事互相對比驗證，才可以達到「通史致用」的目的；治史
而只知考古，只不過得到古人的糟粕。在《勸戒篇》中，援庵先生借
了胡三省的注文來表達自己的看法。胡注云：

> 莊子曰：「桓公讀書於堂上，輪扁斲輪於堂下，問桓公曰：『敢
> 問公所讀者何言也？』公曰：『聖人之書也。』曰：『聖人在
> 乎？』曰：『已死矣。』曰：『然則君之所讀者，古人之糟粕已
> 矣，古之人與其不可傳者死矣。』」[8]

《資治通鑑》卷九十二，載「涼參軍馬岌謂氾禕為糟粕書生」，胡氏
引述莊子語，用意在解釋「糟粕書生」的含義。援庵先生再進一步，

---

7 見《通鑑胡注表微》，頁 181。

8 見同上，頁 184-185；原文見《資治通鑑》卷九十二《晉紀十四》，頁 2914。

就胡氏的注文加以發揮：

> 莊子語見《天道篇》，與《淮南子‧道應訓》略同。胡注於七
> 十五卷曾引之，此復有云者，為讀書徒考古而不能驗諸今者戒
> 也。[9]

在這裏，援庵先生一方面在表出胡氏注文的微意，另一方面，他也是
在表達自己的意見。他指出：「讀書徒考古而不能驗諸今」，並不足
取。這清楚表達了他的「通史致用」主張：讀書或治史，要能明古知
今，要能把書裏的載述與今事驗證。例如胡三省為《資治通鑑》作
注，就時常採用古今驗證的方式，在《通鑑胡注表微‧治術篇》中，
援庵先生有這樣的說明：

> 身之生平不喜滕口說，不喜上書言時事，國變以後，尤與政治
> 絕緣。然其注《通鑑》，不能舍政治不談，且有時陳古證今，
> 談言微中，頗得風人之旨，知其未嘗忘情政治也。[10]

胡三省生平不喜談論政治，國變以後，他的活動，更與政治絕緣。但
考察《資治通鑑》的注文，卻可以看出他有時會採用陳古證今的方
法，來談論政治。陳氏認為，這是胡氏「未嘗忘情政治」的緣故。中
國古代的讀書人，大多懷有政治抱負，即使「身在江湖」，也會「心
存魏闕」，因此，胡氏不忘情於政治，應該是件很易理解的事。不
過，另一方面，我們也可以這樣了解：胡氏之所以會「陳古證今」，
主要是要發揮「通史致用」的精神，為當前處境尋求一些啟示或教
訓，而這種做法，正正是中國史學的傳統。

　　「陳古證今」的「通史致用」，往往會取材自當前的治國理民問

9　見《通鑑胡注表微》，頁185。

10　見同上，頁198。

題，胡三省是這樣，援庵先生也是這樣。例如《通鑑胡注表微・治術篇》引述《資治通鑑》卷五「周赧王四十四年（前271）」的史事：

> 趙田部吏趙奢收租稅，平原君家不肯出，趙奢以法治之，平原君以為賢，言之於王。王使治國賦，國賦太平，民富而府庫實。[11]

胡三省注云：

> 觀此，則趙奢豈特善兵哉，可使治國也。[12]

援庵先生的按語是：

> 國法貴平等，任何人不應享有特權。《元史・世祖紀》至元二十八年三月條，言：「江淮豪家，多行賄權貴，遇有差賦，唯及平民。」天下所以不平也。今趙奢能執法，平原君亦能服善，此其所以為濁世佳公子歟！[13]

胡氏的意見，實基於元時江淮豪家的事有感而發，而援庵先生的按語，其實是「今典」、「古典」互證。他的「今典」，從胡氏出發，是元事，從自己出發，則是民國事。任由有權勢者享有特權，超乎國法，豈是治國之道！

《治術篇》又引述《資治通鑑》卷十「漢高帝三年（前 204）」的史事：

> 廣武君對韓信曰：「今將軍威震天下，農夫莫不輟耕釋耒，褕

---

11 見同上，頁 199；原文見《資治通鑑》卷五《周紀五》，頁 155。引文中頗有刪略。
12 見同上；原文亦見同上。
13 見同上。

衣甘食。」[14]

胡三省注云：

> 此言當時之人，畏信之威聲，不能自保其生業，皆輟耕釋耒，
> 褕靡其衣，甘毳其食，以苟生於旦夕，不復為久遠計。[15]

援庵先生根據胡注生發這樣的意見：

> 鐵蹄蹂躪之下，地方反覺繁榮，皆此等心理為之也。[16]

胡氏所言，大抵是元代異族統治下人民的心態和生活的情況，而援庵先生則借了胡氏的注文，有似自說自話，說明淪陷區中的反常情況。「鐵蹄蹂躪」，既指元人，又指日軍。這是有意「通」古之「史」，以「致」今之「用」。

談「治術」，必然不可忽視「民心」。援庵先生在《通鑑胡注表微・民心篇》中說：

> 民心者人民心理之向背也。人民心理之向背，大抵以政治之善惡為依歸，夷夏之防，有時並不足恃，是可惕然者也，故胡注恆注意及之。孟子曰：「三代之得天下者，得其民也，得其民者，得其心也。」恩澤不下於民，而責人民之不愛國，不可得也。[17]

---

14 見同上；原文見《資治通鑑》卷十《漢紀二》，頁 328。引文中頗有刪略，但增加「對韓信」三字，以顯示廣武君的談話對象。援庵先生引述史文時，一般以刪略為主，如無必要，不會增字。

15 見同上，頁 200；原文亦見同上。

16 見同上。

17 見同上，頁 332。

他又說：

> 夫國必有可愛之道，而後能令人愛之，天下有輕去其國，而甘
> 心託庇於他政權之下者矣。《碩鼠》之詩人曰：「逝將去汝，適
> 彼樂園。」何為出此言乎？其故可深長思也。[18]

這是說，民心向背，往往以政治的善惡為依歸。為政者澤不下於民，
則民會甘心託庇於異族的政權。宋代如此，民國以來的為政者，應該
從中得到警惕。這類意見，《民心篇》中頗有不少，援庵先生再引述
《資治通鑑》卷二九一「後周太祖廣順三年（953）」的記事：

> 唐大旱，井泉涸，淮水可涉，饑民度淮而北者相繼，濠、壽發
> 兵禦之，民與兵鬥而北來。[19]

胡三省注云：

> 觀民心之向背，唐之君臣可以炭炭矣。[20]

援庵先生的意見是：

> 後周南唐之兼併，內戰也，內戰純恃得民，唐既無善政，又有
> 天災，欲人心之不去得乎！若宋之與元，本有夷夏之防，足為
> 保障，而仍不免於滅，是可哀已。[21]

胡氏為南唐君臣危，其實是為宋室哀。援庵先生指出宋元本有夏夷之
別，有民族意識作為保障，但終不免滅亡，可見民族觀念有時並不足

---

18 見同上。

19 見同上，頁 347；原文見《資治通鑑》卷二百九十一《後周紀二》，頁 9496。

20 見同上；原文亦見同上。

21 見同上。

恃。援庵先生對胡氏之哀表達深切的同情,但也提示當權者在抗日的同時,不要失去「民心」。《民心篇》成於對日抗戰末期,實有所見而云然。以古為鑑,往往使史家具有前瞻的識見。

針對現實情況,申明《春秋》大義,發揚民族意識,也是「通史致用」精神的發揮。《通鑑胡注表微》引述了《資治通鑑》卷一七六「陳長城公至德二年(584)」隋主封宇文氏千金公主為大義公主的事[22]。胡三省注云:

> 千金公主,宇文氏,請於沙鉢略,欲復讎。及兵敗於外,眾離於內,乃請為隋主女。更封以大義,非嘉名也,取「大義滅親」云爾,為大義不得其死張本。[23]

援庵先生在《通鑑胡注表微·解釋篇》中,就胡注「大義滅親」的意思,作深一層的解釋:

> 自晉元渡江,訖宇文氏之滅,河北淪陷者,二百七十餘年,至是復歸中國。春秋大義,國讎百世可復,隋蓋為中國復讎也。千金公主乃欲復宇文氏之讎,故隋以大義封而滅之。身之釋大義,其說新而切。[24]

這明顯是通過《春秋》大義,來申明華夷之辨。在胡氏所處的時代,外患日亟,有申明華夷之辨的需要;援庵先生當日的處境,與胡氏相類似,日軍的侵犯,可說日甚一日,因此,他更有需要強調華夷、敵我的分別。他揭出「國讎百世可復」的《春秋》大義,實際上是對國人的一種提示和鼓勵;他顯然想利用過往的史事,來達到「古為今

---

22 見同上,頁 73;原文見《資治通鑑》卷一七六《陳紀十》,頁 5475-5476。
23 見同上;原文亦見同上。
24 見同上,頁 73-74。

用」的目的。

援庵先生在《通鑑胡注表微・夷夏篇》中，對夷夏的問題，有更具體、更清楚的說明：

> 夷夏者，謂夷與夏之觀念，在今語為民族意識。《公羊》成十五年傳：「《春秋》內其國而外諸夏，內諸夏而外夷狄。」非尊己而卑人也，內外親疏之情，出於自然，不獨夏對夷有之，夷對夏亦宜然，是之謂民族意識。當國家承平及統一時，此種意識不顯也；當國土被侵陵，或分割時，則此種意識特著。身之生民族意識顯著之世，故能了解而發揮之，非其世，讀其書，不知其意味之深長也。[25]

所謂夷夏的觀念，即「民族意識」，這真是非常精簡的說明。援庵先生認為，當國家受到侵略或分割時，民族意識就會特別顯著。他更進一步指出，胡三省生當外敵侵略之世，民族意識特別顯著，所以他能了解史文中所蘊藏的這種意識而加以發揮；針對當前外敵侵略的情況，借史文來發揚民族大義，就是「通史致用」。臨末援庵先生說「非其世，讀其書，不知其意味之深長也」，這是說胡氏，也是說自己。胡氏處身民族意識顯著的時代，所以能領會史文中的深長意味；同樣的道理，援庵先生之所以知胡注中有深長的意味，就因為他的處境和他所面臨的情況，與胡氏相類似。這是援庵先生現身說法，通過自己的處境和著述，表達了自己對於「通史致用」的意見：發揚民族意識，也是致用的重要途徑之一。至於他自己的治史工作，就正好是「通史致用」精神的體現。

在援庵先生心目中，「通史致用」，究竟該以治國理民為先，還是

---

25 見同上，頁307。

該以民族意識為重？在承平時代，該以治國理民為先，那不消說，但當國家受到異族的侵陵，就該以民族意識為重。援庵先生在七七事變以後，着意於提倡有意義的史學，就有這種用意。在《通鑑胡注表微‧民心篇》中，援庵先生即曾就胡三省的意見加以闡發。胡注是這樣的：

> 荀卿子有言，「兼并易地，堅凝之難」，以苻堅之明，王猛之略，簡召六州英俊，以補守令，然鮮卑乘亂一呼，翕然為燕，以此知天下之勢，但觀人心向背何如耳！[26]

根據這段注文，援庵先生說：

> 善政本可得民，然有時政雖善而仍不得民，則其善政未足以敵其民族意識也，觀苻秦與鮮卑慕容氏之事可知矣。前燕既滅，十餘年後，後燕、西燕、南燕，相繼踵起；宋則二王之後，一蹶不振，更無所謂後宋、西宋。曾慕容氏之不如，此身之所為歇歇也！[27]

苻秦雖有善政，王猛雖有謀略，而民族意識的影響，仍然非常重要。以前燕為例，這個國家雖被苻秦所滅，但十餘年後，鮮卑慕容氏的人仍然企圖恢復國族，所以有後燕、西燕、南燕的繼起。援庵先生特別指出，宋自二王以後，再沒有繼起的人，實在不如慕容氏，因此，胡氏不免有很大的感慨與悲哀。援庵先生把這件事提出來，應該也會有胡氏同樣的感慨與悲哀，於是他就利用胡注，強調民族意識的重要，藉以喚起國人的注意。總而言之，在國家危難之秋，非要特別借史事以發揚民族意識不可，否則國族淪亡，不可挽救。在對日抗戰期間，

---

26 見同上，頁 337；原文見《資治通鑑》卷一〇三《晉紀二十五》，頁 3243。
27 見同上，頁 337。

援庵先生處身淪陷的北平，着意於提倡有意義的史學，而且不斷撰作、發表具有民族意識的著述，實有深意存乎其中。

談到援庵先生在對日抗戰期間的著述，我們可以看到，除單篇論文不計外，專著如《明季滇黔佛教考》、《清初僧諍記》、《南宋初河北新道教考》、《中國佛教史籍概論》、《通鑑胡注表微》等，都是發揚民族意識之作，也即是援庵先生自述「欲以正人心，端士習」之作[28]。他可說身體力行，用具體的研究工作，來實踐「通史致用」的精神。現試從上面所提到的著述中，引述幾條與時代實際需要有關的資料，藉以進一步具體說明援庵先生在治史方面的「致用」精神與方法。

《明季滇黔佛教考》的內容，主要是敘述明末清初雲、貴兩地佛教發展的情況，尤其是着意在抉發明末知識分子懷念故國、抗節不仕的精神。本書卷五內容分《遺民之逃禪》、《遺民之禪侶》兩節，在《遺民之逃禪》這一節之末，援庵先生這樣說：

> 明季遺民多逃禪，示不仕決心也。永曆之時，滇黔實為畿輔，各省人文薈萃，滇黔不得而私。茲篇所舉，特遺民之關係滇黔者耳，非盡滇黔人也，若推而求滇黔以外，所得更不止此。范蔚宗謂「漢世百餘年間，亂而不亡，皆仁人君子心力之為」，然則明之亡而終不亡，豈非諸君子心力之為乎。[29]

---

28 據陳智超《陳垣年譜》（又名《史學大師陳垣的一生》）的記述，《明季滇黔佛教考》六卷，發表於 1940 年 8 月；《清初僧諍記》六卷，寫作於 1941 年 1 月；《南宋初河北新道教考》四卷，發表於 1941 年 12 月；《中國佛教史籍概論》六卷，完成於 1942 年 9 月；《通鑑胡注表微》二十篇，脫稿於 1945 年 7 月（參閱書前《小引》），發表於 1945 年 12 月和 1946 年 12 月。其中《清初僧諍記》一書發表於《輔仁學誌》第 9 卷第 2 期，出版日期為 1940 年 12 月，與援庵先生在書前《小引》所提的 1941 年 1 月不相應。理由是《輔仁學誌》的出版日期雖在前，但實際出版的日期在較後，所以援庵先生較後寫成著述，可以發表在出版年月較早的《輔仁學誌》上。（參閱《廣角鏡》第九十七期，1980 年 10 月廣角鏡出版社〔香港〕，頁 72-73。）

29 見《明季滇黔佛教考》，1962 年 7 月中華書局（北京），頁 238。

援庵先生困居淪陷的北平，處境頗與明末遺民相仿。當時北方大學相
繼南遷，學人大多顛沛流離於滇黔蜀陝各省一帶，中央政府，則以重
慶為陪都。援庵先生在這時以滇黔佛教為研究對象，並以《明季滇黔
佛教考》為書名，明顯地表示了身在北國、心在西南的意思[30]。他特
別指出明遺民多逃禪以示不肯仕於新朝的決心，這是自勉，也是勉
人。最後，提到「仁人君子心力之為」，則是對大後方的抗戰人士，
表示了敬仰、鼓勵之意。他是針對當時實際的需要，借了明末遺民逃
禪的事以為今用。陳寅恪先生（1890-1969）為《明季滇黔佛教考》
作《序》，很能道出援庵先生撰作的用心。他說：

> 就先生是書所述者言之，明末永曆之世，滇黔實當日之畿輔，
> 而神州正朔之所在也……及明社既屋，其地之學人端士，相率
> 遁逃於禪，以全其志節，今日追述當時政治之變遷，以考其人
> 之出處本末，雖曰宗教史，未嘗不可作政治史讀也。……先生
> 講學著書於東北風塵之際，寅恪入城乞食於西南天地之間，南
> 北相望，幸俱未樹新義，以負如來。[31]

談論滇黔佛教，本來是宗教史的範疇，經陳寅恪先生的揭示，我們知

---

30 紀念陳垣校長百年誕辰籌委會《紀念陳垣校長誕辰一百周年》說：「《明季滇黔佛教
   考》是一九三九年開始動筆。內容所寫西南遺民逃清逃禪的活動都是在清初，但書
   名用『明季』，以示這些遺民終未降清。滇黔是明桂王建立政權所在，也是當時抗
   戰後方，所謂『明季中原淪陷，滇黔猶保冠帶之俗』。這書從命題到內容，都反映
   他身處北平，懷念祖國的心意。」（見《陳垣校長誕生一百周年紀念文集》，1980 年
   11 月北京師範大學出版社〔北京〕，頁 8。）

31 見《明季滇黔佛教考》，頁 1-2；又見《金明館叢稿二編》，1980 年 10 月上海古籍出
   版社（上海），頁 240-241。陳寅恪先生所云「未樹新義」事，見《世說新語》下卷
   下《假譎篇》：「愍度道人始欲過江，與一傖道人為侶，謀曰：『用舊義在江東，恐不
   辦得食。』便共立『心無義』。既而此道人不成渡，愍度果講義積年，後有傖人來，
   先道人寄語云：『為我致意愍度，無義那可立？治此計，權取饑爾！無為遂負如來
   也。』」（見余嘉錫《世說新語箋疏》，1983 年 8 月中華書局〔北京〕，頁 859。）

道援庵先生其實是借了宗教史來談當時的政治。寅恪先生說「南北相望，幸俱未樹新義，以負如來」，其中雖有自勉之意，主要卻是推許援庵先生並沒有屈服在敵偽的惡勢力之下。二陳都是深諳中國史學傳統精神的學者，所以能在「古為今用」方面，有充分的了解與共鳴。

《清初僧諍記》一書，論述的是清初東南法門中故國派和新朝派的矛盾，所寫既是宗教派系的爭執，同時又反映了政治上不同趨向的鬥爭。援庵先生在書中，對甘心附逆、投降仕敵者予以指摘，我們如果明白這書是援庵先生在抗日戰爭時期所寫，當能深切體會他的指摘與當時現實有關，並不只是談論清初東南法門的糾紛。試以木陳忞為例，援庵先生在本書中對他極盡挖苦、指摘的能事，只因為他是一個投附新朝的可鄙人物。《清初僧諍記》卷三《新舊勢力之諍》中的第一節《雲門雪嶠塔諍》，援庵先生引述木陳忞《北遊集·越州雲門寺興修疏引》中的話語：

> 今上好善忘勢，居然古帝之風……獨於雪嶠老人之高風逸韻，日理於口，殊切景仰之思。……吾聞君子愛其所親，敬其所尊，凡為臣若子，于君父之所重，疑莫不皆然。……矧今上之嗜好老人如此！……故余不序次雲門之往蹟何如，而獨播宣上意者，蓋欲越諸賢士大夫知宸衷攸尚，將推廣愛敬之思，當有以體君父云爾。[32]

援庵先生對木陳忞的話，加上這樣的按語：

> 此木陳第一次以其新君父之嗜好告越人也。新君父既嗜好雪嶠，則《禪燈世譜》，不得不體新君父之意，增入雪嶠。[33]

32 見《清初僧諍記》，1962 年 9 月中華書局（北京），頁 64。
33 見同上，頁 64-65。

讀了援庵先生的按語，木陳忞盡力迎合新君父心意的醜態，也就可想而見了。援庵先生斥責木陳忞，無異是斥責當日投附敵偽的漢奸。又《復華山見月和尚札》，註明是「順治十七年官舟中作」，其中有幾句話，是木陳忞自炫寵幸的報道：

> 去秋九月，謬承寵召入京，皇上求道方切，再四慰留，今春大壽，遂不能敬致封祝，殊為歉然。[34]

援庵先生引述以後，跟著加以指斥：

> 見月雲南人……順治十七年，即永曆十四年，時西南猶奉中國正朔，木陳乃以此矜見月，何其陋耶！[35]

援庵先生特別點出見月和尚是雲南人，又把「順治」與「永曆」互相對比，同時強調「時西南猶奉中國正朔」，經這樣一提示，木陳忞是個忘本的敗類，也就很清楚了。不過，援庵先生斥責木陳忞的態度固然十分嚴厲，但主要的用意，卻是借了這段材料，來說明抗戰時的中國正朔也在西南；這是援庵先生的「古為今用」手法。《清初僧諍記》成書於一九四一年，一九六二年出版，援庵先生在一九六二年三月的《後記》中追述自己當時撰作的心意：

> 一九四一年，日軍既佔據平津，漢奸們得意揚揚，有結隊渡海朝拜、歸以為榮、誇耀於鄉黨鄰里者。時余方閱諸家語錄，有感而為是編，非專為木陳諸僧發也。[36]

從《清初僧諍記》一書，我們可以看到援庵先生嚴厲地斥責木陳忞和

---

34 見同上，頁 68。
35 見同上。
36 見同上，頁 94。

一群投附新朝的僧人。表面看來，他的斥責對象，只是清初時期的歷史人物，但深一層看，他的斥責對象，其實也包括當時「得意揚揚」的漢奸，他是「有感而為」，斥「古」即所以斥「今」；用援庵先生自己的話，是「非專為木陳諸僧發」！

《南宋初河北新道教考》是繼《明季滇黔佛教考》之後所寫，發表於抗日戰爭時期。本書敘述宋遺民義不仕金，先後創立了全真、大道、太一三教，三教創立之初，本為不仕新朝，因此聚徒訓眾，自謀生計，充分表現了民族的氣節，這對陳氏來說，正好是諷喻當世、古為今用的適當題材。本書沒有正式的前言或序言，但在目錄後卻繫以簡要的說明，其中有些話語，很能表達援庵先生的心聲：

> 右三篇四卷廿三章，都七萬餘言，述全真、大道、太一三教在金元時事。繫之南宋初，何也？曰三教祖皆生於北宋，而創教於宋南渡後，義不仕金，繫之以宋，從其志也。靖康之後，河北黌舍為墟，士流星散，殘留者或竟為新朝利用，三教祖乃別樹新義，聚徒訓眾，非力不食。[37]

三教祖都是宋遺民，都能義不仕金，援庵先生把書名冠以「南宋」字樣，是為了要符合遺民的意願。他特別強調這一點，無疑存有深意。靖康之後，有人為新朝所利用，援庵先生表示非常痛心，而且特意表揚了「別樹新義」的三教祖，其中就聯繫了自己的處境，對投附敵偽

---

37 見《南宋初河北新道教考》，1962 年 7 月中華書局（北京），頁 3。這段文字，寫於1941 年 7 月，援庵先生當時身在淪陷區中，因此措詞比較含蓄。到了 1957 年 7 月，他在本書的《重印後記》中，就表達得較為清楚：「蘆溝橋變起，河北各地相繼淪陷，作者亦備受迫害，有感於宋金及宋元時事，覺此所謂道家者皆抗節不仕之遺民，豈可以其為道教而忽之也。」「諸人之所以值得表揚者，不僅消極方面有不甘事敵之操，其積極方面復有濟人利物之行，固與明季遺民之逃禪者異曲同工也。」（頁 154。）

的漢奸表達了貶斥之意。援庵先生又說：

> 自永嘉以來，河北淪於左衽者屢矣，然卒能用夏變夷，遠而必
> 復，中國疆土乃愈拓愈廣，人民愈生而愈眾，何哉？此固先民
> 千百年之心力艱苦培植而成，非倖致也。三教祖之所為，亦先
> 民心力表現之一端耳，故樂得而述之。[38]

這是用歷史事實來證明中華民族的堅強，雖有外敵，也能「用夏變
夷，遠而必復」。援庵先生把這方面的成果，歸功於先民心力的表
現，表面上是談歷史，究其實，他是以史學家的身份，古為今用，強
調了抗日必勝的信心。我們如果忽略了他在這方面的用意，未免辜負
了他這種「通史致用」的苦心。

《中國佛教史籍概論》，本來是援庵先生講課的舊稿，內容是借
了佛教史籍，向學生介紹研究歷史時該怎樣掌握和運用有關材料。據
援庵先生在本書《後記》中的自述，「稿成於抗日戰爭時期，時北京
淪陷，故其中論斷，多有為而發」[39]，可見這也是一部古為今用的著
述。例如介紹《歷代三寶記》的特色時，援庵先生即借「紀年」一事
來發揚民族意識：

> 本書之特色在紀年。自司馬溫公著《通鑑》，南北朝以宋、
> 齊、梁、陳紀年，承學之士，以為當然。不知溫公以前，《太
> 平御覽》、《冊府元龜》等，猶以宋、齊、梁、陳為偏霸，為閏
> 位。《元經》號稱法《春秋》，尊中國，猶帝北魏而黜齊、梁，
> 其他可知矣。……《三寶記》獨不然，其紀年乃尊齊、梁而黜
> 北魏。其卷三年表，晉後即繼以宋、齊、梁，陳後即繼以周、

---

38 見同上，頁 4。

39 見《中國佛教史籍概論》，1962 年 11 月中華書局（北京），頁 161。《後記》中的
「北京」，應作「北平」。

隋。……其意以為隋承周，周承梁，實得中國正統。周雖不出
於中國，而能奉璽歸隋，則已將取之中國者還之中國。此固非
僧人之所知，實當時之一般心理耳。[40]

援庵先生指出《歷代三寶記》以宋、齊、梁、周、隋紀年，因為著者
認為這是中國正統。不過周並不出於中國，為甚麼也算中國正統？陳
氏認為周能「奉璽歸隋」，「將取之中國還之中國」，所以也在正統之
列。這樣解釋，民族意識非常明顯。跟著，他又引述《北齊書·杜弼
傳》所載高祖（高歡）的話：

江東復有一吳兒老翁蕭衍，專事衣冠禮樂，中原士大夫望之以
為正朔所在。[41]

根據這段材料，援庵先生進一步加以闡發：

此可見北朝士大夫之心理，蓋自晉室渡江後，南北分立者二百
六十餘年，中原士夫之留北者，始終以中國為未滅。隋之滅
陳，中國之自相兼并耳，隋之滅周，乃為中國人復興中國。故
《歷代三寶記》紀年之意義，實較《通鑑》紀年之義更為重
大。[42]

援庵先生揭示了北朝士大夫的心理，並加以強調，其實他所說的，正
正是抗日時期淪陷區中知識分子的心理！他肯定《歷代三寶記》紀年

---

40 見同上，頁 7-8。

41 見同上，頁 8；原文見《北齊書》卷二十四，1972 年 11 月中華書局（北京）校點
本，頁 347。援庵先生引文，刪去「蕭衍」後的「者」字。又《通鑑胡注表微·夷
夏篇》中，援庵先生有幾句話，專為高祖（高歡）所說的話而發，可以參考：「至
正朔之在江南，乃當時民族意識所公判，非口舌可得而爭，高歡亦知之矣。」（頁
322。）

42 見《中國佛教史籍概論》卷一，頁 8。

的意義較《資治通鑑》為大，因為它的著者在當時能力排眾說，尊
齊、梁而黜北魏，顯示了中國正朔的所在。援庵先生解釋的是紀年的
意義，但他借古喻今，有為而發。他的愛國熱誠與民族意識，在字裏
行間發出耀眼的光輝。

　　《通鑑胡注表微》，無疑是援庵先生最具分量、最出色的作品。
本書的內容，主要是分析、闡發《資治通鑑》胡三省注的微意。援庵
先生為胡注所表出的，多是含蘊未明言的反元思想，其中發明的大
義，往往涉及治國理民的理論。他在本書中，運用了平生擅長的學
識，包括史源學、考證學、避諱學、校勘學、目錄學、年代學、宗教
史、元史等等，他的表現，真能達到「古為今用」、「通史以經世致
用」的目的，符合中國史學的傳統精神，完成史學家應盡的責任[43]。

　　據我們所知，胡注成於至元二十二年乙酉（1285），這時是臨安
淪陷後八年，《通鑑胡注表微》脫稿於民國三十四年乙酉（1945），也
是北平淪陷後八年，前後兩乙酉，相去六百六十年，似乎是偶合，其
實正是援庵先生撰作的本意[44]。他在本書的《重印後記》中說得很清
楚：

---

43 牟潤孫先生《從〈通鑑胡注表微〉論援庵先師的史學》說：「援庵師在《胡注表
　　微》中真的達到『古為今用』、『通史以經世致用』中國傳統史學的目的，完成史學
　　家應盡的責任，上紹司馬遷、司馬光以迄顧炎武之學。錢大昕深知這番道理，局限
　　於時代不敢為，章學誠雖能知史學之大義在於用，亦不能為。援庵師寫出了《胡注
　　表微》，表現出中國史學的功用，為中國史學家在世界爭回一口氣！」（見《紀念陳
　　垣誕辰百周年史學論文集》，頁 36；又見《勵耘書屋問學記》，1982 年 6 月生活·
　　讀書·新知三聯書店〔北京〕，頁 72-73。）

44 援庵先生《通鑑胡注表微·小引》說：「鑑注成於臨安陷後之八年，為至元二十二
　　年乙酉；《表微》之成，相距六百六十年，亦在乙酉，此則偶合者耳！」（頁 1。）
　　他在《小引》中特別強調「偶合」，其實只是掩人耳目，身處淪陷區中，只好如
　　此。到他撰寫《重印後記》時，已是 1957 年 4 月 15 日，再不必有任何顧慮，所以
　　他就把自己的撰作原意說得很清楚了。

我寫《胡注表微》的時候，正當敵人統治着北京；人民在極端黑暗中過活，漢奸更依阿苟容，助紂為虐。同人同學屢次遭受迫害，我自己更是時時受到威脅，精神異常痛苦，閱讀胡注，體會了他當日的心情，慨歎彼此的遭遇，忍不住流淚，甚至痛哭。因此決心對胡三省的生平、處境，以及他為甚麼注《通鑑》和用甚麼方法來表達他自己的意志等，作了全面的研究，用三年時間寫成《通鑑胡注表微》二十篇。[45]

可見本書雖然是講史法、談史事，但其中卻蘊藏著胡三省的愛國心意。援庵先生一方面盡力去抉發胡氏的愛國微意，同時又借了胡氏的微意，針對當時的現實情況，古為今用，提供治國理民的意見，發揮民族大義的理論。例如《通鑑胡注表微・感慨篇》引述《資治通鑑》卷七十五「魏邵陵厲公嘉平三年（251）」有關鄧艾的言論：

> 城陽太守鄧艾上言：「單于在內，羌夷失統，合散無主。今單于之尊日疏，而外土之威日重，則胡虜不可不深備也。」又陳：「羌胡與民同處者，宜以漸出之，使居民表，以崇廉恥之教，塞姦宄之路。」司馬師皆從之。[46]

上文所提到的「單于」，指的是留在并州境內的南單于五部；「外土」，指的是塞外左賢王劉豹。胡三省注云：

> 鄧艾所陳，先於徙戎論。司馬師既從之矣，然卒不能杜其亂華之漸。抑所謂「漸出之」者，行之而不究耶？豈天將啟胡羯氐羌，非人之所能為也？[47]

---

45 見《通鑑胡注表微》，頁 411。《重印後記》中的「北京」，應作「北平」。

46 見同上，頁 163；原文見《資治通鑑》卷七十五《魏紀七》，頁 2391-2392。引文中略有刪節。

47 見同上；原文亦見同上。

胡氏就鄧艾防範羌胡的言論，提出了「杜漸」的看法，他的立論，着眼在外患方面。援庵先生「古為今用」，借了胡注對內亂、外患的輕重發表了這樣的意見：

> 內亂外患之輕重，蔽於感情者每倒置之。《常棣》之詩曰：「兄弟鬩於牆，外禦其侮。」《杕杜》之詩曰：「豈無他人，不如我同姓。」司馬師、劉裕之篡奪，內亂也；胡羯氐羌之亂華，外患也。味身之此注，內外輕重判然矣。[48]

　　據《通鑑胡注表微》書前《小引》的記述，本書脫稿於民國三十四年（1945）七月，是抗戰勝利前一月。但陳氏動筆撰寫本書時，卻開始於三年前。我們不能確知援庵先生在表達上述意見時，究竟屬於哪一年、哪一日，但根據歷史事實，我們知道當時的中國戰局，愈接近一九四五年，就愈為艱苦。在艱苦抗戰期中，全國同胞，都應該同心一德，共禦外侮；這是有中國人一致的心願。為了對外抗戰，國共已暫時捐棄政黨之見，攜手合作，但在合作的過程中，磨擦與矛盾仍然不斷發生，稍一不慎，就會擴大了矛盾，造成分裂，給外敵以可乘之機。援庵先生有見及此，於是借了胡氏的意見，又引述了《詩經‧常棣》的詩句，誠懇地表達了自己的心意：他深切期望大家應以防禦外患為重，不要蔽於感情，把內亂、外患的輕重倒置了。由於胡氏的意見全就防禦外患言，因此援庵先生認為，「味身之此注，內外輕重判然矣」，事實上，援庵先生是要大家把內亂、外患的輕重分清楚。他的意見，無疑有時代現實的意義，的確能發揮「古為今用」的作用。

　　援庵先生又在《通鑑胡注表微‧感慨篇》中，引述了《資治通鑑》卷二四〇「唐憲宗元和十二年（817）」的一段文字：

---

48 見《通鑑胡注表微》，頁163。

> 初淮西之人，劫於李希烈、吳少誠之威虐，不能自拔。久而老
> 者衰，幼者壯，安於悖逆，不復知有朝廷矣。雖居中土，其風
> 俗獷戾，過於夷貊。[49]

胡三省注云：

> 考之《漢志》，汝南戶口為百郡之最。古人謂汝潁多奇士，至
> 唐而獷戾乃爾，習俗之移人也。嗚呼！吾恐後之視今，亦猶今
> 之視昔。[50]

胡氏由唐代習俗移人的史實，聯想到自己所處現實環境的情況，古今
互證，不禁產生「後之視今，亦猶今之視昔」的感慨。援庵先生身處
淪陷之區，體會到胡氏當日的心情，於是就作這樣的說明：

> 當地方淪陷之初，人民皆有懷舊之念，久而久之，習與俱化，
> 則有忘其本源者矣。東晉所以不能復西，南宋所以不能復北者
> 此也。[51]

忘其本源，是復國的大障礙，能夠不忘本源，才會有復國的希望。為
甚麼南宋不能復北？理由是不少宋人已忘其本源！這是援庵先生從胡
注中得出微意。不過，他一方面在談胡注的微意，另一方面卻借了胡
注來發切合現實的議論。他期望自己的同胞在艱苦的抗戰時期中，不
要安於現狀，「忘其本源」，以免國土淪亡，永遠不能恢復。

又例如《通鑑胡注表微・勸戒篇》引述了《資治通鑑》卷二八七
「後漢高祖乾祐元年（948）」的記事：

---

49 見同上，頁 170；原文見《資治通鑑》卷二四〇《唐紀五十六》，頁 7745。引文中
　略有刪節。

50 見同上；原文亦見同上。

51 見《通鑑胡注表微・感慨篇》，頁 170-171。

> 磔重威尸於市,市人爭啖其肉。[52]

胡三省注云:

> 怨杜重威賣國,引虜入汴,而都人被其毒也。[53]

援庵先生就杜重威的遭遇,發表了這樣的言論:

> 爭啖其肉,非果有其事也,史言人之恨之,不比於人類,而以
> 為禽獸耳。千夫所指,不疾而死,引敵人殘害宗國者,可為寒
> 心矣。[54]

史書記述市人爭喫杜重威的肉,援庵先生認為不一定果有其事;這是
理推法。但史家這樣記述,卻很能顯示市人對杜重威的痛恨程度。為
甚麼大家這樣痛恨杜重威?理由很簡單,就因為他賣國,就因為他引
敵人殘害自己的國家!援庵先生所論表面是為杜重威的悲慘遭遇而
發,內裏卻是嚴厲地斥責淪陷區中的漢奸。在援庵先生心目中,漢奸
就像杜重威一樣,是千夫所指的禽獸!在《通鑑胡注表微·臣節篇》
中,援庵先生有一段話,很能說明他對漢奸的態度:

> 所謂忠於國者,國存與存,國亡與亡。國亡而不亡,必其無封
> 疆之寄焉可也;國亡不亡,而猶欲保全其祿位,必頑鈍無恥,
> 貪利賣國之徒也。故胡注之論臣節,以能致其身為第一義,抗
> 節不仕者次之,保祿位而背宗國者,在所必擯也,況助敵國以
> 噬宗國者乎。[55]

---

52 見《通鑑胡注表微》,頁 196;原文見《資治通鑑》卷二八七《後漢紀二》,頁 9384。
53 見同上;原文亦見同上。
54 見《通鑑胡注表微·勸戒篇》,頁 196。
55 見《通鑑胡注表微》,頁 222。

在古代，忠於君即忠於國，所以胡三省雖在論臣節，其實卻是講愛
國。援庵先生就是借了胡氏的愛國言論來抒發自己的愛國感情，並對
貪利賣國之徒，表示了深痛惡絕的態度。根據援庵先生的分析，胡氏
認為，為國捐軀的人是第一等，不在新朝做官的人是第二等；這兩種
人都是愛國者。至於「背宗國者」，必然要受到擯斥，「助敵國以噬宗
國者」，就要受到更嚴厲的懲罰！上面的意見，可說是胡氏與援庵先
生的共同看法，也正是援庵先生結合時代現實的需要，採取了「通」
古之「史」以「致」今之「用」的治史方法。

　　不過，講求「通史致用」，必須有最嚴格、最精密的考證作為基
礎，否則連基本材料都弄不清楚，就急於去講微言大義，所得結論，
往往並不可靠。以不可靠的結論來陳古證今，只有歪曲了歷史真相，
這是援庵先生所不取的。事實上，「通史致用」的分際，須保存客觀
的真相，不能穿鑿附會，一切古為今用的理論，都應該建築在「真」
的基礎上。援庵先生在這方面的意見，我們可以從他的一些言論得到
證明。

　　根據《通鑑胡注表微·辯誤篇》的引述，《資治通鑑》卷九十六
「晉成帝咸康七年（341）」的記載中，有這樣的文字：

　　　　詔實王公以下至庶人，皆正土斷白籍。[56]

「白籍」一詞，胡三省《資治通鑑釋文辯誤》云：

　　　　史炤《釋文》曰：白籍，謂白丁之籍耳。（費本同）余按江左
　　　　之制，諸土著實戶，用黃籍，僑戶土斷，白籍。……不以黃籍
　　　　籍之而以白籍，謂以白紙為籍，以別於江右舊來土著者也。若

56　見同上，頁124；原文見《資治通鑑》卷九十六《晉紀十八》，頁3045。

以為白丁之籍，則王公豈白丁哉！[57]

援庵先生的按語是：

> 望文生義，為訓詁家大病。東晉之初，政府方獎勵人南渡，如
> 史炤言，是從王師南渡之王公，皆貶同白丁，豈政府優禮勳賢
> 之意。其為害義，何可勝言。[58]

援庵先生認為，望文生義是訓詁大病。表面看來，他的意見只是針對
史炤《資治通鑑釋文》的解釋，事實上，他已為我們指出了解釋史文
時所應持有的態度。對事實理解不足，隨意望文生義，大發所謂「微
言大義」，以求到「古為今用」的目的，那只會歪曲了歷史真相。援
庵先生的意見，說明了治史者在「通史致用」時所應維持的分際。

在《辯誤篇》中，援庵先生還針對史炤所犯的錯誤，提出了這樣
的意見：

> 因異地同名而誤注，為史炤所常犯。「讀史須考本末」，學者藥
> 石之言也。[59]

又說：

> 史炤釋《通鑑》，常以《廣韻》、《集韻》諸辭書為據，而不能
> 沿流溯源，究其首尾，所謂無本之學也。[60]

---

57 見同上；原文見《資治通鑑》附錄：《資治通鑑釋文辯誤》卷四，頁 59。援庵先生
　　引述時，刪去「余按」兩字。《資治通鑑釋文》三十卷，史炤（生卒年不詳）於南
　　宋紹興間撰成，耗時十年，首創為《資治通鑑》作注之例。
58 見同上。
59 見同上。
60 見同上，頁 125。

援庵先生對史炤的責備，可謂義正辭嚴。他認為讀史或治史而不考本末，就是無本之學。所謂「無本」，簡單來說，就是缺乏根據。治史而不沿流溯源，追根究柢，就不足以了解史事的真相。真相不明，根本算不得「明古」，要想真正「知今」，哪又從何說起？可見援庵先生對史事的「真」，是非常重視的。

又據援庵先生一九四五年一月三十一日《家書》：

> 《胡注表微》，至今始寫定《本朝》及《出處》二篇，成書殊不易。……說空話無意思。如果找事實，則必須與身之相近時事實，即宋末及元初事實，是為上等；南宋事實次之；北宋事實又次之；非宋時事實，則無意味矣。因《表微》云者，即身之有感於當時事實，援古證今也。故非熟於宋末元初情形，不能知身之心事，亦不知身之所指為何也。[61]

從《家書》的內容，我們可以看出援庵先生對事實的重視。他清楚地表示，他為《胡注》作表微，是不說空話，尋找事實。他更表示，胡三省身處宋末元初，援古證今，是因為有感於當時的事實，所以只有熟悉宋末元初的情形，才可以了解胡氏的心事，才可以明白胡氏意何所指。至於南宋和北宋的材料，也不是不可用，只是在事實的價值方面，跟宋末元初比較起來，已是「次」而「又次」了。可見要古為今用，一定要掌握最可靠的事實，不能穿鑿附會，作無本的推斷。這樣，才稱得上「明古」，能真正「明古」，然後可以論古知今，達到「致用」的目的。

援庵先生重視事實、尊重證據的態度，我們還可以引述一些實例來說明。例如在《〈廿二史劄記〉——漢王父母妻子條書後》一文

---

61 見陳樂素、陳智超編校《陳垣史學論著選》，頁 630；又見陳智超編注《陳垣來往書信集》，頁 679。

中，援庵先生分別引述了《日知錄》和《廿二史劄記》兩種對立的說法：顧炎武據《漢書・高帝紀》所說的「太公、呂后」，認為楚軍中只有劉邦之父太公及妻呂后，並沒有劉邦之母；趙翼（1727-1814）據《史記・高帝紀》的「父母妻子」一語，認為楚軍之中，除劉邦的父妻外，還有劉邦的庶母及庶子[62]。援庵先生遍檢《史記》、《漢書》有關這事的全部記述，發覺其中的真相是：

> 此乃《史》、《漢》用語不同問題，非高祖有無母子在楚軍問題。……《史》亦有稱「太公、呂后」者，則非《漢書》所改也；《漢》亦有稱「父母妻子」者，則此乃家屬通稱，非必各有其人。……《日知錄》據「太公、呂后」句，以為亦無是媼；《劄記》據「父母妻子」句，以為無一字虛設。皆據兩書片面之詞，未統觀兩書全面也。[63]

援庵先生根據《史記》和《漢書》的材料，指出顧炎武和趙翼各執一詞，形成對立的說法，其實兩人都犯了同一毛病，就是根據不全面的材料來下結論。不過，援庵先生只是揭示顧、趙的闕失，自己並沒有輕率地強作解人。因為從材料看來，「父母妻子」和「太公、呂后」兩語，在《史記》、《漢書》中是隨意使用的，不能視為劉邦有沒有母子在楚軍作人質的證據。既然證據不足，寧可存疑，也不可妄下結論，這就是援庵先生所採取的矜慎態度。又例如在《書全謝山與杭堇浦論金史第四帖子後》中，援庵先生對濟南究竟有沒有劉豫墓這個問題，並沒有武斷地表示肯定或否定的意見。原來全祖望在《與堇浦論金史第四帖子》中，駁于欽《齊乘》濟南有劉豫墓之說，而施國祁答全氏帖子，持相反意見。援庵先生引述材料，指出對立雙方的論據都

---

62 參閱陳智超編《陳垣史源學雜文》，1980 年 10 月人民出版社（北京），頁 17-18。
63 見同上。

不足，但由於缺乏確切的證據，因此他對濟南有沒有豫墓的爭論，也沒有下絕對的結論[64]。從上述兩個例子，我們可以看到援庵先生治史的矜慎，同時他重視事實、尊重證據的求實態度，也就不言而喻了[65]。

「通史致用」，雖以追尋歷史教訓為目的，使能得到「古為今用」的效果。但論據不足，就要闕疑，絕不能勉強附會推測，曲解史實；這是援庵先生所持的分際。胡三省是援庵先生所尊重、敬佩的史學家，但在分際方面，援庵先生仍然維持一貫要求。例如《通鑑胡注表微·書法篇》引述了《資治通鑑》卷二五三「唐僖宗乾符五年（878）」的記事：平盧軍奏節度使宋威薨[66]。胡三省注云：

> 老病而死，固其宜也。史書威死，以為握兵玩寇不能報國之戒。[67]

援庵先生對這一條注文的意見是：

> 書死者多矣，身之推論之如此，所謂「以意逆志」也。趙紹祖《通鑑注商》以為胡注多事，是使讀史者不能自由運用其心思也。[68]

「以意逆志」，本來是「通史致用」的方法之一，援庵先生特別提出，可說是為後學指示門徑。但他跟著引述趙紹祖（1752-1833）的

---

64 參閱同上，頁51-54。

65 陳智超《陳垣史源學雜文·前言》說：「陳垣同志一貫主張在學術上也應該以理服人，而不能以勢壓人。……同時，他還強調，在沒有得到確切證據的時候，寧可存疑，也不要輕下結論，特別是不要下絕對的結論。」（見同上，頁7。）

66 見《通鑑胡注表微》，頁 34；原文見《資治通鑑》卷二四五《唐紀六十九》，頁8208。

67 見同上；原文亦見同上。

68 見《通鑑胡注表微·書法篇》，頁34。

意見，而自己並沒有再作進一步的按語。按照行文習慣，他這樣做應該是表示認同趙氏的意見。趙氏認為胡注「使讀者不能自由運用其心思」，貶意十分明顯。援庵先生當然不會刻意去貶斥胡氏，但他對胡氏的推論，看來不大同意，所以才會說，「書死者多矣，身之推論之如此」。又《通鑑胡注表微》引述《資治通鑑》卷二六一「昭宗乾寧四年（897）」的一件事：

> 右拾遺張道古上疏……上怒，貶道古施州司戶。仍下詔罪狀道古，宣示諫官。道古，青州人也。[69]

胡三省注云：

> 張道古見於《通鑑》者惟此事，著其州里，蓋傷之。[70]

援庵先生也針對胡氏的注文說：

> 著州里者眾矣，「傷之」云云，亦身之推論之也。[71]

《資治通鑑》記述張道古是青州人，究竟有沒有深意在其中？大抵誰也不能實指。胡氏卻認為「蓋傷之」，這明顯是一種「以意逆志」的推論。援庵先生說：「亦身之推論之也。」他無疑把這事與「宋威薨」的推論等量齊觀。「以意逆志」，在「通史致用」中是容許的，但不能曲解、穿鑿。胡氏這兩項推論，並沒有歪曲史實以至令人不能接受的程度，但的確限制了讀者「自由運用其心思」，而且不能證明其事之必有，所以援庵先生基於求真的態度，也就委婉地表達了不敢苟同的意思。

---

69 見同上；原文見《資治通鑑》卷二六一《唐紀七十七》，頁 8512。

70 見同上；原文亦見同上。

71 見同上。

不過，求真誠然重要，卻不可過分拘泥。援庵先生在《通鑑胡注表微・邊事篇》中，即有這樣的意見：

> 史貴求真，然有時不必過泥。凡事足以傷民族之感情，失國家之體統者，不載不失為真也。[72]

這是說，有些事情，如果牽涉重大，例如民族感情或國家體統，有時就可以闕而不載。不載，仍「不失為真」，因為並沒有把史實故意曲解、穿鑿。這是援庵先生重視「求真」以外的靈活與通達，也就是所謂「有時不必過泥」。以此例彼，當陳古證今以「致用」時，其中有些事情如果影響到民族感情、國家體統，或與時代的實際需要不符，也可以略過不提，不提只是「闕疑」，可沒有曲解、穿鑿，這在援庵先生的心目中，應該並不違背「史貴求真」的原則。

在《通鑑胡注表微・出處篇》中，援庵先生引述了《資治通鑑》卷五十一「漢順帝永建二年（127）」中的一個例子：

> 張楷謂樊英以不訾之身，怒萬乘之主。[73]

樊英究竟怎樣「怒萬乘之主」？《資治通鑑》並沒有交代。胡三省在注文中，卻詳細引述了順帝與樊英的對話。援庵先生的按語是：

> 溫公既略之矣，身之何為具引之？曰：溫公以其言慢上，故不載；身之則有感於當時之賤士，故先嚴衍而補之，所以振逸民之氣也。溫公、身之，易地則皆然，學者觀二家之棄取，則知史之為用廣矣，考據云乎哉！[74]

---

72 見《通鑑胡注表微》，頁 286。
73 見同上，頁 269；原文見《資治通鑑》卷五十一《漢紀四十二》，頁 1648。引文中頗有刪略、改易。
74 見《通鑑胡注表微・出處篇》，頁 270。

司馬光略去順帝與樊英的對話，是因為樊英的話冒犯了君上；胡三省據《後漢書・方術傳上》補上順帝與樊英的對話，則是因為要「振逸民之氣」。時代不同，處境不同，對象不同，史的用處自然不同，因此兩人對史事的棄取，也就截然不同了。不過他們的棄取原則，卻並沒有分別。他們的原則是甚麼？簡單來說，就是為了要切合當時實際的需要。所以援庵先生說：「溫公、身之，易地則皆然。」可見「史之為用」有多方面，並不只限考據，更不是一成不變，而變的重要原則是：要與時代的實際需要相配合。我們談到援庵先生所主張的「通史致用」，這方面不可不特別注意。

在《通鑑胡注表微・邊事篇》中，援庵先生還有幾句話，特別強調治史該注視時代的實際需要：

> 史家記事，只隨時代所見之需要以為去取。史識遠者，或能預見千百年後之需要而記之，不能巨細畢載也。[75]

史家記事，從常識去理解，我們也知道不能巨細無遺，因此「只隨時代所見之需要以為去取」，是合理的，也是容許的；記事是如此，陳古證今以「致用」時，更何嘗不然！「致用」，一定要有用於當時，如果忽視了「時代所見之需要」，又怎能充分發揮「通史致用」的作用？下面試舉一個陳古證今而配合時代需要的例子。

在《通鑑胡注表微・考證篇》中，援庵先生引述了《通鑑考異》的意見：

> 《考異》不信《五代史》闕文武皇臨薨以三矢付莊宗之說，曰：按薛史《契丹傳》，莊宗初嗣位，亦遣使告哀於契丹。廣本，劉守光為守文所攻，晉王遣將部兵五千救之。然則莊宗未

---

75 見同上，頁296。

與契丹及守為仇也。此蓋後人因莊宗成功，撰此事以誇其英武耳。[76]

胡三省對莊宗是否與契丹及劉守光為仇，持有不同的看法。他這樣說：

余按晉王實怨燕契丹，垂沒以屬莊宗，容有此理。莊宗之告哀於阿保機，與遣兵救劉守光，此兵法所謂「將欲取之，必因與之」也，其心豈忘父之治命哉！觀後來之事可見已。[77]

兩造說法，都有本身理由，援庵先生無意作誰是誰非的判斷，他只是結合司馬光和胡三省兩人的不同時代背景，作這樣的說明：

同一事也，身之與溫公觀察不同。溫公以為因有後事乃偽造前事。溫公當平世，故主於息事；身之當亂世，故不主忘仇。[78]

同一事情，司馬光和胡三省的觀察角度不同，所以有不同的結論。為甚麼會有不同的觀察角度？援庵先生認為，這是兩人所處時代背景不同的關係。司馬氏身處太平盛世的時代，所以對事情的看法，主張息事寧人；胡氏身處內憂外患的亂世，所以對事情的看法，主張不要忘記仇恨。同樣是陳古證今，同樣是古為今用，但因時代實際需要的不同，在「陳古」的時候，也就有不同的看法，這完全是受了「今用」的影響。上文援庵先生提到司馬氏、胡氏述樊英「怒萬乘之主」一事的詳略，曾說：「溫公、身之，易地則皆然。」這句話，在這裏也非常適用。

---

76 見《通鑑胡注表微》，頁 115-116；原文見《資治通鑑》卷二六六《後梁紀一》，頁 8688。引文中頗有刪略、改易。

77 見《通鑑胡注表微・考證篇》，頁 116。

78 見同上。

援庵先生很重視「史之為用」，所以十分重視「隨時代所見之需
要以為去取」，下面引述的一段材料，更能使人領會他在這方面的意
見。《通鑑胡注表微・考證篇》說：

> 《直齋書錄解題》八，姓源韻譜條言：「古者賜姓別之，黃帝
> 之子得姓者十四人是也；後世賜姓合之，漢高帝命婁敬、項伯
> 為劉氏是也。惟其別之也則離析，故古者論姓氏，推其本同；
> 惟其合之也則亂，故後世論姓氏，識其本異。自五胡亂華，百
> 宗蕩析，夷夏之裔與夫冠冕輿臺之子孫，混為一區，不可遽
> 知，此周齊以來譜牒之學所以貴於世也。」直齋之論如此，然
> 今又與直齋之時異矣。昔之言氏族者利言其別，所以嚴夷夏之
> 防；今之言氏族者利言其合，然後見中華之廣。固不必穿鑿附
> 會，各求其所自出也。[79]

談到氏族問題，有人着眼在氏族之別，有人着眼在氏族之合。「別」
有「別」的好處，「合」有「合」的優點，主張「別」或「合」，其實
都因為受到時代實際需要的影響。援庵先生引述宋人陳振孫（直
齋，？-約 1261）之說，目的在指出古今人看法的不同，古人以
「別」為利，是為了「嚴夷夏之防」；今人以「合」為利，則是為了
要融和各族，擴大中國的版圖；這都與時代背景有關。因此，身為現
代人，也就不必穿鑿附會，斤斤計較自己氏族的來源。可見「隨時代
所見之需要以為去取」，才可真正切合時代現實的需要。

綜括以上的論述，我們可以知道：援庵先生秉承中國史學的傳統
精神，採取「通史致用」的治史方法，來提倡實用的史學和有意義的
史學。因此他在著作中，往往陳古證今，提出很多治國理民或其他切

---

79 見同上，頁 119。

合現實需要的意見，供讀史者作為參考。他有許多重要著述，寫於抗日時期的淪陷區中，為了盡史學家的責任，他於是多發揚民族大義，多強調有意義的史學，這正好切合當時現實的需要，但並不表示他不重視治國理民。在抗日時期的著述中，他其實也提供了許多治國理民的實用意見，發揮「通古之史以致今之用」的作用。不過，在重視「通史致用」的同時，援庵先生認為我們必須留意「真」的重要，不能穿鑿附會，因此他也向我們提示一些必須遵守的原則，包括：不望文生義、不可不考本末、不說空話、不妄下結論、不曲解史實、不必過泥。有了「六不」在心，我們在講求「通史致用」時，就沒有那麼容易偏離正軌了。

——原載《新亞學報》第 23 卷，新亞研究所（2005 年 1 月）

陳援庵先生與史書要刪

陳援庵（垣）先生（1880-1971）與學生談論史學時，常常提到讀史須知其要刪。所謂「知其要刪」，就是要了解史學家在引述史料時的剪裁與選擇功夫。有了這樣的認識，我們自己動手撰寫史書或史學論著時，才知道怎樣採取史料和怎樣捨棄史料。

援庵先生訓練學生「知其要刪」，最常採用《史通》、《史記》、《漢書》、《三國志》、《後漢書》作教材。在《史通》裏，有一篇《點煩》，據劉知幾（661-721）自己的說明：

> 昔陶隱居《本草》，藥有冷熱味者，朱墨點其名；阮孝緒《七錄》，書有文德殿者，丹筆點其字。由是區分有別，品類可知。今輒擬其事，鈔自古史傳文有煩者，皆以筆點其煩上。凡字經點者，盡宜去之。如其間有文句虧缺者，細書側注於其右。或回易數字，或加足片言，俾分布得所，彌縫無間。庶觀者自悟，其失自彰。[1]

《點煩》所摘出史文，凡十四條，都是劉知幾認為在語句上可以斟酌的。在篇中，劉氏雖也建議增字，但主要仍在刪字；就《史通》所見，劉氏主張該增的字有一百一十二個，該刪的字有一千三百三十九個。據劉氏的自述，凡是他認為該刪的字，原本都有點號標在旁邊，

1　見浦起龍《史通通釋》卷十五外篇《點煩第六》，1978 年 4 月中華書局（北京），頁 433。

他認為該增的字，則用小字注於右旁。現時流傳的《史通》刻本，既見不到劉氏認為該增的字，也見不到字旁表示該刪的點號，因為都被刻書者在刻板時刪掉了。因此，我們現時只能見到劉氏所摘出的史文和他主張要增、刪的字數，至於該增或該刪哪些字，就沒法知道了。從《點煩》一文，我們可以看出，劉氏對史文語句增、刪的態度，是盡量刪去沒用的字，但以不影響史文原意為準則，如無必要，一般不多增字，所以在《點煩》一文中，劉氏主張該刪的字數多，該增的字數少，就是這個理由。援庵先生非常贊成這種以刪為主的做法，因而他用《點煩》來作教材時，主要訓練學生去刪字，並不訓練學生去增字。他是這樣訓練學生的：他先把《點煩》所引述的史文油印出來，發給學生，然後要他們按照《史通》所說該刪的字數，嘗試去刪。結果是，不少學生把有用的字刪去，留下來的，許多是沒用的字。可見「刪煩」這一回事，要做得好，並不那麼容易。為了要讓學生有借鑑的機會，援庵先生自己也按照劉氏提示該刪的字數，把《點煩》引述的史文刪削一次，作為示範。根據範文，援庵先生給學生講解：那些字可以刪，那些字不可以刪；刪的理由在那裏，不可刪的理由又在那裏。據說援庵先生的範文，完全符合言省意賅的要求，而他所刪的字數，也正好與劉氏提示該刪的字數相吻合[2]。一般來說，我們在刪削時要達到字數吻合的要求並不難，難在刪削的選擇和理由。可惜我們現在看不到援庵先生所提供的範文，或許他的後人和芸芸學生中，還有人保有這份示範的教材罷？呂思勉（1884-1957）曾在一九三四年由商務印書館出版《史通評》，其中就根據《史通‧點煩》自己試作

---

2 參閱先師牟潤孫先生《從〈通鑑胡注表微〉論援庵先師的史學》，《紀念陳垣誕辰百
   周年史學論文集》，1981 年 9 月北京師範大學出版社（北京），頁 32；啟功《夫子
   循循然善誘人》，《陳垣校長誕生一百周年紀念文集》，1980 年 11 月北京師範大學出
   版社（北京），頁 69。

刪削，目的在「聊以示作文之法」[3]。洪業（1893-1980）讀了呂氏之
作，認為「所為多與鄙意未合」，於是在一九三五年另撰《史通點煩
篇臆補》，發表在《史學年報》。據說所增補和所刪削的字數，完全符
合《史通》的提示[4]。洪氏遵從《史通》之說，對史文有刪有增，呂
氏和援庵先生則只刪不增，取向並不完全相同，但前輩學人的心得，
都值得我們參考、學習。

　　除了《史通》，援庵先生也常用《史記》、《漢書》、《三國志》、
《後漢書》的史文作教材，幫助學生認識著名史學家斟酌的字句、剪裁
史料的功夫。先師牟潤孫先生（1908-1988）曾聽過他的課，因此對
他的施教方法有具體的介紹：

> 他教學生以《史記》與《漢書》對讀，叫學生抄了《史記》與
> 《漢書》相同部分，依照《漢書》去改《史記》，以尋求二家
> 文字的異同。有時教學生抄了《三國志》與《後漢書》相同的
> 傳，同樣去作異同的比較。通過這樣的訓練，如何引用史料，
> 如何剪裁史料，如何寫史書，便可不待講而使學生自然明白
> 了。……陳先生常說讀史須知其「要刪」。他教學生比較《史
> 記》與《漢書》、《三國志》與《後漢書》的異同，即教學生作
> 「知其要刪」的功夫。[5]

3　參閱呂思勉《史學四種》，1981 年 12 月上海人民出版社（上海），頁 177-188。

4　參閱張振珮《史通箋注》卷十五《點煩第六》的「附錄」，1985 年 11 月貴州人民出
　　版社（貴陽），頁 559-564。

5　見潤孫先生《從〈通鑑胡注表微〉論援庵先師的史學》，同上。又潤孫先生《勵耘
　　書屋問學回憶》一文，有類似敘述，可以互相補足：「先師經常鼓勵學生以《史記》
　　《漢書》相對勘，他主張先用墨筆抄錄《史記》中與《漢書》相同的幾篇紀傳，然
　　後用紅筆依照《漢書》去改，這樣就可以看出兩位大史學家剪裁字句安排材料的異
　　同來了。他更主張將《三國志》與《後漢書》相同的傳，也這樣比對一番。他說前
　　人有《史漢方駕》、《班馬異同》，我們可以自己動手作一部，更可以作一部《陳范

援庵先生教學生用《漢書》與《史記》對比,《後漢書》與《三國志》對比,主要讓他們認識:著名史學家是怎樣引述史料和剪裁史料的。

在《通鑑胡注表微》一書中,援庵先生常常借了胡三省(1230-1287)注來談論治史方法,例如在《書法篇》中,援庵先生引述了胡注,然後說:

> 凡引書聲明引自古人者,可略而不可改,裴松之之《三國》注是也。未聲明引古人而用其語者,可檃括成一家言,范蔚宗之《後漢書》是也。溫公之《通鑑》,蓋范書之類,亦即班書用《史記》之類。[6]

原來《通鑑》採用《漢書》史文時,把原文的「恐怒」改為「怨怒」,胡氏因此注云:

> 作「怨怒」者,《通鑑》略改班書之文,成一家言。[7]

在這條材料裏,《通鑑》與《漢書》之間,只是一個字的出入,胡氏的說明主要在這一點,援庵先生卻借了胡注來談引書義例,也就是向人提示運用史料的方法。援庵先生在《邊事篇》中,有進一步的簡要說明:

> 史家運用史料,有引用及檃括二法,引用但引原文,檃括則可增改文字。[8]

異同》。」(見《陳垣校長誕生一百周年紀念文集》,頁 30。)

6 見《通鑑胡注表微》,1958 年 1 月科學出版社(北京),頁 23。

7 見同上。原文見《資治通鑑》卷二十六《漢紀十八》,1963 年 4 月中華書局(北京)校點本,頁 845。

8 見《通鑑胡注表微》,頁 296。

「引用」是說明材料來源，原文「可略而不可改」；「櫽括」是不說明材料來源，而且在不失原意的條件下，「可增改文字」，成一家之言。我們能認識史學家「引用」和「櫽括」的功夫，也就是「知其要刪」。如裴松之（372-451）注《三國志》，是採用「引用」法，班固（32-92）撰《漢書》、范曄（398-445）撰《後漢書》、司馬光（1019-1086）撰《資治通鑑》，是採用「櫽括」法。班、裴、范、司馬，都是我國古代出色的史學名家，能成一家之言，他們對史料的「要刪」功夫，很值得我們學習、效法。

援庵先生在授課中，固然常常採用實習方式，來指導學生學習史學家的「要刪」功夫，而他也身體力行，在自己的著述中，經常顯示「要刪」的功力。只是他的「要刪」表現，主要在略而不改的「引用」而不在增改文字的「櫽括」。為甚麼會有這種情形？原來「櫽括」較適宜用於史書的撰述，這種方法，可方便史學家鎔鑄材料，撰成史書。在鎔鑄材料過程中，史學家把材料的文字增刪改削，是免不了的，對於材料的來源，也就不必一一說明了。撰寫史學論文不同。撰寫論文，往往要「引用」前人學說或史料作為論據，為了表示言有所據，當然要清楚說明材料來源，而且盡可能不改動材料的文字。援庵先生的史學成就，主要在史學論文方面，因此他多用「引用」法而少用「櫽括」法，也就理所當然了。

援庵先生引述材料時，經常遵守「略而不改」的原則。他會刪去不需要的字句，而不輕易增飾或改動原文，以免影響原來的意思。不過，「不輕易增飾或改動」，並不表示完全不增飾或改動，有時為了實際需要，例如為了上下文的貫通，援庵先生也會增加一些文字，或把原文一些語句，「櫽括」為較精簡的文字。此外，援庵先生在刪去字句的地方，如非必要，一般不會採用省略號來標示[9]。因此，在讀者

---

9 援庵先生引用材料時，極少採用省略號，但也不是完全不用。試以陳智超編《陳垣

眼中，援庵先生論文中的引文，大多是渾成一體，看不出刪省的痕
跡。有人不明白這種情況，竟然用援庵先生論文中的引文跟原文對
勘，發覺引文與原文在字句上既有出入，甚至有大段文字給去掉的情
形，於是就批評引文脫漏，甚至進一步懷疑援庵先生的治學態度是否
謹嚴[10]。在刪去字句的地方是否該用省略號來標示，學者之中，意見
或許不盡相同，但用不用省略號，應該與治學的態度並無必然關係，
這倒是不必爭論的事。其實，援庵先生之所以不用省略號，是有他的
理由的。他認為：作為史學家，引用材料時，說出來源根據，是應該
的；刪省前人之文，去掉不需要的字句，才加以運用，更是史學家該
做的工作[11]。明白了這點，我們就不會隨便批評援庵先生的引文有脫
漏了。

在援庵先生的學術著作中，我們只要把他所引述的材料摘取出
來，再用原文來對勘，立刻就可以看出，他經常採用的，是「略而不
改」的「引用」法。例如在《大唐西域記撰人辯機》一文中，援庵先

學術論文集》所收論文為例，陳氏所用省略號共十三處，計《基督教入華史》一文
兩用省略號（第一集，頁 100 及 101），《書內學院新校慈恩傳後》一文八用省略號
（第一集，頁 415 及 416），《切韻與鮮卑》一文三用省略號（第二集，頁 450 及
451）。至於這些省略號是援庵先生自己所用還是編者或代抄材料的人加上去，現時
已經難以肯定。其他專著如《元西域人華化考》、《史諱舉例》、《南宋初河北新道教
考》、《明季滇黔佛教考》、《清初僧諍記》、《中國佛教史籍概論》、《通鑑胡注表微》
等，都沒有用省略號。至於《校勘學釋例》和《釋氏疑年錄》，主要是簡短的材料
或語句，更不會用省略號了。

10 潤孫先生曾向我提過：史學家方豪（1910-1980）和日本京都大學人文科學研究所的
日本學人，都曾批評援庵先生的史學論著，在引文方面有脫漏的情形。據說方氏後
來明白了援庵先生的引文與原文字句有出入，是援庵先生有意刪省而不是無意脫
漏。

11 潤孫先生《從〈通鑑胡注表微〉論援庵先師的史學》一文，引述了援庵先生的話：
「史學家竟不敢刪省前人之文，如何能自成一家之言！」「刪掉不必要的字句，是
史家應作的事。」（見《紀念陳垣誕辰百周年史學論文集》，頁 32。）

生引述《舊唐書‧長孫無忌傳》「顯慶四年」（69）的傳文作為論據，其中就有刪省的地方。下文所錄，就是援庵先生的引文，底下有橫線的文字，是援庵先生所增，括號裏的文字，是我據《舊唐書》的原文補上去的：

> <u>許敬宗</u>奏<u>長孫無忌</u>謀反（有端）。帝曰：「我家不幸，親戚（中）頻有惡事。高陽公主與朕同氣，往年（遂）與房遺愛謀反。今阿舅復（作惡心，近親）如此，使我慙見萬姓！」敬宗曰：「房遺愛乳臭兒，與女子謀反，豈得成事？（且）無忌與先朝（謀）取天下，眾人服其智，作宰相三十年，百姓畏其威。」[12]

援庵先生從史書摘出這條材料，原則上採用略而不改的「引用」法。他為「敬宗」、「無忌」補上姓，只是為了使許敬宗（592-672）和長孫無忌（？-659）兩人的姓名完整，他的增補並不影響史事的內容。其他下筆刪省之處，細味之下，應該可以看出裁剪的巧妙：「有端」、「中」、「遂」、「且」、「謀」等 字刪去後，上下文暢順、簡潔，又沒有改變原文的內容；「今阿舅復」四字與「如此」兩字之間，刪去五字，使「今阿舅復如此」合成一語，真是天衣無縫。許敬宗所說的話，在「百姓畏其威」後本來還有四十九字[13]，援庵先生都刪去了，因為他引述這條材料，主要在證明高陽公主、辯機、房遺愛同屬青年，與長孫無忌的年高威重不同，由於下文與這一點無大關係，所以

---

12 援庵先生引文見《大唐西域記撰人辯機》，陳智超編《陳垣學術論文集》第一集，1980 年 6 月中華書局，頁 462-463。原文見《舊唐書》卷六十五《長孫無忌傳》，1975 年 5 月中華書局（北京）校點本，頁 2455。

13 據《舊唐書》卷六十五《長孫無忌傳》（見同上），「百姓畏其威」下還有四十九字：「可謂威能服物，智能動眾。臣恐無忌知事露，即為急計，攘袂一呼，嘯命同惡，必為宗廟深憂。誠願陛下斷之，不日收捕，準法破家。」

他斷然把這四十九字刪去，以省篇幅。刪省材料，要用筆如刀，要眼
準心狠，該留則留，不該留則不留，留下來的，又要有自然的縫合。
從實例看來，援庵先生都做到了。

　　又據《史諱舉例》卷四，援庵先生在「因避諱而生之訛異」的說
明中，引述了《宋史・侍其曙傳》的傳文作為論據：

> 祥符二年，黎州夷人為亂，詔曙乘驛往招撫，其酋（首）納
> 款，殺牲為誓。曙按行鹽井，夷人復叛。曙率部兵百餘，生擒
> 首領三人，斬首數十級。[14]

上述引文，「酋首」是由兩個同義字組成的合成詞，刪去「首」字，
「酋」字仍然是個單字詞，並沒有改變文意，而行文更精簡了。可見
即使是一字之微，援庵先生也不會放過。為了顯示因避英宗諱而把
「侍其曙」改為「侍其旭」，援庵先生引述了《宋史・侍其曙傳》
後，接著又引述《宋史・蠻夷傳》：

> 大中祥符元年，瀘州言江安縣夷人（殺傷內屬戶，害巡檢任
> 賽，既不自安，遂）為亂。詔遣閤門祗候侍其旭乘傳招撫。旭
> 至，蠻人首罪，殺牲為誓。未幾復叛，旭因追斬數十（級）
> 人，擒其首領三人（，又以衣服紬布誘降蠻斗婆行者，將按誅
> 其罪）。[15]

上文所見，括號內是刪省《宋史》的文字，底下有橫線是改或增的文
字。援庵先生引述這條材料時，雖刪去「夷人」與「為亂」之間的十
五字，但仍可達到說明夷人作亂的目的，中間的枝節，也就不必述說

---

14 援庵先生引文見《史諱舉例》，1958 年 1 月科學出版社（北京），頁 65。原文見《宋
　史》卷二百二十六《侍其曙傳》，1977 年 11 月中華書局（北京）校點本，頁 10535。
15 援庵先生引文見同上。原文見《宋史》卷四百九十六《蠻夷傳》，頁 14226。

了;「擒其首領三人」後,還有十八字,但因為誘降夷人的記述,無補於避諱的說明,因此也一併刪去。至於把原文的「級」字改為「人」字,目的大抵是避免把「首級」之數轉換為人數的麻煩,讓現代讀者更易理解史文。這種改動,完全沒有影響原意,而且「追斬」「人」應該比「追斬」「級」更能符合語意邏輯的表達。這是略改史書之文,「成一家之言」的功夫。雖然這種改動原文的引述,並不符合現代學術論文一般引述的規則,但從語文應用的角度,卻可讓我們看到援庵先生斟酌文字的用心,大抵這也是向人「聊以示作文之法」,同時也是示人以「史書要刪」之法。

又據《南宋初河北新道教考》卷一《全真篇上》,援庵先生引述了《元史・釋老丘處機傳》的傳文,其中就頗有刪省的地方:

> 太祖時方西征,日事攻戰,處機每言欲一天下者,必在乎不嗜殺人。及問為治之方,則對以敬天愛民為本。(問長生久視之道,則告以清心寡欲為要。)太祖深契其言,(曰:「天錫仙翁,以寤朕志。」)命左右書之,且以訓諸子(焉)。(於是錫之虎符,副以璽書,不斥其名,惟曰「神仙」。一日雷震,太祖以問,處機對曰:「雷,天威也。人罪莫大於不孝,不孝則不順乎天,故天威震動以警之。似聞境內不孝者多,陛下宜明天威,以導有眾。」太祖從之。歲癸未,太祖大獵于東山,馬踣,處機請曰:「天道好生,陛下春秋高,數畋獵,非宜。」太祖為罷獵者久之。)<u>又</u>其時國兵踐躪中原,河南、北尤甚,民罹俘戮,無所逃命。處機還燕,使其徒持牒招求於戰伐之餘,由是為人奴者得復為良,與濱死而得更生者,毋慮二三萬人。中州人至今稱道之。[16]

16 援庵先生引文見《南宋初河北新道教考》,1962 年 7 月中華書局(北京),頁 13。原

援庵先生引述這條材料時，刪去一百四十二字，增加兩字。從這個例子，我們可以看出援庵先生刪省材料的功力。他之所以引述這條材料，主要在說明丘處機（1148-1227）怎樣說服元世祖（1215-1294）止殺，因而有功於民。去掉括號中《元史》原有的文字，仍然可以完整地表達這方面的意思，而文字則較原文更為簡潔、有力。「又其」兩字，是添加上去的，因為「又其時」下所敘的事，發生在元太祖畋獵東山之後，如果不加「又其」，直接用「時」字接上文，容易使人誤會下文的事，是同時發生在丘處機對答「為治之方」的時候，加上「又其」，使人明白是另敘一事，時序的交代，就較為清楚了。因此，這裏增加的兩個字，不但沒有使原文意思改變，反而使經過刪省的原文，在意思上不會出現含混的情形。援庵先生引述材料時，習慣上雖不輕易增飾改動原文，但為了補足原文的意思，關鍵性的字眼，也還是會加上去的。

又據《明季滇黔佛教考》卷五，援庵先生引述了《明史·奸臣馬士英傳》，其中刪省的文字更多，現在仍然用括號把援庵先生所刪省的文字標示出來，以便對比：

> （大）清兵（已）破揚州，逼京城。（五月三日，）王出走太平，（奔得功軍。孔昭斬關遁。明日，）士英奉王母妃，以黔兵四百人為衛，（走浙江。經廣德州，知州趙景和疑其詐，閉門拒守。士英破城，執景和殺之，大掠而去。）走杭州。（守臣以總兵府為母妃行宮，不數日，大鋮、大典、方國安俱倉皇至，則得功已兵敗死，王被擒。次日，請潞王監國，不受。未幾，大兵至，王率眾降，尋同母妃北去。此即大器等之所議欲

文見《元史》卷二百二《釋老丘處機傳》，1976 年 4 月中華書局（北京）校點本，頁 4524-4525。

立者也。）杭州既降，（士英欲謁監國魯王，魯王諸臣力拒
之。大鍼投朱大典於金華，亦為士民所逐，大典乃送之嚴州總
兵方國安軍。士英、國安同鄉也，先在其軍中。大鍼掀髯指
掌，日談兵，國安甚喜。而士英以南渡之壞，半由大鍼，而己
居惡名，頗以為恨。已，我兵擊敗士英、國安。無何，）士英
（、國安）率眾渡錢塘，窺杭州，大兵擊敗之，（溺江死者無
算。）士英擁殘兵欲入閩，唐王（以罪大）不許，明年，大兵
勦湖賊，士英（與長興伯吳日生俱擒獲。）被禽，詔（俱）斬
之。（事具國史。大鍼偕謝之賓、宋之晉、蘇壯等赴江干乞
降，從大兵攻仙霞關，僵仆石上死。）而野乘載士英遁至台州
山寺為僧，為我兵搜獲，（大鍼、國安先後降。尋唐王走順
昌。我大兵至，搜龍扛，得士英、大鍼、國安父子請王出關為
內應疏，遂駢）斬士英（、國安）於延平城下。[17]

這條材料，援庵先生在引述時，共刪去三百一十六字，其中「士英與
長興伯吳日生俱擒獲」一語，「櫽括」為「士英被禽」四字。材料經
刪省改動後，只餘下一百零二字，可謂文無費詞，精簡至極。援庵先
生引述這條材料的目的，主要在說明馬士英（1591-1646）的不降，
而馬士英失敗被殺的經過，在短短百餘字裏，已有清楚的交代：揚州
破，士英走杭州，是第一階段；杭州降，士英率眾渡錢塘，被擊敗，
是第二階段；士英被擒斬，是第三階段。最後引述野史，指出士英在
被殺前可能曾出家為僧。援庵先生主要在談論馬士英的生平、遭際、
為人，無關主題的枝葉，便儘量加以芟除。材料經大刀闊斧刪削後，

---

17 援庵先生引文見《明季滇黔佛教考》，1962 年 7 月中華書局（北京），頁 234。原文
  見《明史》卷三百八《奸臣馬士英傳》，1974 年 4 月中華書局（北京）校點本，頁
  7944-7945。

內容雖較簡略，但卻無損史事的本真，而且因為枝葉盡去，內容更為集中，主題更為清楚，所敘述的事情與傳主關係非常密切，一切事情都環繞著傳主發生。我們試用《明史·奸臣馬士英傳》的原文跟援庵先生的引文對勘，再仔細琢磨、琢磨他的「筆則筆削則削」功夫，就不得不佩服他的「要刪」心思。

《通鑑胡注表微》一書，大量引述了《資治通鑑》和胡注的文字材料，援庵先生在引述時，就經常運用「引用」法和「隳括」法來精簡文字，以便達到「史書要刪」的目的。下面試舉一些例子。

據《通鑑胡注表微·感慨篇》，援庵先生引述了《資治通鑑》卷四十七「漢和帝永元元年」（89）何敞的上奏言論：

> 何敞言諸竇專恣曰：（尚書何敞上封事曰：「昔鄭武姜之幸叔段，衛莊公之寵州吁，愛而不教，終至凶戾。由是觀之，愛子若此，猶飢而食之以毒，適所以害之也。伏見大將軍憲，始遭大憂，公卿比奏，欲令典幹國事；憲深執謙退，固辭盛位，懇懇勤勤，言之深至，天下聞之，莫不說喜。今踰年未幾，入禮未終，卒然中改，兄弟專朝，憲秉三軍之重，篤、景總宮衛之權，而虐用百姓，奢侈僭偪，誅戮無罪，肆心自快。今者論議，咸謂叔段、州吁復生於漢。）「臣觀公卿懷持兩端，不肯極言者，以為憲等若有匡齊之志，則己受吉甫申伯之功；如憲等陷於罪辜，則自取陳平、周勃順呂后之權，終不以憲等吉凶為憂也。」[18]

援庵先生以「何敞言諸竇專恣」一語，「隳括」史書一百六十字的內容。談諸竇專恣，何敞作了三層述論：他先舉歷史人物叔段、州吁為

---

18 援庵先生引文見《通鑑胡注表微》，頁 161。原文見《資治通鑑》卷四十七《漢紀三十九》，頁 1523。又，「己受吉甫」《資治通鑑》校點本作「已受吉甫」。

例，說明「愛而不教」之害；跟著指出竇憲初期表現謙退、勤懇；可是踰年未幾，諸竇掌權專恣驕奢，為惡多端，有類叔段、州吁。不過，諸竇專恣雖屬史實，但援庵先生所注目的，是胡注對廷臣的批評。胡注這樣說：

> 此言曲盡當時廷臣之情。嗚呼！豈特當時哉！[19]

上述注文，有批評，有感慨，針對的是漢代和南宋「公卿懷持兩端」的態度，因此援庵先生只摘取了與內容直接有關的史文，其他較為次要的內容，就斷然用「櫽括」的方式來省略，這是「史書要刪」的一例。通過這個例子，我們對史文的詳略、輕重該怎樣處理，大抵會有不少領會罷？

同是《通鑑胡注表微・感慨篇》，援庵先生引述了《資治通鑑》卷五十六「漢靈帝建寧二年」（169）的君臣對話：

> 大長秋曹節（因此）諷有司奏諸鉤黨者。（故司空虞放及李膺、杜密、朱寓、荀翌、翟超、劉儒、范滂等，請下州郡考治。是）時上年十四，問節等曰：「何以為鉤黨？」對曰：「鉤黨者即黨人也。」上曰：「黨人何用為惡，而欲誅之邪？」對曰：「（皆相舉群輩，）欲為不軌。」上曰：「不軌欲如何？」對曰：「欲圖社稷。」上乃可其奏。[20]

援庵先生引述上文時，共刪去三十五字，並省略了一些內容，這些內容包括：黨人姓名、懲治要求、黨眾「相舉群輩」，文字和內容是減少了，但史文仍然很清楚顯示了宦官曹節等如何以黨人「欲為不軌」

---

19 引文及原文見同上。

20 援庵先生引文見《通鑑胡注表微》，頁 161 -162。原文見《資治通鑑》卷五十六《漢紀四十八》，頁 1818-1819。

之罪說服靈帝，達到加害黨人的目的。至於第一句的「因此」兩字，因節取原文已沒有了上下文的承接關係，所以非刪掉不可；而「是時」的「是」字，其實可以不刪，但去掉「是」字，似乎更為簡潔。援庵先生這種只刪字不增字的處理方式，可說是他力求精約而不損原意的「引用」法。

又據《通鑑胡注表微・書法篇》，援庵先生引述了《資治通鑑》卷六十九「漢文帝黃初二年」（221）司馬光（1019-1086）論正閏的意見：

> 臣今所述，止欲敍國家之興衰，著生民之休戚，使觀者自擇其善惡得失，以為勸戒。非若《春秋》立貶之法，「撥亂世反諸正」也。正閏（之際，）非所敢知，（但據其功業之實而言之。周、秦、漢、晉、隋唐，皆嘗混壹九州，傳祚於後，子孫雖微弱播遷，猶承祖宗之業，有紹復之望，四方與之爭衡者，皆其故臣也，故全用天子之制以臨之。其餘地醜德齊，莫能相壹，名號不異，本非君臣者，皆以列國之制處之，彼此均敵，無所抑揚，庶幾不誣事實，近於至公。）然天下離析之際，不可無歲時月日以識事之先後（。據漢傳於魏而晉受之，晉傳于宋以至於陳而隋取之，唐傳於梁以至於周而大宋承之，故不得不取魏、宋、齊、梁、陳、後梁、後唐、後晉、後漢、後周年號，以紀諸國之事），非尊此而卑彼，有正閏之辨也。[21]

援庵先生的引述，仍然採用略而不改的「引用」法，他在二百六十一字中，刪去一百七十五字，保留八十六字，目的在轉述司馬光自陳紀年之意，不過是按時序「以識事之先後」，並無意效法《春秋》立褒

---

21 援庵先生引文見《通鑑胡注表微》，頁 24-25。原文見《資治通鑑》卷六十九《魏紀一》，頁 2187-2188。

貶之法，也無意作正閏之辨。因此，凡與這個目的沒有直接關係的文字，都在刪省之列。文字雖作大幅度砍削，但經過巧妙的接合，即使沒有增加一字，整段文字仍然讓人覺得是內容完整、文意通貫的段落，而最重要的，是沒有因刪削而令意見殘缺，或改變了司馬光論正閏的原意。

又據《通鑑胡注表微‧考證篇》，援庵先生引述了《資治通鑑》卷七十八「魏元帝景元三年」（262）的一段史事：

> 吳主喜讀書，欲與博士（祭酒）韋昭、（博士）盛沖講論。張布以昭、沖切直，恐其入侍，言己陰過，固諫止之。吳主曰：「孤之涉學，群書略徧，但欲與昭等講習舊聞，亦何所損！君特（當）恐昭等道臣下姦慝，故不欲令入耳。（如此之事，孤已自備之，不須昭等然後乃解也。）」布皇恐陳謝，且言「懼妨政事」。吳主曰：「王務學業，其流各異，不相妨也。（此無所為非，而君以為不宜，是以孤有所及耳。）不圖君今日在事，更行此於孤（也），良甚不取。」布拜表叩頭。[22]

這條材料，援庵先生只刪去四十二字，刪省不算太多，而且全無一字增改，是完全採用「引用」法而不兼用「隱括」法。我們試用《資治通鑑》的原文與援庵先生的引文互相對比，或許可以推知援庵先生講求「史書要刪」的概要。例如為甚麼要刪去「祭酒」兩字？我相信主要刪去這兩個字，韋昭和盛沖就可以共用一個「博士」銜，而盛沖上面「博士」兩字，就可以減省了。「君特當恐昭等道臣下姦慝」中的「當」字，在句中非常惹人注意，顯然要強調吳主推測的語氣，刪去「當」字，語氣無疑會較為肯定，但因為下一句「故不欲令入耳」的

---

22 援庵先生引文見《通鑑胡注表微》，頁 105。原文見《資治通鑑》卷七十八《魏紀十》，頁 2462-2463。

「耳」字，卻又使吳主的話，仍然有推測的語氣，因此「當」字就不一定必須保留了。援庵先生之所以刪去「當」字，大抵與他個人行文時力求精約的性格有關。自「如此之事」以下十八字和自「此無所為非」以下十八字，刪或不刪，都不影響吳主斥責張布的語意，現在刪掉了，文字較為簡約，而吳主斥責張布的語氣，似乎更為直接、有力。「更行此於孤也」的「也」字，當然可以不必刪去，但刪去以後，使吳主語促而厲，加強了「良甚不取」一語的斥責分量，吳主的嚴峻態度和張布惶恐叩頭謝罪的情景，也就可以想見了。我上面的解說，不敢肯定就是援庵先生的原意。不過，經過原文與引文的對比，再加上常識的判斷，我們可以看出，援庵先生在引述材料時，無論一字之留或一字之刪，實在非常費心，並不是毫無別擇、剪裁的照搬。這就是援庵先生在史學上的「知其要刪」功夫。

還有一點值得留意的，就是援庵先生所以「引用」《資治通鑑》的史文，完全是為了要帶出胡三省的注文。因此，與注無關的記述，不妨酌量刪去，否則，雖一字之微，也不能不保留。《通鑑胡注表微·考證篇》引述胡三省的注文云：

> 據陳壽《志》，自「孤之涉學」已下，皆詔答之語。布得詔惶恐，以表陳謝，重自序述，吳主又面答之。自「王務學業」以下，皆面答之語（也）。所謂「今日在事更行此於孤」，蓋比之孫琳，以琳檀權之時，不使吳主親近儒生也。於是布拜叩頭，未嘗再上表也，此「表」字衍。在事者，在官任事也。[23]

「布拜表叩頭」中的「表」字，胡三省指出是衍文。援庵先生「引用」《資治通鑑》的史文，本來該刪掉這個字，但卻沒有這樣做。因

---

23 援庵先生引文見同上。

為刪掉這個字，胡氏所說「此『表』字衍」一語，便會成為無的放矢，所以決不可刪。其他被刪掉的《資治通鑑》字句，並不影響胡注的論據，又於史實真相無損，所以就不必保留了。此外，援庵先生把「皆面答之語也」的「也」字刪去，我相信是他文求精簡的作風使然，並沒有特別的深意。胡氏這一段注文，是借了吳主君臣的對話，來談「引書法則」，這是一條有關「史書要刪」的重要材料，如果援庵先生沒有特別指出，我們或許會忽略過去。援庵先生的話是這樣的：

> 有詔答，有面答，有表謝，有面謝。節引史書，宜細分析，不得混而無別，此示初學以引書法則耳。[24]

原來《資治通鑑》記述吳主君臣對話的事，材料來源是《三國志》。胡氏既考出了史源，同時又指出這件事的過程，中間頗有一些周折：首先是吳主以詔書回答張布的諫言；其次是張布上表陳謝，又再申述己意；其三是吳主面答；最後是張布聽了吳主面答的話，拜叩謝罪，並沒有再上表。胡氏用《三國志》的材料來分析事情發生的過程，是要讓讀者知道，那些話是「面答」，那些話是「表謝」，那些話是「面謝」，有了這樣的了解，司馬光節取史料、鎔鑄成篇的心思，就較易明白了。援庵先生特別為這段注文附加按語，主要是通過胡注教人「節引史書」的法則。所謂「節引」，應該包括「略而不改」的「引用」和「增改文字」的「檃括」，即所謂「要刪」。援庵先生非常強調「節引史書，宜細分析，不得混而無別」，這是說，我們為了「知其要刪」，對材料要進行仔細的分析，深入了解每一條材料的內容性質，弄清楚事情發生過程的來龍去脈，這樣「知其要刪」的讀明白史

---

24 見《通鑑胡注表微・考證篇》，頁 105-106。

料，撰寫史書或論文，才可以使材料的剪裁恰如其分，敘事層次有條不紊。

「史書要刪」，無疑是援庵先生很重要的治史方法，也是他很重視的治史方法。令人詫異的是，談論援庵先生「考尋史源」的人很多，但談論他講求「史書要刪」的人卻很少[25]。為甚麼會有這樣的情形？主要的理由，是援庵先生不但經常在講堂上談論「考尋史源」，而且經常用這種方法來訓練他的學生，自己又撰寫了不少範文，供學生作為參考；所以談到援庵先生的史學，「考尋史源」，幾乎無人不知。在講堂上，援庵先生雖然也要學生對比史書的材料，去學習「知其要刪」的功夫，但他自己在這方面的論述，似乎並不多見。加上他的學生在對比史書的材料時，多着眼在「史源」方面，少留意在「要刪」方面，於是形成了大家往往把注意力放在「考源」上面去。「考源」當然重要，因為這是個鑽入史學名著中的一個好方法，這是「入」的功夫。「入」了以後，要能「出」，能「入」而不能「出」，究竟有所局限，成就不會太大。援庵先生特別講究「史書要刪」，因為這是「出」的功夫。所謂「出」，意思是：我們先鑽入前人的著述裏，經過仔細的了解、分析，然後再從裏面走出來，這時候，就可以「筆則筆削則削」，使前人的著述，一變而為供己用的材料，自成一家之言。援庵先生在他自己的著述裏，就經常採取「引用」或「隱括」前人材料的方法，為我們指示「出」的途徑。

---

25 潤孫先生的《從〈通鑑胡注表微〉論援庵先生的史學》，是一篇較具體地談到援庵先生「史書要刪」的文章。（參閱《紀念陳垣誕辰百周年史學論文集》，頁 31 至 32。）又潤孫先生《勵耘書屋問學回憶》一文，也有提到援庵先生鼓勵學生對勘史書，藉以了解史源，並進而認識史家怎樣剪裁史料、怎樣安排史料、怎樣組織成書。（參閱《陳垣校長誕生一百周年紀念文集》，頁 30 至 31。）此外，啟功《夫子循循然善誘人》一文，也提到援庵先生採用劉知幾的《史通・點煩》來教學。（參閱同上，頁 69。）除了上述三文，其他人談到援庵先生的治史方法時，大多着眼在「考史尋源」方面。

　　總的來說，我們要對史學名家的「史書要刪」有深入的認識，須通過史書與史書對比或引文與原文對比來了解。例如《漢書》與《史記》對比，《後漢書》與《三國志》對比，《資治通鑑》與四史以至與其他史料對比等等，都可以讓我們認識史學名家的「要刪」功夫；讀援庵先生的著述，我們如果把他的引文與原文對讀，再作細心琢磨，就可以了解他採取史料、剪裁史料、鎔鑄史料的心思與做法。有了上述 「史書要刪」的認識，進一步就可以培養自己「知其要刪」的能力，當動手有所撰作時，就可以知道史料去取的分際與方法了。不過我們也要知道，前人基於自身的理解和行文的需要，往往對原文損益改動，這是以往的引述習慣。所謂「損益改動」，其實就是援庵先生的「引用」法和「櫽括」法，只是如非必要，他不輕易「改動」，而真要「損益」時，他會特別着意、經心。從現代學術撰著的角度看，援庵先生所採用的「引用」法和「櫽括」法，在撰述史書時，無疑是剪裁史料、鎔鑄史料所必需，我們當然可以採用，也應當採用。但撰述多方徵引的學術論文時，為了讓讀者可以看到引文原來的樣子，引文如有省略，我們一般會用省略號；如果為了上下文通貫的需要而增字，我們就會把所增的字放在括號內；至於引文的原文，更不應隨意改動，不得已而改動，即使只是一字或一詞，也要附註說明。這樣既方便讀者客觀地核對原文和理解原文，同時又可讓讀者容易審察：撰述者在引述時，有沒有因省略或增字的緣故，而改變了原文的意思。時代不同，引述的要求與習慣會不盡相同，這是我們在認識「史書要刪」的治史方法時所應當考慮的。

　　——原載《新亞學報》第 27 卷，新亞研究所（2009 年 2 月）

陳援庵先生藝文考略

一 引言

陳垣先生（1880-1971）字援庵，廣東新會人，是現代著名史學家。他一生的成就，主要在史學研究方面。他不是文學家，也不是藝術家，但對文章和書法，卻有矜慎下筆的要求，而人家對他的文章和書法，也有很高的評價。他生平寫詩不多，就現存的作品來看，大抵不求文采，以事為主，是學人的詩而不是才人的詩。為了要對援庵先生有較全面的認識，本文準備分別討論他的文章、詩作和書法，這三項，我們或可視為援庵先生史學成就以外的別支表現。

二 文章撰作與文論

陳援庵先生對文章撰作的要求，有他自己的尺度。他在《談談文風和資料工作》中說：

> 現在有些學術性的論文，空論太多，閒話不少。有時看到報上的一些長文章，登了滿滿一整版，而細細分析一下，如果把重複的、空洞的話減去，就可以省掉一半。……著書也是如此，有的書長達幾百萬字，如果減去重複的、空洞的話，至少也可以省去一半。[1]

---

1 見陳樂素、陳智超編校《陳垣史學論著選》，1981 年 5 月上海人民出版社（上海），

援庵先生認為，無論是寫學術論文或是著書，都要少發空論、少說閒話，把重複、空洞的話減去。在同一篇文章中，他又說：

> 發表的文章，最低要求應當：（1）理要講清楚，使人心裏服；（2）話要講明白，使人看的懂；（3）閒話不說，或者少說。[2]

能夠做到上述三點的文章，雖仍不算符合最簡潔、最精煉的標準，但也應該是簡潔、精煉的最低要求。援庵先生對自己所寫的文章，就力求簡潔、精煉。蔡尚思在《陳垣同志的學術貢獻》中敘述援庵先生對他提出怎樣的指導意見：

> 他多次親自勸我，不要學習韓文，而要學習《日知錄》式的文字，這就是寫作只求通達不求文采，要少而精不要多而美，要史實不要哲論。他曾對我說：「文學家不配著史書，如歐陽修是文人不是史家，所以他寫的《新五代史》是借史作文，有許多浮詞。寫作應當像顧炎武的《日知錄》，一字一句能夠表達就不要再寫出第二個字第二句話。」[3]

援庵先生勸蔡氏不要學韓愈（768-825）的文章，主要是他認為韓文的精簡不如《日知錄》。他對寫作的要求是通順達意，文字須精要，不要浮泛的空論。他欣賞顧炎武（1613-1682）《日知錄》的文章而不欣賞歐陽修（1007-1072）《新五代史》的文章，理由是前者比後者精簡。李瑚在《疾風知勁節，小草沐春暉》中說：

頁 636。又見陳智超主編《陳垣全集》之三十六《解放後重要講話文章》，2009 年 12 月安徽大學出版社（合肥），頁 735，題目改為《在歷史研究所學術委員會擴大會議上的講話》。

2 見同上兩書，頁 637 及頁 736。

3 見《陳垣校長誕生一百周年紀念文集》，1980 年 11 月北京師範大學出版社（北京），頁 27。

（援庵先生）說：「作書是為人看的，不是為自己欣賞，必須
嚴密明了。」所謂嚴密明了，就是對所研究的問題，要嚴肅認
真，實事求是；文章要論據充分，邏輯性強；文字要簡明扼
要，避免繁瑣。……「文章要多置時日。」「文章須三四次易
稿。我作文章至少七八次易稿。」他是廣東人，常舉廣東做紅
木桌椅為例說：「做的容易，打磨則更費時日。」他對文字的
要求也很嚴格，認為，「文章要精煉，不要有廢詞，要做到一
字不可增，一字不可減。一本書也是這樣。」[4]

「嚴密明了」，是援庵先生對文章撰作的概括要求。所謂「嚴密明
了」，從研究態度上說，是嚴肅認真，實事求是；從著述內容上說，
是證據充分，邏輯性強；從文章文筆上說，是簡明扼要，避免繁瑣。
而「簡明扼要，避免繁瑣」的意思，就是「精煉」而沒有「廢詞」。
據援庵先生的自述，他撰作文章，一般會擱下一段時間，易稿七八
次，可見他對自己要求的嚴格。他在一封信中這樣說過：

考證文最患不明白，令人易於誤會；又患有可省不省之字句。[5]

「不明白」，就是不夠「明了」；「有可省不省之字句」，就是「有廢
詞」。援庵先生對這些文病，是儘量避免的。啟功在《夫子循循然善
誘人》中，更舉出實例，來說明援庵先生對文章的精簡要求。他說：

陳老師對於文風的要求，一向是極端嚴格的。字句的精簡，邏
輯的周密，從來一絲不苟。……一次我用了「舊年」二字，是

4　見同上，頁 36。

5　見柴德賡《我的老師——陳垣先生》所附原信影印本，《文獻》第二輯，1980 年 7
　　月書目文獻出版社（北京），頁 224。又見《陳垣全集》之三十七《書信》，頁
　　283。

從唐人詩「江春入舊年」套用來的。老師問:「舊年指什麼?是舊曆年,是去年,還是以往哪年?」……三十年代流行一種論文題目,像「某某作家及其作品」,老師見到我輩如果寫出這類題目,必要把那個「其」字刪去……。陳老師的母親去世,老師發訃聞,一般成例,孤哀子名下都寫「泣血稽顙」,老師認為「血」字並不誠實,就把它去掉。[6]

援庵先生反對用「舊年」,是因為意思不周密,表達得不明確;他把「某某作家及其作品」的「其」字刪去,是因為文字不夠精簡;他主張把「泣血稽顙」的「血」字去掉,是因為不誠實。根據這些實例,可見援庵先生為了力求文章的精煉,不惜簡而又簡,甚至讀起來不上口或不合通俗的慣用語,他也絕不容許多費一個字。一般來說,他的文章樸實而稍欠風華、詞藻,可說與他這種力求精簡的態度有關,持有這種態度的援庵先生,當然不會欣賞那些內容空洞、詞藻堆砌的駢文,但遇到言之有物的駢文,他還是欣賞的。例如高步瀛(1873-1940)曾用駢文為他寫了篇壽序,他就非常推許,認為只有高氏那樣富的學問和那樣高的手筆,才能寫出那樣好的駢文[7]。援庵先生對高氏的推許,應該不會因為這篇壽序的對象是自己,也應該不會因為要客套敷衍。其實他對內容言之有物而形式、詞藻又能做適當配合的文章,並不會不欣賞。

為了使文章能夠精煉、簡潔,援庵先生認為,「捨得割棄」是一個有效的辦法。劉乃和在《書屋而今號勵耘》中引述了援庵先生的意見:

---

6 見《陳垣校長誕生——百周年紀念文集》,頁 69。

7 參閱同上,頁69-70。壽序署沈兼士(1887-1947)撰,其實是高步瀛執筆,只因為當時沈氏任輔仁大學文學院院長,所以才共推沈氏署名。參閱劉乃和《淺釋援師六十壽序》,《歷史文獻研究論叢》,1998 年 3 月廣西師範大學出版社(桂林),頁 255。

他寫文章，力求文簡意賅。他主張搜集資料要全，但寫成文章
時，不必把所得材料都放進論文裏，要有選擇、有重點，要使
用最能說明問題的材料……要捨得割棄，他認為有些人就是
「捨不得」，文章裏資料堆堆垛垛，重重複複，凡是找到的材
料都捨不得不用，這樣很不好。[8]

援庵先生認為，動筆寫文章前，要儘量把材料搜集齊全，但動筆時，
就要有選擇，有重點，刪繁去複，「捨得割棄」，不要把所有材料都放
進文章裏。援庵先生的意見，本為撰寫學術論文而發，不過對一般文
章來說，這個「捨得割棄」的意見，也還是適用的。

我們要對援庵先生的文章風格有具體的印象，最適當的辦法，當
然是直接閱讀他的文章。長篇論文不便引述，姑且摘錄幾篇短文，藉
資舉隅。如在趙翼（1727-1814）《廿二史劄記・小引》之後，他這樣
題記：

趙甌北劄記廿二史，每史先考史法，次論史事。其自序云：
「此編多就正史紀、傳、表、志中參互勘校，其有牴牾處，自
見輒摘出」，所謂史法也。又云：「古今風會之遞變，政事之屢
更，有關治亂興衰之故者，亦隨所見附著之」，所謂史事也。
今將原本史法之屬隸於前，史事之屬隸於後，各自分卷，以便
檢閱焉。癸卯六月十一日記。[9]

這篇《題記》寫於「癸卯」，「癸卯」是光緒二十九年（1903）。又如
《史諱舉例・序》：

民國以前：凡文字上不得直書當代君主或所尊之名，必須用其

8　見《陳垣校長誕生──百周年紀念文集》，頁 86-87。

9　見《陳垣全集》之二十三《廿二史劄記批注》，頁 8。

他方法以避之,是之謂避諱。避諱為中國特有之風俗,其俗起
於周,成於秦,盛於唐宋,其歷史垂二千年。其流弊足以淆亂
古文書,然反而利用之,則可以解古文書之疑滯,辨別古文書
之真偽及時代,識者便焉。蓋諱字各朝不同,不啻為時代之標
誌,前乎此或後乎此,均不能有是,是與歐洲古代之紋章相
類,偶有同者,亦可以法識之。研究避諱而能應用之於校勘學
及考古學者,謂之避諱學。避諱學亦史學中一輔助科學也。[10]

以上引述,只是節錄《序》文的第一段,文字不多,已把避諱學的起
源和作用交代清楚。這篇《序》寫於一九二八年。上面兩篇短文,措
辭客觀、冷靜,文辭簡淨、清晰,完全沒有感性的語詞。至於他為
《通鑑胡注表微》一書所寫的《小引》,則在簡淨、清晰的行文中,
含有黍離之悲的感慨。他這樣說:

> 頻年變亂,藏書漸以易粟。惟胡氏覆刻元本《通鑑》,尚是少
> 時讀本,不忍棄去;且喜其字大,雖夾注亦與近代三號字形無
> 異,頗便老眼。杜門無事,輒以此自遣。一日讀《後晉記》開
> 運三年胡注有曰:「臣妾之辱,惟晉宋為然,嗚呼痛哉!」又
> 曰:「亡國之恥,言之者痛心,矧見之者乎!」讀竟不禁淒然
> 者久之。因念胡身之為文、謝、陸三公同年進士,宋亡隱居二
> 十餘年而後卒,顧《宋史》無傳,其著述亦不多傳。所傳僅
> 《鑑注》及《釋文辯誤》,世以是為音訓之學,不之注意。故
> 言浙東學術者,多舉深寧、東發而不及身之。自考據學興,身
> 之始以擅長地理稱於世。然身之豈獨於地理而已哉,其忠愛

---

10 見陳垣《史諱舉例》,1958 年 1 月科學出版社(北京),頁 2。又見《陳垣全集》之
十一《史諱舉例》,頁 3。

忱見於《鑑注》者不一而足也。[11]

這篇《小引》寫於一九四五年七月。文、謝、陸，指文天祥（1236-
1283）、謝枋得（1226-1289）、陸秀夫（1238-1279）；深寧、東發，指
王應麟（1223-1296）、黃震（1213-1280）。當時援庵先生身在淪陷區
中的北平，心情沉重，精神痛苦，於是借了《資治通鑑》的注文，來
談胡三省（身之，1230-1302）的抱負、學問和處境，並宣示彼此遭
遇相類的慨歎。

《跋董述夫自書詩》一文，是一篇較能代表援庵先生晚年行文風
格的短文：

> 董述夫自書詩一冊，十五首，十四開。末署「萬曆己丑仲夏吳
> 門董良史漫稿」，有董良史述夫印。述夫名良史，能詩工書，
> 其行跡不概見。先是洪武間有董紀者，字良史，上海人，詞翰
> 兼美，有《西郊笑端集》，清《四庫》著錄，兩人相距二百餘
> 年，《明詩綜》混為一人，而云「董紀字良史，以字行，更字
> 述夫」，《橋李詩繫》亦混為一人，而云「董良史名紀，以字
> 行，初字述夫」，《列朝詩集‧董紀傳》實無是說。余初得此
> 冊，愛其書法有林泉之致，以為述夫即董紀，既而見其自署萬
> 曆紀年，始恍然《明詩綜》等有誤。董紀根本不字述夫，字述
> 夫者萬曆間之董良史也。《四庫‧西郊笑端集》提要乃不調查
> 研究，遽襲《明詩綜》之說，混二人為一人，《明詩紀事》復
> 因之，眾喙一詞，萬曆間之董良史遂成為洪武間之董良史所
> 掩。使無此冊之發見，又孰證其誤哉！……[12]

---

11 見陳垣《通鑑胡注表微》，1958 年 3 月科學出版社（北京），頁 1。又見《陳垣全
　集》之三十一《通鑑胡注表微》，頁 1。
12 見《陳垣全集》之十六《雜著》，頁 913。

援庵先生根據董述夫（良史）自書詩冊真跡，證《四庫‧西郊笑端集》提要、《明詩綜》、《檇李詩繫》、《明詩紀事》之誤。全文層次清晰，要言不繁。這篇題跋，寫於一九六三年十一月，在《文物》第二期（1964）刊載[13]。

論者認為，援庵先生的文章，乾淨、充實，自然大雅；他的論證，真能做到條分縷析，理達事暢，極少浮詞[14]。許冠三在推許援庵先生史學成就的同時，也說：

> 考據義理之外，援庵兼重詞章。他的文體自成一格，論樸實，極類顧炎武；論簡賅，直追王國維；論明白通曉，可敵胡適之，儘管胡寫的是白話，他用的是文言。[15]

而存萃學社的編者在《歷史學家陳援庵先生》中的論述是：

> 先生為文，向以精簡見長於當代，數百字不嫌其短，數千字不厭其長。一部專著，他人為之，往往二三十萬字方畢，先生為之，僅十萬字亦可足，簡潔明確，扼要充實，考證之文，分析演繹，令人讀之怡然理順，不覺其枯燥，且能別具韻味，足以啟發神智，自成一種風格。……對自為文字，自信力特強，頗有懸之國門，不能易其一字。嘗謂吾之應酬文字，有倩人代作者，為易十餘字，亦余作也。若他人易吾文三數字，則非吾作矣。[16]

---

13 參閱同上，頁 914。

14 參閱陳凡《訪陳援庵老先生》，周康燮編《陳垣先生近廿年史學論集》，1971 年 11 月崇文書店（香港），頁 124；黃裳《五石居士》，《珠還集》，1985 年 5 月三聯書店（香港），頁 87。按：黃裳談五石居士（鄧之誠，1887-1960）時，曾評及援庵先生的文章。

15 見許冠三《新史學九十年》上冊，1986 年 7 月中文大學出版社（香港），頁 110。

16 見周康燮編《陳垣先生近廿年史學論集》，1971 年 11 月崇文書店（香港），頁 151。

這段文字，頗能道出援庵先生文章的優點和特色。援庵先生的文章以精簡、謹嚴、曉暢見稱，有強烈的個人風格。經他定稿後的文章，他人再要改動，大抵並不容易。他對自己的文字有很強的自信，這是指文章定稿後而言，文章定稿前，他卻又能虛心接納意見，認真斟酌修訂。

此外，援庵先生在《通鑑胡注表微‧評論篇》中，對文體與時代的關係有些意見，也可引述一談。他這樣說：

> 文體隨世運為轉移，豈能拘於古式。故六朝之浮靡，非也；偽裝之古奧，亦非也。孔子曰：「辭達而已矣。」故為古奧，使人不能速曉，其意何居。[17]

援庵先生明確地指出文體是隨時代而轉移的，不能拘限於古代的體式。浮靡固然不好，仿古亦不足取，「辭達」才是合理的要求。援庵先生的文章，精簡、謹嚴而不失曉暢，一般沒有不能速曉的毛病，真能符合「辭達」的標準，可見他的文章風格與他的文體主張，是調和、配合的。

三　詩作內容與詩風

陳援庵先生是史學家，這是大家公認的，但似乎沒有人把他視為詩人，甚至有人懷疑他不解聲律。事實上，他既懂聲律，又能作詩。啟功在《夫子循循然善誘人》中說：

> 許多人有時發生錯覺，以為這位史學家不解詩賦。這裏先舉一聯來看：「百年史學推甌北，萬首詩篇愛劍南。」這是老師帶

---

17 見《通鑑胡注表微》，頁147。又見《陳垣全集》之三十一，頁144。

有「自況」性質的「宣言」。即以本聯中的對偶工巧，平仄和
諧，已足看出這是一位老行家。其實不難理解，曾經應過科舉
考試的人，這些基本訓練，不可能不深厚的。曾詳細教導我關
於駢文中「仄頂仄，平頂平」等等韻律的規格，我作的那本
《詩文聲律論稿》中的論點，誰知道許多是這位莊嚴謹飭的史
學考證家所傳授的呢？[18]

啟功用幾項理由來說明援庵先生深諳詩賦聲律。首先是用實例證明援
庵先生能作對子，而且「對偶工巧，平仄和諧」[19]；其次是援庵先生
曾參加過科舉考試，參加過科舉考試的人，不可能不懂聲律；其三是
援庵先生曾詳細教導啟功關於駢文中的平仄韻律規格，《詩文聲律論
稿》中的論點，有許多就是援庵先生傳授的。啟功是《詩文聲律論
稿》的著者，沒有人會說他不懂聲律，由他來說明援庵先生在詩賦聲
律方面的認識和造詣，應該有說服力。

　　還可注意的，就是在聯語中，援庵先生清楚的表示了「萬首詩篇
愛劍南」。陸游（1125-1210）有《劍南詩稿》，他為什麼愛陸氏的
詩？陸氏的詩主要有兩方面：一是悲憤激昂，要為國家報仇雪恥，恢
復喪失的國土；一是閒適細膩，表達生活的雋永滋味，描繪景物的曲
折情狀。援庵先生未嘗不欣賞後者，但面對日軍的侵略，他的所愛，
顯然是前者。陸氏不但有愛國、憂國的情緒，還有救國、衛國的膽量
和決心，這是他與陳與義（1090-1138）、呂本中（1084-1145）、汪藻

---

18 見《陳垣校長誕生──百周年紀念文集》，頁 70。

19 除援庵先生自況的對聯外，可再舉兩例，以證啟功之說不誣。如《挽梁士詒聯》：
「張江陵膚重寄，致群議警疑，孤月心明，百歲神游定何處；歐陽公有盛名，為先
生描畫，浮雲世變，九重泉路盡交期。」又如《挽張相文聯》：「與君共事議曹，讜
論邁時流，著述等身訂元史；偕我同襄輔校，地文精學派，淵源兩地接宗傳。」參
閱《陳垣全集》之三十五《詩稿》，頁 556-557。

（1079-1154）、楊萬里（1127-1206）等人不同的地方[20]。錢鍾書在
《宋詩選註》中說：

> 試看陸游的一個例：「鴨綠桑乾盡漢天，傳烽自合過祁連；功
> 名在子何殊我，惟恨無人快著鞭！」儘管他把自己擱後，口吻
> 已經很含蓄溫和，然而明明在這一場英雄事業裏準備有自己的
> 份兒的。這是《詩經》《秦風》裏《無衣》的意境，是杜牧
> 《聞慶州趙縱使君中箭身死長句》的意境，也是和陸游年輩相
> 接的岳飛在《滿江紅》詞裏表現的意境；在北宋像蘇舜欽和郭
> 祥正的詩裏，在南北宋之交像韓駒的詩裏，也偶然流露過這種
> 「修我戈矛，與子同仇」、「誰知我亦輕生者」的氣魄和心情；
> 可是從沒有人像陸游那樣把它發揮得淋漓酣暢。[21]

錢氏闡發陸游的詩心非常深刻。我們如果了解援庵先生的思想意識以
愛國精神、民族氣節為主流，就該明白他愛的就是陸氏的愛國詩心；
一個人對文學作品的品味，往往與他的思想意識有很密切的關係。

據說在抗日戰爭時期，援庵先生身處淪陷區中的北平，經常吟誦
陸游憂國憂民的詩句。如：「三秦父老應惆悵，不見王師出散關」；
「老去據鞍猶矍鑠，君王何日伐遼東」；「北望中原淚滿巾，黃旗空想
渡河津」；「幾歲中原消息斷，喜聞人自蔡州來」；「關中父老望王師，
想見壺漿滿路時」；「登臨獨恨非吾土，不為城闕畫角悲」；「遺民淚盡
胡塵裏，南望王師又一年」……援庵先生在困厄環境中，無奈地借
了陸氏的詩句，來抒發自己的愛國意緒[22]。

---

20 參閱錢鍾書《宋詩選註》，1979 年 6 月人民文學出版社（北京），頁 190-191。
21 見同上，頁 191-192。
22 參閱劉乃和《陳垣與詩》，《歷史文獻研究論叢》，頁 245。原載《北京師範大學學報
　（社會科學版）》，1992 年第五期，頁 69。

援庵先生一生中，究竟寫了多少詩？目前不能確知。據《陳垣全集‧詩稿》的收錄，他的詩只有七十九首[23]，可能有些已散佚了。可以肯定的是，他所寫詩的數量，當遠遠及不上文章的數量。在援庵先生心目中，這恐怕是件遺憾的事。啟功在《夫子循循然善誘人》中說：

> 抗戰前他曾說過，自己六十歲後，將卸去行政職務，用一段較長時間，補遊未到過的名山大川，豐富一下詩料，多積累一些作品，使詩集和文集分量相稱。不料戰爭突起，都成虛願了。[24]

原來援庵先生寫詩興趣甚濃，有意在六十歲以後豐富詩料，努力創作，使自己將來詩集的分量和文集的分量可以相稱。事實顯示，在《陳垣全集》出版前，我們只看到援庵先生極有分量的文集，卻看不到他的詩集。可以理解的是，史學研究既佔去了援庵先生一生大部分的精神與時間，再加上繁雜的教育行政工作，他當然不能多用精神、時間，去作推敲詩句、斟酌詩律的工作了。至於抗日戰爭突起，或會影響援庵先生不能暢遊中國名山大川，但應該不會是影響他少寫詩的主要原因。一九四九年十月一日，中國新政權成立，援庵先生時年六十九歲，面對大時代的改變和各種政治運動的先後衝擊，他在晚年既不能潛心做學術的研究，也無餘暇和閒情遊覽名山大川，大抵這才是影響他少寫詩或不寫詩的主要原因罷？無論怎樣，目前我們要探討援庵先生詩作的內容和風貌，只能根據上述數量有限的詩篇。下面試引述一些例子。

清光緒二十八年壬寅（1902），援庵先生往開封參加光緒三旬萬壽恩科鄉試，經過朱仙鎮時，賦詩一首《壬寅初秋過朱仙鎮》：

---

23 參閱《陳垣全集》之三十五《詩稿》，頁 537-571。
24 見《陳垣校長誕生——百周年紀念文集》，頁 70。

胡騎縱橫未可欺，漢家兵馬復猜疑。幸虧幾度金牌召，猶保威
名萬古垂。[25]

詩的內容是：金兵實力未可小覷，而宋朝君臣的猜忌、牽制，岳家軍
實未有必勝的把握。一日降十二金字牌的召還，雖使岳飛（1103-
1142）以「莫須有」的罪名含冤而死，但倒使他名垂萬古。這詩因地
懷人、感事，措詞質直，論史中有翻案意味。在這詩的前或後數年，
應該還有詩作，可惜見不到了。

後於一九○二年（壬寅）的詩，已是一九二二年（壬戌）。《壬戌
中秋與容兒遊虎丘》云：

一塔欹斜欲插天，劍池神話憶當年。點頭頑石今依舊，說法生
公早渺然。[26]

第一句寫實景，其他三句，則是說虎丘劍池的傳說掌故，在記事中，
有撫今追昔的感慨。

《癸亥夏日與勤弟漢姪遊焦山歸途》，作於一九二三年，是一首
紀遊詩：

大江西望碧霞丹，一日清遊興未闌。纜斷幾回舟欲覆，驚心甘
露寺前灘。[27]

江上遊覽，既賞美景，也逢急流纜斷之險。

《寧姪北來出示蓮姊照片已不相識感而賦此》一詩，未註寫作年
份，大抵作於與上首詩同時或稍後。詩云：

---

25 見《陳垣全集》之三十五《詩稿》，頁 537。
26 見同上。
27 見同上，頁 538。

> 久別容顏異往朝，兒時舊事未全消。不知薑性酸仍辣，持向簷
> 前雨水澆。[28]

援庵先生自注云：

> 兒時在四宅舊屋與蓮姊共食酸薑，辣甚，則持向簷前雨水澆
> 之。[29]

以樸素文字記述童年舊事，徐徐道來，稚態可掬。

援庵先生五十壽辰時，曾作《五十生日》組詩七首[30]，內容主要
是述志、記事。其一云：

> 英年橐筆走京師，自詡長才不易羈。今也無聞尼父笑，忽然已
> 至孔融悲。[31]

這表示自己當時英年上京赴考，自詡長才不羈。他用「橐筆」兩字，
表示要「持橐簪筆，從備顧問」，可惜後來政治現實使他失望，於是
轉而把心力投向學術。

另一首是回憶光緒二十七年（1901）參加縣試、府試的情景。詩
云：

> 沔陽自昔受恩深，此日欣聞座右箴。猶憶當時施太守，嗟予狂
> 妄亦知音。[32]

---

28 見同上。

29 見同上。

30 這組詩作於 1929 年（民國十八年）11 月。根據年譜，這年援庵先生是 49 歲而不
　是 50 歲。（參閱劉乃和、周少川等《陳垣年譜配圖長編》上冊，2000 年 10 月遼海
　出版社〔瀋陽〕，頁 280。）大抵援庵先生以誕生之年為 1 歲、次年為 2 歲計算，所
　以這年有《五十生日》詩之作。

31 見《陳垣全集》之三十五《詩稿》，頁 540。

32 見同上。

沔陽，指援庵先生參加縣試時的新會知縣沔陽人楊介康；施太守，指當時主持府試的廣州知府施典章。楊介康曾為援庵先生作祝壽詩，云：

> 我昔尹新邑，扃試促擔晷。何意枚叔材，腹笥捐片紙。乾坤闡義爻，河洛發明理。射策薍董儔，哀然弁童子。[33]

楊氏原注云：

> 試日焚香限刻，生筆不停輟，學有根柢，遂以弁冕群材。[34]

推許如此，難怪援庵先生有感恩之念。太守施典章不喜援庵先生在試卷中議論橫生，既在卷上批云「狂妄」，又對楊介康表示不能讓援庵先生主持風氣，以免宣傳對清朝不利思想。後來援庵先生撰文反清，又作了大學校長，成了主持風氣的人，施氏當年擔心的事，都真的言中了，所以援庵先生許他為「知音」[35]。

《五十生日》的另一首詩云：

> 青倉萬丈銷磨盡，已去流光不再還。學道未能儕墨井，寫詩何敢和龜山。[36]

這是歎息歲月如流，時不可再，但學道既未能攀追墨井道人（吳歷，1632-1718），而寫詩更不敢與龜山先生（楊時，1053-1135）相唱和。言下之意，大抵自謙慕道之心與吟詠之才都有不足。

啟功在《夫子循循然善誘人》一文中，提到他曾見過援庵先生

---

33 見劉乃和、周少川等《陳垣年譜配圖長編》上冊的引述，頁 27-28。

34 見同上。

35 參閱劉乃和《立志耕耘，追求真理》，《歷史文獻研究論叢》，頁 215-217。

36 見《陳垣全集》之三十五《詩稿》，頁 541。

《司鐸書院海棠》詩的手稿殘本絕句七首[37]，他摘錄了兩首，其中一首是：

> 十年樹木成詩讖，勸學深心仰萬松；今日海棠花獨早，料因桃李與爭穠。[38]

援庵先生自注云：

> 萬松野人著《勸學罪言》，為今日司鐸書院之先聲。「十年樹木」楹聯，今存書院。[39]

啟功的按語是：

> 萬松野人為英華先生的別號。先生字斂之，姓赫舍里氏，滿族人。創輔仁社，為輔仁大學前身。陳垣先生每談到他時，總稱「英老師」。[40]

援庵先生因司鐸書院的海棠，而想念英華（1867-1926）的成就。英華創辦輔仁學社，造就人才甚眾，陳氏寄望司鐸書院也可以造就不少人才。另一首是：

> 西堂曾作竹枝吟，玫瑰花開瑪竇林；幸有海棠能嗣響，會當擊木震仁音。[41]

援庵先生自注云：

---

37 《司鐸書院海棠》絕句七首，見同上，頁 558-559。

38 見啟功《夫子循循然善誘人》的引述，《陳垣校長誕生——百周年紀念文集》，頁 71。

39 見同上。

40 見同上。

41 見同上。

尤西堂《外國竹枝詞》：「阜成門外玫瑰發，杯酒還澆利泰西。」「擊木震仁惠之音」，見《景教碑》。[42]

啟功的按語是：

利瑪竇，明人以「泰西」作地望稱之，又或稱之為「利子」。《景教碑》即唐代《景教流行中國碑》，今在西安碑林。[43]

利瑪竇（Matteo Ricci，1552-1610）傳教中國，在學術文化方面，影響深遠。援庵先生期望司鐸書院的司鐸能繼承前人的業績，在將來能像利瑪竇那樣「震仁惠之音」。從上述兩詩的內容看，《司鐸書院海棠》詩大抵都是借物寄意，對司鐸書院的司鐸表達了期許之意，可說即事吟詠，以事為主，措詞用語平實，並沒有精巧、華美的藻飾。

援庵先生的《挽陳橫山》七絕兩首，更能顯出他的詩作本色。第一首云：

郵筒久闕磨刀巷，搦管翻成挂劍詞。為告月泉新史料，梁相少日已成詩。[44]

援庵先生自注云：

昔與先生論鎮江也里可溫寺碑，不知撰者梁相為何許人。後閱月泉吟社《春日田園雜興》詩，知第三名高宇，第十三名魏子大，皆即梁相之隱名。時相年僅十五，其詩有「彭澤歸來惟種柳，石湖老去最能詩」之句。未及告先生，不意先生遽殞。[45]

---

42 見同上。
43 見同上。
44 見《陳垣全集》之三十五《詩稿》，頁 543。
45 見同上。

原來援庵先生曾與陳垣山（慶年）討論也里可溫寺碑的作者梁相，但
當時大家都不知道「梁相為何許人」。後來援庵先生從月泉吟社《春
日田園雜興》詩，得知梁相年僅十五，就能作詩，而且用隱名高宇和
魏子大發表詩作。援庵先生的發現，為也里可溫教的研究，增添了寶
貴的史料。可見這並不是一首尋常輓詩。又第二首云：

> 蕃語疑消胡木剌，鳳翔碑認太宗朝。可憐未共橫山證，奇字空
> 留也立喬。[46]

援庵先生自注云：

> 梁相碑「忽木剌」之名凡七見，不解所謂。年前得鳳翔磻溪谷
> 長春觀聖旨碑，有「和尚根底寺，也立喬大師根底胡木剌，先
> 生根底觀院」之文，知胡木剌即基督教會堂，也立喬即也里可
> 溫之異譯。碑書戊戌年閏四月，知為元太宗十年，亦未及告先
> 生，至為遺憾。[47]

援庵先生利用鳳翔磻溪谷長青觀聖旨碑的材料，考出梁相碑中的「忽
木剌」即「胡木剌」，也即是基督教會堂；「也立喬」原來就是「也里
可溫」的異譯。至於碑上所書「戊戌年」，即元太宗十年（1238）。上
述種種，都關乎也里可溫教的史料，有助於宗教史的研究。

　　從輓詩的內容看，我們可推知陳橫山生前對也里可溫教的研究甚
有興趣，且常與援庵先生討論。援庵先生把陳橫山生前甚感興趣的史
料，作為輓詩的題材，可見他的輓詩，其中蘊含了誠摯的交誼，並非
一般應酬之作，同時也可看出援庵先生的個性與喜好。即使是詩歌創
作，即使是寫輓詩，他也不離講史事、談學問，因此語語實在，句句

---

46 見同上。
47 見同上。

關乎史料，充分顯示了學人之詩的特色。

一九三五年十二月二十二日，陳述致函援庵先生，提到援庵先生授課時，曾以陳澧（東塾，1810-1882）對崔述（東壁，1740-1816）《考信錄》的批語「此何必辨」、「此何必注」為例，告誡學生在著述時，不可掉以輕心。援庵先生不久寫了封附有贈詩的回信。原詩初無題，後題《示陳述》，最後改為《示門人》：

> 師法相承各主張，誰非誰是費衡量。豈因東塾譏東壁，遂信南強勝北強。[48]

這首詩大意是：不同師承在學術上有不同主張，是正常現象，我們不必輕下誰是誰非的結論。陳澧雖對《考信錄》有批評，但不能認定陳一定勝過崔。陳是廣東番禺人，崔是河北魏縣人，所以有「南強」、「北強」之稱。援庵先生雖然欣賞當時還年輕的陳述不忘師教——著述要矜慎，在回信中稱許他「聞見日廣，心膽更虛」，但同時鼓勵他「只要心小，膽不妨大」、「不必效老年人之多所顧忌」[49]。這是因材施教的提示，同時顯示他沒有門派之見的胸襟。

一九三六年，日本多紀元胤著的《醫籍考》在上海中西醫藥研究社刊印，援庵先生寫有《題新印醫籍考》七絕兩首，表示了他的興奮和重視。詩云：

> 竹坨、竹汀合一手，庶幾醫學之淵藪；成自東儒大是奇，實齋史學亡何有。
> 卅載聞聲富士川，夢中何幸到嬛嬛，食單見後思鴉炙，喜遇醫

---

48 見同上，頁 552。

49 參閱陳智超《關於陳垣贈陳述詩》，《陳垣——生平、學術、教育與交往》，2010 年 8 月安徽大學出版社（合肥），頁 369-370。援庵先生回信見《陳垣全集》之三十七《書信》，頁 280。

林復古年。[50]

援庵先生在光緒三十四年（1908）曾去日本訪求書籍，多紀元胤的
《醫籍考》，是他當時要訪求的書籍之一。在日本，他會見了許多日
本醫學界人士，又在東京與富士川會晤。富士川是漢醫學世家，得過
文學、醫學兩博士銜，並著有《日本醫學史》。據說在富士川家，援
庵先生看到了《醫籍考》的稿本，因將付刊，所以未有借錄[51]。在第
一首詩裏，援庵先生推許《醫籍考》的編撰，有類朱彝尊（竹垞，
1629-1709）、錢大昕（竹汀，1728-1804）合力而成，並譽此書為醫
學的淵藪，而著者竟是日本人；在第二首詩裏，援庵先生自述在富士
川家看到了《醫籍考》的稿本，以後常在念中，終於非常高興見到
《醫籍考》的出版。就詩論詩，這兩首七絕以述事為主，其中並沒有
新奇可喜之句，也沒有華麗詞藻，可說是學人之詩而不是才人之詩。

　　援庵先生在四十年後，曾為湘潭寧某題《鋤耕圖》手卷，有七絕
兩首：

> 兩世論交話有因，湘潭煙樹記前聞；寒宗也是農家子，書屋而
> 今號勵耘。
> 仲尼立論輕農圃，儒者由來愛做官；可是丈人勤四體，未教二
> 子廢鉛丹。[52]

援庵先生對第一首詩自注云：

> 吾先人在湘潭辦茶。先父名田，號勵耘。[53]

50 見《陳垣全集》之三十五《詩稿》，頁553。
51 參閱劉乃和、周少川等《陳垣年譜配圖長編》上冊，頁44。
52 見《陳垣全集》之三十五《詩稿》，頁557-558。
53 見同上，頁558。

劉乃和補充說：

> 我在輔仁讀書時，他曾把這首詩寫給同學，並告訴我們：因喜
> 歡「勵耘」二字，就把自己的書齋名「勵耘書屋」。後將木板
> 撰著，即名為「勵耘書屋叢刻」。[54]

據援庵先生的自注和劉氏的補充，可知這兩首詩雖是為他人題畫，內
容卻有述懷之意。「勵耘」意云勉人勤於耕耘，援庵先生為書屋取名
「勵耘」，當然因為這是父親的號，有紀念的目的，其中也有自勉勤
於著述的含義。「丈人」務農而「未教二子廢鉛丹」，援庵先生對勤讀
書的人，是欣賞的。這兩首詩的平實風格，與上述所舉各詩，可說完
全相類。

一九六二年，北京師範大學慶祝成立六十周年，援庵先生以《今
日》為題，寫七絕四首，藉以表達自己喜悅的心情：

> 東風今日換人間，化雨無私熙大千；共喜黌門弦誦好，艱辛締
> 構想當年。
> 宣南壇坫昔頻登，六十年來幾廢興；廣廈凌霄今日起，掀髯俯
> 視舊觚棱。
> 山河八載憶淪胥，閉戶西涯苦著書；今日九州紅已遍，文光彪
> 炳復充閭。
> 風雨曾摧舊泮林，繁枝今日沐甘霖；芬芳桃李人間盛，慰我平
> 生種樹心。[55]

這幾首詩扼要地敘述了北京師範大學六十年來的創校、發展與成長，
栽培了大量人才，中間備經艱辛、廢興。「山河八載憶淪胥」，指八年

54 見劉乃和《書屋而今號勵耘》，《陳垣校長誕生一百周年紀念文集》，頁 80。
55 見《陳垣全集》之三十五《詩稿》，頁 564。

抗日戰爭；「今日九州紅已遍」，指政權的轉換；「風雨曾摧舊泮林」，說明北京師範大學的成長，是飽歷風雨的。詩是四首，內容合為一套，敘事清楚，條理井然，首尾照應，形式是詩，卻好像是文。不少人寫敘事詩，愛用樂府、古體，援庵先生所採用的，主要是絕句，特別多用七言絕句。絕句要求文字精簡，這正是援庵先生對文章的要求。讀他的詩，可以看到他駕馭詩句有如文句的功力。

援庵先生喜作七言絕句，現存七十二首，在詩作中佔最多數；而五言絕句則只有四首，五言古體詩則少至三首。他的五言絕句，用字淺易，明白如話，不事藻飾。如《西苑》詩：

三日不相見，如同幾度春。迢迢西苑路，難現有心人。[56]

因地懷人，詩意清晰。又《入蜀》（一作《乘夔州輪入蜀》）詩：

蜀道古稱難，如今並不難。夔州輪上客，一覺過巫山。[57]

如實記事，寫古今入蜀的難易。

至於他的古體詩，篇幅太長，不便全引，姑且節錄《徐文定公三百年紀念五十韻》作為例子：

……偉哉文定公，挺出明之季。維時國難亟，安攘為要計。建首建遼藩，流寇遍內地。廟算棋不定，剿撫紛論議。惟公策攻守，請多造火器。規制仿西洋，巨礮敵魄褫。練兵三萬人，大效尤小試。前徵寧遠捷，後鑑申甫躓。此策果得行，成敗定易位。枚卜嗟已晚，賚恨溘然逝！……[58]

---

56 見同上，頁 560。
57 見同上，頁 561。
58 見同上，頁 551。

這首詩刊於《我存雜誌》第三卷十期（1935 年 12 月），是為紀念徐光啟（文定，1562-1633）而作。內容主要是論述徐氏的事跡和貢獻，形式是詩，其實是論史之文。以文入詩，可說是援庵先生的典型詩風，只是古體詩似乎比絕句更方便敘事、論史就是了。

援庵先生長居北京（中華民國定都南京後改名北平），但他是廣東人，年輕時生活在南方，又曾回鄉探親，因此他的詩作，頗有些涉及嶺南鄉土風物舊事的。現試引述如下：

《得心愉手書以小詩答之兼簡慧博》作於一九二九年，共兩首，詩之一云：

> 廿年不踏芳村路，入夢猶聞花塿香。江北江南遊踪遍，雲泉山館最難忘。[59]

自注云：

> 在粵日，曾與諸同學為珠江南江之遊，憩蒲澗雲泉山館，心愉招待慇懃，男女同學均感之。[60]

這是懷念珠江南北即蒲澗雲泉山館之遊。心愉，指蘇心愉，是援庵先生廣州光華醫校的同學；慧博，指葉慧博，是《光華醫事衛生雜誌》的同事[61]。

《漢姪書來知詢虞八叔及耀東大兄近況以此寄之》共三首，詩之一云：

> 卅年不到古岡城，記否鄰庵念佛聲。六韻五言吟甫罷，北門樓

---

59 見同上，頁 542。
60 見同上。
61 參閱陳智超對詩的注釋，同上。

上已三更。[62]

自注云：

> 石溪陳氏試館在邑城北門大街，左右鄰均為尼庵。縣試頭場必
> 殿以詩，夜深始交卷。[63]

這是記述自己在石溪陳氏試館參加縣試頭場的情狀。詩之二云：

> 東海桑園百畝租，十年膏火賴無虞。清明共踏蛇山路，定過君
> 家賣酒爐。[64]

自注云：

> 詢虞昆仲耕白雲祖東海園學租，在圩上糴穀釀酒。每清明省太
> 祖墓蛇子形，必於此聚集。[65]

每逢清明掃墓，援庵先生與家人必於虞八叔所設酒肆會集。既屬記
事，又屬懷人、懷地。詩之三云：

> 惠愛街前秋意新，入闈主考虎紋茵。紅男綠女爭相看，蕞爾科
> 名竟醉人。[66]

自注云：

> 耀東尊人設肆藩司前，每秋試主考入闈，即邀余往觀。[67]

---

62 見《陳垣全集》之三十五《詩稿》，頁 545。
63 見同上。
64 見同上。
65 見同上。
66 見同上。
67 見同上。

這是描述惠愛街前群眾爭看秋試主考入闈的情景。第一首和這首詩如
實地保留了清末地方考試的一些資料，可供采風問俗者參考。

援庵先生還有幾首詩，是與鄉土食物有關的。如《寄薛二妹》：

> 十年兄妹阻關河，世亂憂深鬢已皤。記得故鄉風味否，石頭出
> 色是燒鵝。[68]

兄妹十年南北阻隔，情何能已！詢問故鄉燒鵝之味，是深切表達對故
鄉之人和故鄉之物的繫念。又如《無題》：

> 多時不食脯醃魚，深悔離鄉北地居。兩度南旋剛橘綠，土鯪猶
> 未上村墟。[69]

「脯醃魚」，指鹽漬魚乾，說的是南方秋冬上市的鯪魚乾。援庵先生
兩度南返，可惜時序不合，竟未能嘗到故鄉特產的風味。所謂「深
悔」，不外強調自己對故鄉懷念之深而已。又如《初夏食西葫蘆味同
節瓜而形大》：

> 西葫蘆味清如許，恍惚吾鄉釀節瓜。或說本來同一物，居分南
> 北遂相差。[70]

由吃北方的西葫蘆瓜而想到故鄉的節瓜，認為兩者味道相近，其中不
免有懷鄉的思緒。另一首《無題》則記述：

> 鳳安橋畔尋芳侶，白鶴洲邊盪晚舟。共說魚生粥味好，醒來錦
> 蝶倚牀頭。[71]

---

68 見同上，頁 547。
69 見同上，頁 548。
70 見同上，頁 549。
71 見同上，頁 559。

橋畔、洲邊，都是值得回憶的共遊之地；而共進魚生粥的情景，竟然
重入夢中。醒來錦蝶在目，使人浮想聯翩，又怎能沒有感慨？

上面各首涉及嶺南鄉土風物舊事的詩作，文字質直樸實，仍屬援
庵先生詩作的固有風格。而繫念鄉土故舊之情，卻隱約從記事說物的
字裏行間透出。

四　書法藝術與書論

陳援庵先生不是書法家，但寫得一手好行書。啟功在《夫子循循
然善誘人》中說：

> 老師寫信常用花箋紙，一筆似米芾又似董其昌的小行書，永遠
> 那麼勻稱，絕不潦草。看來每下筆時，都提防著人家收藏裝
> 裱。藏書上的眉批和學生作業上的批語字跡是一樣的。黑板上
> 的字，也是那樣。[72]

援庵先生的行書似米芾（1051-1107）又似董其昌（1555-1636），字體
勻稱而不潦草，而且在甚麼情況下寫，也是如此，可以想見陳氏下筆
書寫時的矜慎態度。汪宗衍在《陳援庵先生論學手簡·後記》中說：

> 援老早年習山谷松雪書法，秀勁通神，中歲以後，渾樸古雅，
> 書味盎然紙上，有竹汀東塾遺風，致衍手簡，咸以佳箋良墨書
> 寫，惜屢經變故，遷徙靡常，間有散佚。七十歲以後，目力較
> 遜，書簡清繕多委記室，偶或簽署而已。[73]

汪氏這段文字，具體地告訴我們有關援庵先生書法的幾件事，頗有參

---

72 見《陳垣校長誕生——百周年紀念文集》，頁 72。
73 見汪宗衍編《陳援庵先生論學手簡》，1972 年 9 月崇文書店（香港），頁 121。

考價值：一是援庵先生學習書法，從黃庭堅（山谷，1045-1105）、趙
孟頫（松雪，1254-1322）入手；二是援庵先生早年書法秀勁通神，
中年以後渾樸古雅，有濃厚書卷味；三是援庵先生寫字，往往用品質
優良的紙墨；四是援庵先生七十歲以後，書簡大多由人代筆。不過，
所謂「秀勁通神」，所謂「渾樸古雅」，都是抽象的語句，幸而《陳援
庵先生論學手簡》一書，是手跡的影印本，我們打開這一冊書，可直
接用援庵先生的手跡與上述語句互相印證[74]。經過印證以後，我們對
這些語句的理解，就會較為具體、真切。稍可補充的是，援庵先生的
行書，啟功認為似米芾又似董其昌；他在家書中指導兒子學習行書，
則主張從《聖教序》、《蘭亭序》入手[75]；而汪宗衍說他早年曾習黃、
趙書法，這個說法當有所據，但所指大抵不是行書。看來援庵先生後
來書風的表現，是博采兼收、轉益多師的結果。

　　援庵先生給人寫信、寫字、題跋，在分行、章法、款識方面，是
很經意的，這說明了我們看到他的墨跡時，為什麼覺得書法既值得欣
賞，而分行、章法、款識也有可觀。啟功在《夫子循循然善誘人》中
有很具體的說明：

　　　　老師在名人字畫上寫題跋，看去瀟灑自然，毫不矜持費力，原
　　　　來也一一精打細算，行款位置，都要恰當合適。給人寫扇面，
　　　　好寫自己做的小條筆記，我就求寫過兩次，都寫的小考證。寫
　　　　到最後，不多不少，加上年月款識、印章，真是天衣無縫。後
　　　　來得知是先數好扇骨的行格，再算好文詞的字數，哪行長，哪

74　汪宗衍在《陳援庵先生論學手簡·後記》中說：「客歲六月，援老以九十二高齡長
　　逝矣，因檢篋中所藏手簡論及人文科學者彙為一帙，自一九三三年迄於六三年，共
　　三十餘通，都七十餘紙……同人索觀者多，爰付之影印。」（見同上）。
75　詳見下文。

行短，看去一氣呵成，誰知曾費如此匠心呢？[76]

援庵先生在名人字畫上寫題跋，行款位置都精打細算；給人寫扇面，更預先數好扇骨的行格，算妥文詞的字數，每行長短、年月款識、印章，都有恰當安排。可見他下筆時不但矜慎地去寫每一個字，同時對整幅字的表現效果，也刻意經營，一絲不苟，有類於考證文章的撰作，不脫學人本色。

　　清末以來，談論書法學習的人，往往主張學北碑，援庵先生卻是反對的。啟功在《夫子循循然善誘人》中說：

> 對於書法，則非常反對學北碑。理由是刀刃所刻的效果與毛筆所寫的效果不同，勉強用毛錐去模擬刀刃的效果，必致矯揉造作，毫不自然。我有些首《論書絕句》，其中二首云：「題記龍門字勢雄，就中尤屬《始平公》，學書別有觀碑法，透過刀鋒看筆鋒。」「少談漢魏怕徒勞，簡牘摩挲未幾遭。豈獨甘卑愛唐宋，半生師筆不師刀。」曾謬蒙朋友稱賞，其實這只是陳老師藝術思想的韻語化。[77]

援庵先生反對書法學北碑的理由，是因為碑刻出自刀刃，與毛筆所寫效果並不相同，勉強模仿，只會令字體不自然。啟功詩中所謂「透過刀鋒看筆鋒」，「半生師筆不師刀」，原來是啟功把老師論書法的意見，用詩的形式表達出來，因此這兩句詩，倒不妨視為援庵先生的書法理論。在同一文中，啟功又說：

> 有一位退任的大總統，好臨《淳化閣帖》，筆法學包世臣。有人拿著他的字來問寫得如何，老師答說寫得好。問好在何處，

76 見《陳垣校長誕生——百周年紀念文集》，頁 72-73。
77 見同上，頁 71。

回答是「連棗木紋都寫出來了」。宋代刻《淳化閣帖》是用棗木板子，後世屢經翻刻，越發失真。可見老師不是對北碑有什麼偏惡，對學翻板的《閣帖》，也同樣不贊成的。[78]

上文所提到的退任大總統，指的是徐世昌（1855-1939）。徐氏在一九一八年由安福國會選為總統，一九二二年被直系軍閥曹錕（1862-1938）、吳佩孚（1874-1939）趕下台。此後遷居天津租界，以編書、賦詩、寫字、作畫遣興。他一生酷愛蘇軾（1037-1101）和包世臣（1775-1855）的字，可惜臨摹的根據，主要是木刻翻板帖，晚年才看到真跡和影印本。援庵先生不贊成學北碑和翻板帖，因為筆鋒和刀鋒，到底是兩回事，以刀為師，他是不肯苟同的。他批評徐世昌臨《淳化閣帖》，「連棗木紋都寫出來了」，真是挖苦得厲害。總而言之，援庵先生對用刀刻的碑和帖，都不抱有好感，他認為我們學習書法，須從前人的筆鋒也就是手寫的墨跡去學，所以他倡言「字最要緊看墨跡」，所謂「墨跡」，指的就是真跡或真跡的影印本[79]。

據我們所知，援庵先生並沒有發表過成系統的書法理論專篇。但從他的書信，尤其是給三子陳約的家書，我們倒可找到不少有關書法的具體意見。如援庵先生在家書中這樣提示：

> 行、楷最難寫，篆、隸最易寫。用行、楷是進步的寫法，篆、隸是初民時代的寫法。故寫行、楷，非要有多年工夫不可，篆、隸只有一年半載，即可寫成似樣，速者三兩個月便能似樣，行、楷無此急效也。[80]

---

78 見同上。

79 參閱《陳垣全集》之三十七（1937 年 3 月 7 日致陳約），頁 701。

80 見同上（1932 年 11 月 28 日致陳約），頁 603。

我們沒有見過援庵先生的篆、隸書法，但上述難易之論，應是切實練習的經驗之談，不是憑空擬想。在同一家書中，援庵先生又說：

> 入門不慎，走入歧途，回頭不易。故惡劣之字帖，萬不可學，一學便走入魔道。想出來不容易。故凡事須慎於始。[81]

在另一家書中，援庵先生強調：

> 篆、隸最怕起壞首，入錯門。寧可不曉寫，不可曉寫而俗也，俗則不可醫矣。書法皆然，不獨篆、隸。[82]

他諄諄囑咐書法學習須慎於始，尤其是萬不可學惡劣字帖，以免走入魔道，難以脫身。為了避免書法入俗，援庵先生的建議是：

> 眼多見，自然不俗。[83]

多看，是祛俗的良方，也是提高手、眼的有效訓練。

此外，筆畫的先後，竟可影響書法的好壞。援庵先生曾有信給方豪，說：

> 書道入門，宜注意筆畫先後，習慣一成，不易改變。即如「成」字寫法，必須先撇後畫，不然則無法寫好。此例極淺，然非直諒之友，誰肯說破，純恃自己悟入耳。[84]

這是個人體驗有得之言，讀者或可舉一反三。

談書法，不可不留意執筆。家書中，援庵先生的意見是：

---

81 見同上，頁 603-604。
82 見同上（1937 年 3 月 7 日致陳約），頁 701。
83 見同上（1931 年 1 月 29 日批覆陳約來函），頁 583。
84 見同上（1946 年 2 月 23 日致方豪），頁 97。

> 執筆之法，不要聽人說要執正，有時非用側筆不可。寫篆或
> 顏、柳，似非正不可，此外大約須側筆方能取勢。至於寫隸，
> 則更非將筆尖向身不可，豈能全用正筆？但用側筆，易將手蹀
> 按梗不動，如是，則不能用腕力，且腕不太活動。若能防止此
> 節，則自然可以用側筆也。[85]

執筆寫字，或用正筆，或用側筆，須視乎書體，如寫篆書、顏、柳與
寫隸書就不同，不能膠柱鼓瑟，毫不變通。這是實踐的經驗之談，並
非理論。

至於各體書法的用處和學習方法，援庵先生在家書中有很具體的
指導意見。他說：

> 行楷人所習見，自然覺得難寫，但行書最大用，楷書次之，故
> 願汝習行楷也。[86]

又說：

> 行書最要，最有用，最美。楷次要，草、隸又次之，篆又次
> 之。此指用處。行、草只宜施之筆札，若擘窠大字，非楷、隸
> 不能鎮紙。故學隸亦好。[87]

援庵先生認為，篆隸楷行草各有用處，但在日常生活中最有用是行
書，其次是楷書，所以在家書中鼓勵兒子「願汝習行楷」。下面試分
就篆隸楷行草各體引述他所提供的學習意見。

---

85 見同上（1932 年 11 月 28 日致陳約），頁 603。在後來的家書中，援庵先生又說：
　「應用正鋒或偏鋒，惟其宜，不能執一。」見同上（1937 年 6 月 3 日批覆陳約來
　函），頁 722。
86 見同上（1933 年 12 月某日批覆陳約來函），頁 632。
87 見同上（1937 年 4 月 25 日批覆陳約來函），頁 715。

關於篆書學習，援庵先生指出：

> 學篆以秦至漢為正宗。[88]

又說：

> 先認識《說文》部首五百四十字，照《續卅五舉》筆畫先後，
> 寫得半年，便有模樣，比行楷易進步也。[89]

初寫篆書，可從《說文》部首和《續卅五舉》的篆字入手，並持續寫
半年。援庵先生又提示：

> 篆書寫好後，最好反底一看，則欹斜不正之處，自然顯出，此
> 祕訣也。若只從正面看或看不出，從背面一看，則原形畢現
> 矣。[90]

在學習過程中，如要改進，就得要從紙背面看所寫的字是否欹斜不
正，這是評鑑篆書優劣的祕訣。援庵先生又說：

> 汝現在寫篆，恰巧有江篆墨跡可臨，進步甚速。但必須臨之百
> 回，根基穩固，再圖變化。[91]

「江篆」，指江永（1681-1762）的篆書。江氏工書法，精《三禮》，
長於考據之學，對音韻、樂律、天文、地理都有研究。學習書法，援
庵先生向來重視墨跡臨摹，而且要多臨，有了穩固基礎，才能講變
化。

---

88 見同上（1937 年 3 月 7 日批覆陳約来函），頁 700。
89 見同上（1930 年 8 月某日致陳約），頁 571。
90 見同上（1932 年 11 月 28 日致陳約），頁 603。
91 見同上（1937 年 3 月 7 日致陳約），頁 701。

關於隸書學習，援庵先生的提示是：

> 前日檢出黎二樵隸書一冊……甚佳，可以從此入手……漸追漢隸。如篆之由江慎修入手……可以漸追秦篆也。[92]

黎簡（1747-1799），字二樵，廣東著名書畫家；江慎修，即江永。無論學篆或隸，援庵先生都主張由墨跡入手，然後上追秦篆、漢隸。因此，援庵先生說：

> 隸先於二樵墨跡入，次學《華山》，學殘石，均可。[93]

又說：

> 錢梅溪先生隸書，清朝第一。……學之當於隸大有進步也。[94]

錢泳（1759-1844），字梅溪，工篆、隸，亦能寫山水小景。為甚麼由黎簡的隸書入手後，又要學錢泳的隸書？援庵先生的意見是：

> 專習黎墨跡一種，數月後乃他習則易成。……所謂他習者，指他種隸也。[95]

錢隸，就是黎隸的「他習」。其他如臨習《華山廟碑》、殘石等等，也有這樣的作用。

關於楷書學習，援庵先生很強調要脫俗。他說：

> 《九成宮》光緒間多人學，故覺其俗。[96]

---

92 見同上（1937年4月4日致陳約），頁709。
93 見同上（1937年4月25日批覆陳約來函），頁716。
94 見同上（1937年6月10日批覆陳約來函），頁724。
95 見同上（1937年5月14日批覆陳約來函），頁718。
96 見同上（1930年9月12日批覆陳約來函），頁573。

《九成宮》指《九成宮醴泉銘碑》，此碑由魏徵（580-643）撰文，歐陽詢（557-641）書寫。這是歐陽詢楷書代表佳作之一，並不俗，只因多人學，才給人「俗」的印象。援庵先生對楷書的要求是：

> 寧可生硬，不可俗。汝現在的楷書可以算得生硬，已脫了俗之門，故可有進步也。[97]

「生硬」本來是缺點，但有進步空間，陷身「俗」中，則過分圓熟，難有進步。能有這樣的理解，再來追求楷書的書道正宗，才會有成。援庵先生對兒子來信的書法這樣評論：

> 此信之字似《黃庭經》，又似《樂毅論》，是為書道正宗，再寫必成家矣。[98]

在王羲之（321-379 或 303-361）的楷書中，《黃庭經》和《樂毅論》受人推許為精妙生動，足為楷書範則，是書道的正宗。雖然如此，援庵先生在提點他的兒子臨摹《樂毅論》時，主張「宜學其神味」[99]，因為得其神味，就不易入「俗」。

關於行書學習，援庵先生特別推薦集王羲之字的《聖教序》。他說：

> 《聖教序》有懷仁集王羲之本，有褚本。王本最佳，行書從此入，不患誤入歧途也。[100]

又說：

---

97 見同上（1931 年 1 月 29 日批覆陳約來函），頁 583。
98 見同上（1932 年 1 月 26 日批覆陳約來函），頁 591。
99 參閱同上（1930 年 9 月 12 日批覆陳約來函），頁 573。
100 見同上（1930 年 8 月某日致陳約），頁 571。

最（好）寫《聖教序》數百遍，此是捷法。……臨《聖教序》，單寫不得，必要多看，看後再寫。[101]

又說：

能臨《聖教序》一百幾十遍，必大有可觀也。[102]

學寫行書，援庵先生建議由《聖教序》入手，不但要多臨，而且要多看，即除對帖臨摹外，還要下讀帖的功夫。此外，援庵先生還說：

凡字有特別形狀令人易認易學者，即非正宗。……《蘭亭序》、《聖教序》之屬，學三二月未有分毫像，此正宗也。[103]

《蘭亭序》號稱「天下第一行書」，與《聖教序》可說是行書中的雙璧，不過後者由散字集成，不免行氣有損，更談不上章法。因此歷來談論行書學習的人，大多兩《序》並重，但《聖教序》以獨體佳妙見稱，所以援庵先生建議初學行書者可先從《聖教序》入手，後來又《蘭亭序》、《聖教序》並提，認為這兩帖字體並無特別形狀，不容易學，因而是行書正宗。

關於草書學習，援庵先生的意見是：

汝喜散學草書，亦好。由《書譜》入，亦是正宗。……但臨《書譜》，必須整頁，單片不合格式。……前人學草書，《書譜》要寫百十遍，自然成家。[104]

援庵先生主張學草書須由唐人孫過庭（生卒年不詳）《書譜》入手，

---

101 見同上（1930 年 11 月 24 日批覆陳約來函），頁 582。按：「最」字後脫「好」字。
102 見同上（1931 年 11 月 18 日致陳約），頁 587。
103 見同上（1933 年 1 月 25 日致陳約），頁 606。
104 見同上（1937 年 3 月 7 日致陳約），頁 702。

要整頁臨，要多臨，才會有成績。他又說：

> 前寄來草書神氣不接。今試打一中線，俾自觀之。[105]

「神氣不接」，所指是上下相聯的行氣。草書、行書固然很重視行氣，甚至楷書、隸書、篆書也不可忽略行氣。其實，除了行氣，各體書法也要講究整篇章法。

關於行氣和章法，援庵先生也有具體的意見：

> 《聖教序》獨體佳，行氣不屬，大為董香光所譏。[106]

又說：

> 須知《聖教序》為前人不滿意，亦因神氣不屬，因本係散字集成也。若出於一手寫成，不能如此。[107]

「前人」，說的就是董香光（其昌）。「神氣不屬」，意云「神氣不相聯」，所以援庵先生進一步指出：

> 筆畫相聯，非謂形跡相聯，乃神氣相聯……神氣相聯，則斜橫□入均可，神氣不屬，則個個正當，亦出如排筭，有形無氣也。[108]

不過，援庵先生筆下的「神氣相聯」，既指行氣，也指章法。章法究竟是甚麼？援庵先生說：

> 所謂章法，所謂分行布白，皆指神氣相聯也。[109]

---

105 見同上（1937 年 4 月 25 日批覆陳約來函），頁 715。
106 見同上（1936 年 10 月 31 日批覆陳約來函），頁 677。
107 見同上（1937 年 4 月 25 日批覆陳約來函），頁 715。
108 見同上。
109 見同上。

也就是說，「神氣相聯」固然是行氣的要求，也是全篇分行布白的章法要求。援庵先生為章法的解說提供實例：

> 整篇謂之章法。……今付回白沙先生詩軸影片，廿八字作廿八畫看，全幅合成一字。故春日二字明明縮入，而不覺其縮，頭字明明突出，而不覺其突。此其所以神也。此之謂章法。[110]

白沙先生指陳獻章（1428-1500）。在援庵先生的心目中，書法藝術，並不只限形體、筆畫，也要講究行氣、章法。由於指導的對象是自己的兒子，所以他的態度非常率直，措詞具體而清晰，建議容易遵循。如有需要，不惜反覆叮囑。這顯然有利於讀者的掌握。

五　餘論

　　陳援庵先生是成就卓絕的史學家，他的文章精煉、簡潔，但主要為史學研究服務。在他一生中，專題性的論文寫得多，一般性的文章寫得少。他的詩，述懷、敘事、論史，不以詞藻為尚，表現出質樸、平實的風格，是學人的詩，不是才人的詩。可惜現時看到他的詩不足八十首，其中以七絕為多，因此不能全面知道他在詩方面的真正造詣。不過，我們知道他對聲律很有認識，而且可以指導像啟功那樣的學生。他的書法作品以行書為多，自題書名則往往用近於正楷的行書。他的行書勻稱而不潦草，雅秀渾樸，富有書卷味，非常耐看。此外，他對文章和書法，都有一些深刻而具體的見地，足供同輩和後輩參考。對於詩，暫時看不到他有甚麼具體論詩之說，但他以文入詩，因此他對文章的要求，也可以視為他對詩的要求。從文學、藝術的角

110　見同上（1937 年 5 月 14 日批覆陳約來函），頁 718。

度看，援庵先生或許算不上是一位成就很高的文學家和書法家，不過
這並不減損他的史學成就，而他那精煉、簡潔的文筆，已與他的史學
研究成果合而為一，形成了強烈的個人風格。

應稍作交代的是，本文有關援庵先生文章的討論，只限他的文言
文，不包括他的白話文，所以舉例也只是文言文，雖然他所提及寫作
的意見，大部分也適用於白話文。他對白話文的寫作，也的確提過一
些意見，可惜數量不多。例如在家書中，他說：

> 白話最要緊是簡淨、謹嚴，閒字閒句少。[111]

上面對白話文的寫作要求，可說與文言文並沒有甚麼不同。他又說：

> 白話文亦不易做，必要有意思乃能說出，文言文則可以無意
> 思，用詞句掩飾，敷衍成篇。如果持此等文言文翻成白話，必
> 定像個瘋子說的話了。[112]

「意思」，指文章的內容。這是說，寫內容空洞的文章，用文言易藏
拙，用白話則不易藏拙。因此，真正好的白話文，其實並不易寫。援
庵先生這個意見，應該會得到許多人的認同罷？

有人曾問：援庵先生能寫白話文嗎？就《陳垣全集》的收錄，我
們不可說他不能寫白話文。他晚年的發言稿、演講詞，都是白話文，
文字通順暢達，雖有時流腔調，未能免俗，但水平不低，其中有一部
分可能是自己執筆，也有一部分可能由人代為撰稿或記錄，再經援庵
先生自己潤飾、增刪。由於有難以確定的因素，因此不宜作為述論的
根據。至於《給胡適之先生一封公開信》（1949 年 4 月 29 日）[113]，

---

111 見同上（1936 年 4 月 11 日批覆陳約來函），頁 642。

112 見同上（1948 年 11 月 9 日致陳約），頁 747。

113 見同上（1949 年 4 月 29 日致胡適），頁 61-66。《公開信》發表於 1949 年 5 月 11

文字是很漂亮的白話文，內容雖經援庵先生認可，但其實是援庵先生、柴德賡、劉乃和、劉乃崇多次共同商討的結果，再由劉乃和執筆寫出，然後又由援庵先生和柴德賡作個別語句的修改、添補，最後交由范文瀾修訂後才發表[114]。因此這封公開信雖不能如胡適（1891-1962）在《跋所謂〈陳垣給胡適的一封公開信〉》一文所推測，認定是「別人假冒他的姓名寫的」[115]，但仍不可用來證明援庵先生白話文的水平和風格；至於內容的取捨、語調的輕重、表達的方式，在當時的政治形勢和環境、氣氛下，恐怕也不能百分之一百遵從援庵先生的原意。在現實生活或工作環境中，稿出眾意，執筆由人，再加上政治因素的考慮，結果往往如此，不足為奇。就我們所見，援庵先生晚年的書信、序跋、論著評審報告和學術短文，不少是白話文。這些白話文，一般文白兼用，甚至偶有偏於多用文言的情況，不過在表達上，仍然暢順、清晰，只是說不上是很漂亮的白話文。而且，援庵先生一生中用文言寫的文章，數量實遠多於用白話寫的文章，因此，本文涉及援庵先生寫作表現的討論，就沒有包括他的白話文了。

——原載《新亞學報》第 30 卷，新亞研究所（2012 年 5 月）

日的《人民日報》及 5 月 17 日的《進步日報》。
114 參閱陳志超《陳垣與胡適》，《陳垣——生平、學術、教育與交往》，頁 440-449。
115 參閱同上，頁 445-447。又，胡文發表於《自由中國》第二卷第三期（1950 年 1 月 9 日）。

附錄　陳援庵先生手跡三種

孝經曰士有諍友則身不離於令名
父有諍子則身不陷於不義故友之
道在得切磋之益毋徒事侯遊宴
崇虛之詡楠仁　諸題
民國廿一年輔仁畢業同學錄
新會陳垣

孝博先生…

…著書謝稿再拜頓首…

龔忠

著述人…均安…偶閱全文莊書…

暨彥署目光緒廿年九月下丁年譯不出版…

譯安

陳垣諱…青芬

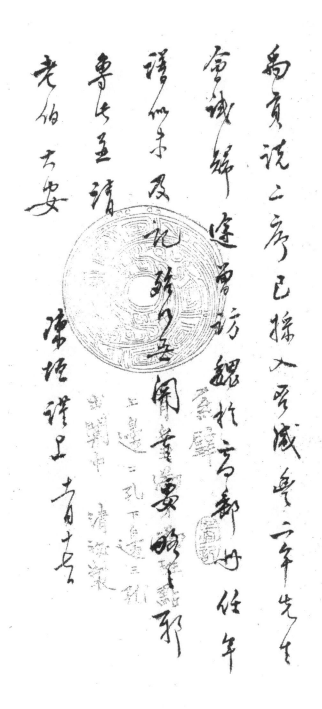

丙輯
新亞與南來學人

中國書院教育精神與新亞

一　新亞的創辦與發展

　　新亞教育事由亞洲文商學院開始（最初名為「亞洲文商專科學校」），創辦於一九四九年十月。學院因在晚上上課，所以又稱為「夜學院」，存在只有半年時間，稍後在一九五〇年三月改組為新亞書院，並於一九五三年七月七日，在本港教育當局完成登記手續，而且經由港督依照公司條例第三十二章第二十一條規定，授權公司註冊官在登記執照內取消「有限公司」字樣[1]。至於新亞研究所則在一九五五年九月正式設立，由錢穆先生（1895-1990）任所長、張葆恆先生（1904-1970）任教務長。導師除錢、張兩先生外，還有唐君毅先生（1909-1978）和牟潤孫先生（1908-1988）[2]。

　　新亞書院及研究所的校舍，曾經多次轉移，地點包括偉晴街、炮台街、英皇道海角公寓、桂林街、太子道、嘉林邊道；一九五六年，土瓜灣農圃道第一期校舍落成，新亞書院及研究所遷入上課。如果我們大略畫分新亞的發展階段，一般的說法有所謂前桂林街時期、桂林街時期和農圃道時期。新亞書院成為香港中文大學的院校成員之一後，在一九七三年遷往新界沙田的大學校舍，而新亞研究所則在董事

1　參閱《亞洲文商學院開學典禮講詞摘要》、《招生簡章節錄》、《新亞書院沿革旨趣與概況》、《校聞一束》，錢胡美琦編《新亞遺鐸》，2004 年 8 月生活·讀書·新知三聯書店（北京），頁 11、12、14、34。

2　參閱《校聞一束》，同上，頁 72。

會的決策下，仍然留在農圃道，以獨立運作的形式，繼續為本港社會提供文、史、哲研究生課程[3]。

二　新亞與中國書院教育精神

上面簡要介紹了新亞教育事業的創辦和發展。作為有理想的教育團體，新亞當然有明確的教育宗旨和精神。錢穆先生在《亞洲文商學院開學典禮講詞》（1949）中說：

> 中國的傳統教育制度，最好的莫過於書院制度。私人講學，培養通才，這是我們傳統教育中最值得保存的先例。[4]

在一九五○年三月的《招生簡章》中，又有這樣的說明：

> 本書院創於一九四九年秋，旨在上溯宋明書院講學精神，旁採西歐大學導師制度，以人文主義之教育宗旨，溝通世界中西文化，為人類和平社會幸福謀前途。本此旨趣，一切教育方針，務使學者切實了知為學做人同屬一事，在私的方面應知一切學問智識，全以如何對國家社會人類前途有切實之貢獻為目標。[5]

根據以上資料，可知新亞的教育宗旨，主要是上溯宋明書院的講學精神，讓學者清楚了解為學與做人是同屬一事，目標是要對國家社會及人類前途有切實的貢獻。因此，《新亞學規一》這樣強調：

3　參閱唐端正《農圃足跡》，屈啟秋主編《農圃道的足跡》，2007 年 2 月商務印書館（香港），頁 106。

4　見《亞洲文商學院開學典禮講詞摘要》，錢胡美琦編《新亞遺鐸》，頁 11。

5　見錢胡美琦編《新亞遺鐸》，頁 12。

> 求學與做人，貴能齊頭並進，更貴能融通合一。[6]

這表示，求取知識和品德修養，對一個人來說，是一件事而不是兩件事，所以用了「齊頭並進」和「融通合一」的措詞。換個不同的表述方式，也就是《新亞學規一五》所說：

> 每一個理想的人物，其自身即代表一門完整的學問。每一門理想的學問，其內容即形成一個理想的人格。[7]

理想學問即理想人格，正正就是「為學做人同屬一事」的道理。這固然是中國書院的教育精神，又是新亞教育事業的宗旨。關於這方面，《新亞學規一四》有具體的說明：

> 中國宋代的書院教育是人物中心的，現代的大學教育是課程中心的。我們的書院精神是以各門課程來完成人物中心的，是以人物中心來傳授各門課程的。[8]

這裏只提「宋代」，其實指的該是「宋明」。新亞的辦學宗旨，正如上文提到，是「上溯宋明書院講學精神」，以人（人物）為中心，但作為現代大學的分子，又不可不理會課程，只不過仍然以人為中心，來傳授各門課程，或以各門課程來完成以人為中心的教育。也就是說，為學是過程，做人才是目的。有這樣的理解，我們就會明白中國書院教育精神與新亞辦學宗旨的密切聯繫。

---

6 見同上，頁 1。

7 見同上，頁 2。

8 見同上。

三　中國書院的初期形態與發展

談中國書院的教育精神，包括宋明書院的講學精神，不妨先約略了解書院的初期形態與發展。

（一）中國書院的初期形態

中國書院可分為官府書院和民間書院兩種，在唐代出現。根據文獻記載，民間書院在唐初已存在，早於官府書院的建置，例如陝西藍田的瀛洲書院創建於西元六二三年以前，山東臨朐的李公書院創建於西元六四九年以前，河北滿城的張說書院創建於西元六八九年以前，湖南攸縣的光石山書院創建於西元七一三年以前，可算是我國歷史上很早存在的書院。至於最早的官府書院，是麗正殿書院和集賢院書院，在唐玄宗開元年間（713-741）建置，出現時間無疑後於民間書院[9]。

不過，我們必須留意的是：中國書院的初期形態，並不盡是士子讀書、學者講學的教育機構。作為官府設置的麗正殿書院和集賢院書院，主要工作有幾方面，包括：徵求佚書，刊輯經籍；收藏典籍，整理輯錄；講論儒道，申表學術；燕飲詩酒，撰集文章；招賢論典，顧問應對。在上述五項中，只有「講論儒道，申表學術」屬講學、研討的教育活動[10]。而民間書院，也不盡是士子讀書、學者講學的場所。鄧洪波在《中國書院史》中，根據地方志和唐詩的記述，歸納各書院的情況，不外：讀書、治學、備考；藏書、講學；紀念、祭祀；論文、品詩、遊宴；交流學術、討論政治[11]。鄧氏以這些歸納資料為基

9　參閱鄧洪波《中國書院史》，2006 年 1 月東方出版中心（上海），頁 2-26。

10　參閱同上，頁 34-41。

11　參閱同上，頁 17，24-26。

礎，進一步說明當時民間書院的形態[12]：

1 書院既是私人讀書之地，又是向外開放，接待儒生、士子、騷人墨客、僧侶道士，成為公眾文化活動的場所。

2 書院活動繁多，後世書院的各種活動，幾乎都可以在這個時期的書院找到源頭。

3 書院是儒者之區，但不避佛道，因此書院所產生的思想文化，是儒釋道三者互相溝通、影響的結果。

4 書院大多建在形勝之地，顯示書院的建設者重視自然環境對人的陶冶，並認為這有利於追求「天人合一」的境界。

除了中樞機構所設立的官府書院，據說唐代地方上的民間書院，可考者有四十九所。這個數字，學者之間或許仍有爭議，但大體上應近於事實[13]。

五代十國時期（907-960）的書院，仍然繼承唐制，循官府和民間兩途發展。多數政權的中樞機構，有集賢院的設立，但由於戰爭頻繁，政權時常更替，任職者大抵未能開展實質的工作。不過據文獻資料統計，當時民間書院共有十三所，其中新建十二所，興復唐代書院一所。這些書院的地域分布，北至幽燕之區，南達珠江流域，集中在現今江西、福建、廣東、河南、北京等地區，基本上仍在唐代書院分布的範圍內。在上述十三所民間書院中，其中八所明確地有教學授徒活動，佔比例較大，顯示學校性質的書院，在當時已逐漸成為主流[14]。

唐五代共計三百四十二年（618-960），約三個半世紀。除去重複不計外，這個時期的書院有七十所，在中國書院漫長的發展史中，只屬起始階段。不過，當時的書院，到底已逐漸發展為具有教育機構的初

---

12 參閱同上，頁 18。

13 參閱同上，頁 26。

14 參閱同上，頁 42-43。

期形態。自此以後，在中國社會上，就多了一種新而重要的文化教育
組織[15]。

（二）宋代書院的發展

兩宋時代，門閥制度解體，社會經濟發展，印刷技術發達，促使
藏書、印書、講學在社會上蔚然成風。這個時期，書院受到重視，各
地總數達到七百二十所，是唐代書院總和的十倍以上。不過，南北宋
書院的發展，其實各有特點，並不完全相同。一般來說，北宋書院以
「天下四大書院」為代表[16]，着重教學，重視的是教育功能，有如學
校；南宋書院則以著名學者為中心，他們自創學派，各立書院；既重
視學理探索，又以講學推廣學理，使書院的教育功能，與學術研究結
為一體，當時也有所謂「南宋四大書院」。而朱熹（1130-1200）的
《白鹿洞書院揭示》更通行天下，對當時和後世有典範作用。從此書
院與教育、學術相融合，影響了中國世世代代的讀書人[17]。

關於北宋書院的發展，大略可分兩階段[18]。

第一階段自建隆元年至慶曆三年（960-1043）。這時學者紛紛聚
徒講學於書院。呂祖謙（1137-1181）在《白鹿洞書院記》這樣描述：

> 國初斯民新脫五季鋒鏑之阨，學者尚寡，海內向平，文風日
> 起，儒先往往依山林，即閑曠以講授，大師多至數十百人。[19]

---

15 參閱同上，頁 50-51。
16 所謂「天下四大書院」，學者有不同的說法和根據。撇除重複，實際有七所較有名
   的書院：岳麓、石鼓、白鹿洞、茅山、徂徠、睢陽（應天府）、嵩陽。除了四大書
   院，又有三大書院之說。三大書院，指的是岳麓、石鼓、白鹿洞。參閱鄧洪波《中
   國書院史》，頁 81-88。
17 參閱同上，頁 60。
18 參閱李才棟《書院的起源與宋代書院的發展》，《中國書院研究》，2005 年 4 月江西
   高校出版社（南昌），頁 94-95。
19 見《呂東萊文集》卷六，1937 年商務印書館（上海），頁 138。本書據金華叢書本

這是北宋初期發展的概略。第二階段自慶曆四年至靖康元年（1044-1126）。這時由於范仲淹（989-1052）、王安石（1021-1086）、蔡京（1047-1126）的幾次興學，促使東、西、南、北四京的國子監和各府、州、軍、監，以至縣城的地方官學，都有擴展和建置，形成書院與官學並存的局面。其中有個別書院由於種種原因時有興廢，但在北宋之世，多所書院的存在，的確發揮了教育機構的功能。

關於南宋書院的發展，大略可分三階段[20]。

第一階段自建炎元年至紹興末年（1127-1162）。這時在書院講學的領袖人物是楊時（1053-1135）。他提倡二程理學，反對王安石的「新學」，東南學者推為「程氏正宗」。但在南宋初期，為了鞏固政權，既禁王學，也禁程學。這使程學的追隨者在朝廷上受到排擠，為了有所表現，只好利用書院的講壇。不過，這時新建的書院並不多。

第二階段自隆興元年至開禧三年（1163-1207）。這時學禁稍弛，不少學者起而自創學派，各立書院，聚徒講學。當時在書院講學的著名學者有：呂祖謙、張栻（1133-1180）、朱熹、陸九淵（1139-1193）等等。其中以朱熹的影響最大。而號稱「南宋四大書院」的潭州岳麓書院、金華麗澤書院、廬山白鹿洞書院、貴溪象山精舍，在書院教育活動中表現最為出眾。這階段新建書院不少，以江西一地而言，就新建了五十多所書院，據此可推想當時講學的盛況。

第三階段由嘉定元年（1208）開始，這時南宋君臣逐漸認識程朱理學對中央集權統治的作用和價值，理學的地位由屢遭貶抑而變為倍受推崇。不少理學家紛紛進入朝廷，受到禮遇，而理學家所屬書院，也得到朝廷的大力支持。書院的發展，在這時可說達到宋代三百年的最高峰。宋淳祐元年（1241），理宗親自書寫朱熹的《白鹿洞書院揭

排印。
20 參閱李才棟《書院的起源與宋代書院的發展》，《中國書院研究》，頁 96-98。

示》賜給太學生,並懸掛在全國書院和官學中作為「教規」或「教條」,成為御頒的教育指導方針。此外,理宗也常為書院題字、賜匾,並對書院山長授以官職,甚至委命祠官兼任書院山長。這類設官的書院,不免變成另一種形式的官學或半官學了。無論怎樣,上述各種官方舉措,無疑對書院的教育活動,有很大的促進作用。

(三)元明時代的書院

元代享國九十八年(1271-1368),時間並不算長,但書院的總數,竟然有四〇六所,創造了「書院之設,莫盛於元」的歷史紀錄,是個值得留意的現象。為甚麼會有這種現象?原因有三[21]:

原因之一,是宋遺民以緬懷故國之心興學,宣揚「春秋之義」、「華夷之辨」,直接造成元初書院的興盛。

原因之二,為了鞏固政權,也為了化解宋遺民的抗拒,元政府對研究、傳揚理學的書院採取扶持、保護政策,並且將盛行於江南的書院和理學,推廣到北方地區,甚至將部分書院,等視為各級地方官學,授遺民以山長或學官之職。於是食元祿而作宋遺民,竟成為元初一種普遍的社會現象。

原因之三,無論是食元祿或不食元祿的遺民,大多以傳承漢族文化、發揚儒學思想為己任,目的是重建綱常、重塑注重義利之辨的價值觀。書院是個易於達到上述目標的理想場所,因而促使各地書院的增設。

到了明代,書院發展極為昌盛。明代享祚二百七十七年(1368-1644),書院有一九六二所,其中一七〇七所由明代各朝官紳所新創建,二五四所則為興復舊有而重建。這時期的書院數目,遠多於唐宋

---

21 參閱鄧洪波《中國書院史》,頁 189、198-210。

至元所有書院數目的總和。

明代前期書院的發展，大體可分兩階段[22]。

第一階段自洪武至天順（1368-1464），創建或興復的書院共計一四三所，但不少處於荒廢狀態，講學活動也頗為冷落。而形成鮮明對照的，則是官學的興盛。這是明初政策有意壓抑民間書院而大力倡導和發展各級官學教育的結果。

第二階段自成化至弘治（1465-1505），創建或興復的書院共計一七三所，其中成化二十三年間建復書院七十八所，弘治十八年間建復書院九十五所。而著名的岳麓書院、白鹿洞書院等等，也逐漸恢復舊觀，生徒雲集。至於著名的學者，如吳與弼（1391-1469）、胡居仁（1434-1484）、陳獻章（1428-1500）等等，也開始在書院講學。

明代中葉以後，以程朱理學為代表的官學教育，成為科舉仕途的手段，《性理大全》、《四書五經大全》成為八股文的材料，王守仁（1472-1529）、湛若水（1466-1560）等理學名家，以書院作為研究、講論、宣揚自己學說的基地。他們廣聚生徒，從批評官學教育入手，承擔了重建理論、重振綱常、重繫人心的工作。王氏和湛氏，都很重視書院的建設和講學，他們在書院講學過程中，不斷改進、發展自己的學術主張和思想體系。可以說，明代書院的輝煌表現，是王、湛及其後學在正德、嘉靖、隆慶、萬曆年間（1506-1619）以聯講會、立書院的形式所營造出來的。據說當時流風所被，竟達致傾動朝野的效果。

---

22 參閱同上，頁 260、272-286。

四　宋明書院的特色及其倡導的教育精神

（一）宋明書院的特色

書院的設立，始於唐五代而盛於宋明，我們如果以宋明書院為代表，大致可看到有下列特色[23]：

1. 書院是學者講學、研究、著述結合的場所。許多書院是學派的發源地和教育活動的基地，有時也是學術交流的中心。
2. 書院大多為民間所創設，一般較能突顯自主辦學的精神。每所書院可能因創設條件、地方環境、實際需要和主持學者的不同，而有不同的辦學方針、管理辦法、課程設置、講學風格。
3. 書院的興建，或由地方公眾集資，或由家族籌建，或由個人出資，因此一般有社會認同的基礎，較能得到社會人士的參與和支持。
4. 書院往往聘請德高望崇、學有專長的名師主講。名師駐院，可吸引各地遊學之士聞風而聚，這會是一所書院辦學是否成功的關鍵。
5. 書院的教育活動有多種形式，包括學生的「自行理會」、教師的「升堂講說」、師生的「質疑問難」、學友的「互相切磋」，以至院舍、書齋以外的祭祀、展禮、會講、遊覽、考察、訪問等等。

（二）宋明書院倡導的教育精神

書院的發展，由北宋至南宋，規制日趨完善，而「學規」的制訂，更是書院主持者所不敢輕忽的工作，因為它能顯示每所書院所倡

23　參閱李才棟《我國古代書院的歷史地位與特點》，《中國書院研究》，頁 181-184。

導的教育精神，更是一所書院的重要標誌。各書院的「學規」內容，往往因人因時因地而各不相同，但朱熹的《白鹿洞書院揭示》，不但在當時為許多書院所採用，在後來更成為各類學校、書院甚至官學的「學規」或「教規」。因此談宋明書院的教育精神，不能不提《白鹿洞書院揭示》。

朱熹在《揭示》的提示主要有五條[24]：

> 五教之目：父子有親，君臣有義，夫婦有別，長幼有序，朋友有信。
> 為學之序：博學之，審問之，慎思之，明辨之，篤行之。
> 修身之要：言忠信，行篤敬；懲忿窒欲，遷善改過。
> 處事之要：正其義，不謀其利；明其道，不計其功。
> 接物之要：己所不欲，勿施於人；行有不得，反求諸己。

《揭示》的五條提示，都是「言而有據」。「父子有親」句出自《孟子・滕文公上》；「博學」句出自《中庸》；「言忠信」句出自《論語・衛靈公》；「懲忿」句出自《周易》「損卦」；「正其義」句出自《漢書・董仲舒傳》；「己所」句出自《論語・顏淵》；「行有」句出自《孟子・離婁上》[25]。可見所有提示，說得上是以儒學典籍為據，「代聖賢設教」。

除了上述五條提示，朱熹在《揭示》中還有這樣的說明：

> 學、問、思、辨四者，所以窮理也。若夫篤行之事，則自修身以至於處事、接物，亦各有要。[26]

---

24 參閱鄧洪波編《中國書院學規》，2000 年 10 月湖南大學出版社（長沙），頁 114-115。

25 參閱李才棟《朱熹與中國書院》，《中國書院研究》，頁 251。

26 見鄧洪波編《中國書院學規》，頁 114。

又說：

> 熹竊觀古昔聖賢所以教人為學之意，莫非使之講明義理，以修
> 其身，然後推以及人……然聖賢所以教人之法具存於經，有志
> 之士，固當熟讀深思而問辨之。苟知理之當然，而責其身以必
> 然，則夫規矩禁防之具，豈待他人設之，而後有所持循哉！[27]

《揭示》把「學」定義為五教五倫，明確地規定「明人倫」是書院的
教育目標，可見修德是書院的主要教育任務。至於「為學之序」，是
博學、審問、慎思、明辨、篤行。《揭示》把學、問、思、辨歸入
「窮理」，修身、處事、接物歸入「篤行」，而「窮理」和「篤行」，
則是構成「為學」的兩大部分，缺一不可。不過在兩大部分中，《揭
示》又特別詳述「篤行」，表示須特別重視的，是蘊含經世之志的道
德踐履。這些意見，固然是朱熹在白鹿洞書院所揭示的教育理念，也
可說是當時及以後許多書院的教育理念[28]。

明代王守仁在長達二十多年的書院講學活動中，逐漸形成自己對
書院的看法，並在不同篇章中，揭示自己的書院教育精神。他在《萬
松書院記》中指出：

> 夫三代之學，皆所以明人倫……自科舉之業盛，士皆馳鶩於記
> 誦辭章，而功利得喪，分惑其心。於是師之所教，弟子之所學
> 者，遂不復知明倫之意矣。……古聖賢之學，明倫而已。……
> 人倫明於上，小民親於下，家齊國治而天下太平矣。是故明倫
> 之外無學矣。[29]

---

27 見同上，頁 115。

28 參閱李才棟《朱熹與中國書院》，《中國書院研究》，頁 251；鄧洪波《中國書院
史》，頁 163。

29 見《王陽明全書》卷四，1953 年 10 月正中書局（臺北），頁 210。

為了要達致教育的目的，於是「增修書院」，「揭白鹿之規，掄彥選俊，肄習其間，以倡列郡之士」[30]。可見王守仁興建書院和在書院講學的本意，是為了效法古聖賢「明人倫」，並標舉朱熹的《白鹿洞揭示》作為書院的「學規」，顯示他所倡導的書院教育精神，是傳承有自的。不過，時代不同，社會不同，對象不同，個性不同，王氏對朱氏之說，當然會有發展和補充。

王氏在《紫陽書院集序》中說：

> 夫為學之方，白鹿之規盡矣……然予聞之：德有本而學有要，不於其本而泛焉從事，高之而虛無，卑之而支離，終亦流蕩失宗，勞而無得矣。是以君子之學，惟求其心。……故博學者，學此者也；審問者，問此者也；慎思者，思此者也；明辨者，辨此者也；篤行者，行此者也。心外無事，心外無理，故心外無學。[31]

王氏強調「君子之學，惟求其心」，為學在心而不在心外，這豈不就是「為學做人同屬一事」的道理！

在《紫陽書院集序》中，王氏又說：

> 朱子白鹿之規，首之以五教之目，次之以為學之方，又次之以處事、接物之要，若各為一事而不相蒙者。斯殆朱子平日之意，所謂「隨事精察而力行之，庶幾一旦貫通之妙也」歟？然而世之學者，往往失之支離瑣屑，色莊外馳，而流入於口耳聲利之習。豈朱子之教使然哉！[32]

---

30 參閱同上，頁 209。

31 見《王陽明全書》卷三，頁 185。

32 見同上，頁 186。

有人認為，王氏之說，是在朱熹老家作「顛覆」活動，「發明朱子未
盡之意是假，推廣自己致良知的心學是真」[33]。我對這個說法，並不
完全同意。我認為王守仁仍在推擴朱熹之說，只是有所補充，並不意
在「顛覆」。「顛覆」，不免言重了。王守仁指出《白鹿洞書院揭示》
五條提示，「若各為一事而不相蒙者」，關鍵在這個「若」字。王氏並
不認為五條提示真的「各為一事而不相蒙」，「不相蒙」是後來「世之
學者」的流弊，所以他才會說「豈朱子之教使然哉」。提示逐條依次
分列，只是常用的表達形式，難道所有學規或教規，就因為提示分列
而各「不相蒙」？而且深諳儒學的朱熹，又怎會不懂「吾道一以貫
之」的道理！真正認為朱說「各為一事而不相蒙」，恐怕只是王門後
學的認識和解說而已。

五　宋明書院教育精神的傳承與轉化

我國古代具有學校性質的書院，始於唐代後期，至兩宋而有大規
模的發展，最後臻於完善、成熟。明初以官學結合科舉制度推行程朱
理學，使書院有過嘉靖、萬曆、天啟三次罷革的命運，因而出現過長
期較為沈寂的情況。但經過王守仁、湛若水等等理學家的努力，使書
院的建立和講學，再度出現蓬勃發展的強勢。宋明各地書院，各有本
身的學規和課程，也各有不同的管理方式，更各有主持講學的代表人
物。但我們如果同意《白鹿洞書院揭示》內容的重要性和對當時及後
世的重大影響，我們就會同意朱熹和王守仁所倡導的書院教育要
義——「明人倫」，應可代表書院的教育精神。

何謂「明人倫」？上文已引述了《白鹿洞書院揭示》、《萬松書院

33　參閱鄧洪波《中國書院史》，頁 296-297。

記》、《紫陽書院集序》的意見，朱熹在《孟子集注・滕文公章句上》中，有更簡明的表述：

> 父子有親，君臣有義，夫婦有別，長幼有序，朋友有信，此人之大倫也。庠序學校，皆以明此而已。[34]

所謂「庠序學校」，當然包括書院在內。為學在「明人倫」，「明人倫」是做人功夫，這也就是新亞書院《招生簡章》（1950）中所說的「務使學者了知為學與做人同屬一事」，也就是《新亞學規》所說「求學與做人，貴能齊頭並進，更貴能融通合一」。可見新亞的教育精神與宋明書院的教育精神，是互相契合的，只不過身處現代社會的新亞人，對宋明書院的教育精神，要有正確的理解，要有合理的發揮，要配合社會的發展，要與時並進，要懂得轉化。例如「五教之目」中的「君臣有義」，在非君主制的現代社會中當然無所謂君臣關係，但人與人的相處，仍然有管理者與被管理者的關係，如何使兩者有適當的人際關係，也是為學的一端。在現代社會中，固然需要講求人際關係的「義」，同樣也需要講求「親」、「別」、「序」、「信」，只是怎樣講求，就不能不考慮時代、現實的因素而作因應的轉化。又例如新亞書院《招生簡章》提出在「上溯宋明書院講學精神」的同時，要「旁採西歐大學導師制度」，要「以人文主義」「溝通世界中西文化」，就是要在傳統的宋明書院教育精神中，注入新思維、新元素，最後的要求仍然是「求學與做人」「能融通合一」。怎樣才可達到這個目的？其中就有吸納、轉化的要求。只知吸納，不懂轉化，就會把前人切合實際的鮮活提示，變為僵化的教條。如果現代人高舉僵化的教條來講求教育精神，就不免為人所詬病。

---

34 見朱熹《孟子集注》卷五，《四書集注》，1959 年 9 月藝文印書館（臺北）影印本，頁 163。

六　餘論：新亞研究所的角色與發展

　　中國書院起源於官民兩途，使自己同時兼有民辦和官府的傳統。自此以後，書院就在民間和官府兩大力量影響下，不斷向前發展。在發展過程中，書院愈來愈重視對外開放的聚徒講學，於是原本以藏書、讀書、治學、著述為主的場所，就逐漸變為學校性質的教育機構。

　　無論是民間書院或官府書院的設立，都是為了補充、匡救州縣官學的不足，但為了現實的需求，宋明及以後的民間書院，不得不在照顧教育理想的同時，配合科舉考試的要求，對生徒有應試的指導，只不過會特別重視培訓、講學的活動，藉以化解消融生徒的利祿之念[35]。

　　新亞書院成為香港中文大學的院校成員之一後，不能不受制於本港政府的監督、資源的分配和大學本部的統籌，要講求學術自主，要提倡宋明書院教育精神，要表現個體獨立風格，不免會受到較多掣肘。而任教者和來學者，也不一定人人認同早年《新亞學規》所標榜的一套。錢師母胡美琦女士在《新亞遺鐸‧序》就這樣說：

> 我曾目睹艱苦奮鬥中的新亞，生命充滿朝氣。也曾目睹她快速轉變時期，解除了經濟困厄，而逐漸步入人事紛擾。更目睹她加入中文大學後陷於興奮迷惘，個人功利勝過了整體道義，創校理想日益模糊。[36]

上述概括語，有人或許未盡同意，但應該反映了一些真實情況。由「充滿朝氣」而至對「創校理想」印象「模糊」，真是使人感慨良多，難怪現在有些香港中文大學新亞書院的學生和社會人士，會質疑倡談「宋明書院教育精神」和「新亞精神」的價值。

35　參閱鄧洪波《中國書院史》，頁 134-135。

36　見錢胡美琦編《新亞遺鐸》，正文前頁 2。

　　至於新亞研究所在最初也有併入香港中文大學的方案，但最後沒有併入，要留在農圃道，據說是為了要保留一個講學的平臺，維持新亞向來所倡導的宋明書院講學方式和精神。的確，新亞研究所如果併入中大，大抵會逐漸泯滅自己獨特的講學、研究路向和姿采，並很快沒入中大屬下的中國文化研究所內，最後可能連名稱也保不住。而最不利的，是令具有不同學歷背景的好學之士，少了一學術進修、識見交流之地[37]。而學有專精、不隨俗流的資深學者，也會限於大學的聘用條例、被扭曲的學術評審標準和教學方式的要求等等，無緣以己所長，為教育理想、為培育下一代而竭盡心力。不過，不併入所付出的代價是：資源極度匱乏！要解決這個難題，必須要得到社會人士的認同和支持，尤其是要有實質的捐助。本港各所大學除了有來自政府過億的常規撥款外，也需要機構、社團、富豪的不斷捐獻。世界著名大學如哈佛、普林斯頓、牛津、劍橋等等也不例外。有了社會認受和資源不甚匱乏的條件，新亞研究所才可以在今後繼續講求教育理想，提供富有特色而又不脫離現實需要的課程，在現代多元文化的社會中，發揮私學教育的功能，略補其他大專院校在課程和教學方面的不足或偏差。否則，新亞研究所在資源有限的情況下，有可能會由講學、研究並重的教育機構，逐漸回復為以藏書、讀書、治學、著述為主的研究場所，而缺乏了講學、研討的活動。這種逆向的發展，正與古代書院以至新亞教育事業前期發展的途徑相反。我期望新亞研究所今後有向前發展的條件和機會，並可維持講學、研究並重的辦學模式。

　　　　──新亞研究所學術演講會發言稿（2009 年 2 月 14 日）

---

37 參閱黎華標《敬悼前校長吳俊升博士》，《誠明古道照顏色──新亞書院 55 周年紀念文集》，2006 年香港中文大學新亞書院（香港），頁 148。

附：錢賓四先生對《新亞生活》和新亞人的期望

《新亞生活》創刊於一九五八年五月，當時是「雙周刊」，一九七三年改為「月刊」。賓四先生在《新亞生活》雙周刊的《發刊詞》中，曾說出他對這份刊物和新亞人的期望[38]。

賓四先生的期望究竟是甚麼？他在《發刊詞》中說：

> 任何一個團體，要希望它有前途，首先該為它創造一個「心」。這個團體心，我們又稱之為團體精神。[39]

他指出「團體心」就是「團體精神」，而「團體精神」則與團體的前途有關。

賓四先生又說：

> 新亞書院創辦迄今，已近九足年，快將踏入它第十個年頭了。我們常喊「新亞精神」，但我們若真是要一個新亞精神，便得先為新亞創造一個心。那是一個「新亞心」，要在我們新亞每一個分子的心裏來創造。有了「新亞心」，才能有「新亞生活」。但我們也可以從新亞生活中來鍛煉出一個「新亞心」來。[40]

這是說，我們要有「新亞精神」，就得先要有「新亞心」。「新亞心」要在新亞人的心裏來創造，也可以來自新亞人的生活。因此，賓四先

---

38 錢賓四先生的《發刊詞》雖然為《新亞生活》雙周刊而作，但《新亞生活》月刊既然是「雙周刊」的後身，因此他的期望，當然包括「月刊」在內。

39 見《新亞遺鐸》，2004 年 8 月生活・讀書・新知三聯書店（北京），頁 108。《發刊詞》原載《新亞生活》雙周刊第 1 卷第 1 期（1958 年 5 月）。

40 見同上。

生在《發刊詞》的最後一段中強調：

> 讓我們新亞這一團體中之各分子，各自貢獻出他一分心力來共
> 同創造「新亞心」。讓我們新亞這一團體中之各分子，各自交
> 出他一部分生活，來共同發皇充實新亞的生活。[41]

由一九五八年五月到今年（2008）五月，足有五十年，這五十年
來，無論是《新亞生活》雙周刊還是《新亞生活》月刊，所記錄的，
都是新亞人的生活。這五十年的生活，有沒有讓我們看到新亞人怎樣
通過生活去彰顯我們所珍惜、所愛護、所自豪、所宣揚的「新亞精
神」呢？我們在五十周年回顧中能作這樣的反思，並且在今後能經常
作這樣的反思，或許才不會辜負賓四先生對《新亞生活》和對我們新
亞人的期望罷？

（2008 年 4 月為《新亞生活》創刊五十周年紀念而作）

——原載《新亞生活》五十周年紀念專輯，香港中文大學新亞
書院（2008 年 5 月）

---

41 見同上，頁 109。

錢賓四先生談寫作教學

一 賓四先生的生平和學術成就

　　錢賓四先生名穆，江蘇無錫人，一八九五年生。他七歲入私塾，十歲進無錫蕩口鎮的果育學堂，這是一所新式小學。十三歲入常州府中學堂；十六歲，因代表同學請求校方修訂課程，未受接納，於是不參加四年級的年終考試，並申請退學。十七歲，轉入私立南京鍾英中學五年級肄業。一九一二年，賓四先生十八歲，初往秦家水渠三兼小學校任教。一九一三年起，先後任教於私立鴻模學校、無錫縣立第四高等小學、後宅鎮泰伯市立第一初級小學、無錫縣立第一高等小學、廈門集美學校、無錫江蘇省立第三師範、蘇州省立中學。一九三〇年秋，開始轉入北平燕京大學任教，當時賓四先生年三十六歲，但僅及一年，即轉往北京大學歷史系，並在清華大學、燕京大學、北平師範大學兼課。以後更歷任西南聯大、齊魯大學國學研究所、華西大學、四川大學、昆明五華書院、雲南大學、無錫江南大學等校教授[1]。

　　從上面的簡述，可知賓四先生所受教育，只限中學階段，但他刻苦自學，勵志鑽研，終於由鄉村小學教師，進而為中學教員，再進而為大學講師、教授，主講文史課程，在學術上有很大的成就和影響。一九四九年後，賓四先生來港，與一群志同道合的學者，在香港深水埗桂林街創辦新亞書院，後得美國雅禮協會、福特基金會的資助，在

---

1 參閱賓四先生《八十憶雙親・師友雜憶》，1986 年 7 月嶽麓書社（長沙），頁 33-38。

九龍農圃道籌建獨立校舍。校舍落成，已是一九五六年的事了。一九六三年，香港中文大學成立，院校包括崇基、新亞、聯合。一九六五年，賓四先生七十一歲，不耐校務和人事的繁雜，辭去新亞書院院長職，從一九六七年起在臺灣定居、教學、撰述，最近才退休[2]。

　　賓四先生著述甚多，治學範圍，除了史學，也包括經學、文學、思想，而在這幾個範圍中，他的著述，都能勝義紛陳，時有精深、通達、創新之見。據我所知，賓四先生治學，「既講考據，又講通識」[3]。考據方面，他對經今古文、先秦諸子、歷史地理等，都有精詳的考辨，例如《劉向歆父子年譜》、《先秦諸子繫年》、《莊老通辨》、《兩漢經學今古文平議》、《史記地名考》等等，都是這方面的重要著述[4]。通識方面，賓四先生採銅於山，鎔鑄材料，作融會貫通、以古為鑑的論述，例如《國史大綱》、《中國文化史導論》、《中國歷史精神》、《中國歷代政治制度得失》、《國史新論》等等，就是這方面的著述[5]。在這些著述中，賓四先生不時提示我們要帶著溫情與敬意來了解本國的歷史與文化[6]。不過，我認為賓四先生的主要治學興趣，仍在學術思想、宋明理學方面。他自己在《宋明理學概述自序》中說：

　　顧余自念，數十年孤陋窮餓，於古今學術，略有所窺，其得力

2　參閱同上，頁 239-308。

3　見孫鼎宸《錢賓四先生主要著作簡介》引述嚴耕望先生語，《錢穆先生八十歲紀念論文集》，1974 年新亞研究所（香港），頁 434。

4　著述年份，依次為：《劉向歆父子年譜》（1930）、《先秦諸子繫年》（1935）、《莊老通辨》（1957）、《兩漢經學今古文平議》（1958）、《史記地名考》（1962）；參閱孫鼎宸《錢賓四先生著述年表》，頁 449-479。

5　著述年份，依次為：《國史大綱》（1940）、《中國文化史導論》（1941）、《中國歷史精神》（1950）、《中國歷代政治制度得失》（1952）、《國史新論》（1953）；參閱同上。

6　參閱唐端正《我所懷念的錢賓四先生》，《中國學人》第 2 期，1970 年 9 月新亞研究所（香港），頁 149。

最深者莫如宋明儒。……雖其學不足以自成立，未嘗或忘先儒
之榘矱，時切其嚮慕。[7]

賓四先生自稱生平治學得力於宋明儒最深，可見他主要治學興趣的所
在。其實從他歷年來的著述，已可看出其中端倪。例如《論語要
略》、《孟子要略》、《王守仁》、《國學概論》、《中國近三百年學術
史》、《中國思想史》、《宋明理學概述》、《四書釋義》、《陽明學述
要》、《中國思想通俗講話》、《王陽明先生傳習錄及大學問節本》、《學
籥》等等，都是討論思想、弘揚儒學的著述，後期的《論語新解》和
《朱子新學案》，更可說是他用心精思、自成體系之作[8]。賓四先生對
《論語》的新解，有人或許未盡同意，偶然提出一些商榷、論難之
說，而且在白話語譯方面，也讓人挑出一些可斟酌的瑕疵。《朱子新
學案》一書，分篇逾五十，凡百餘萬言，全稿完成，前後耗時約六
年，其中不乏精意深旨，對朱子思想學術的與年轉進處，更為特別究
心。有人認為，這部書是賓四先生晚年的傑構，在學術界上，得到崇
高的評價，並發生較大的影響。這個意見，應該不是過譽。至於《理
學六家詩鈔》一書[9]，則不妨視為既是文學又是理學、史學的著述，
讀者可憑個人的性分，去汲取自己的所需。賓四先生其他著述尚多，
性質也很廣泛，也不必逐一舉述了[10]。

---

7 見《宋明理學概述》上冊，1953 年 6 月中華文化出版事業委員會（臺北），頁 2。
8 著述年份，依次為：《論語要略》（1925）、《孟子要略》（1926）、《王守仁》
   （1930）、《國學概論》（1931）、《中國近三百年學術史》（1937）、《中國思想史》
   （1952）、《宋明理學概述》（1953）、《四書釋義》（1953）、《陽明學述要》（1955）、
   《中國思想通俗講話》（1955）、《王陽明先生傳習錄及大學問節本》（1956）、《學
   籥》（1958）、《論語新解》（1963）、《朱子新學案》（1971）；參閱孫鼎宸《錢賓四先
   生著述年表》，頁 449-479。
9 參閱同上，頁 479。
10 賓四先生的著述，詳見同上，頁 449-479。《錢賓四先生著述年表》，斷限至 1974
   年。1974 年以後，賓四先生尚有不少著述。

在這裏，我願意向同輩和青年朋友推薦賓四先生的《八十憶雙親・師友雜憶》一書[11]。在書中，賓四先生以簡練而富於情感的筆觸，憶父母、談師友，其中載述了他早年生活、學習、求師、交友的經過和從事教育、研究學術的情況，對青年後學的處事與治學，啟迪很大。賓四先生談寫作教學的意見，就是從這書摘錄出來的。

二　賓四先生的語文教學經驗

賓四先生是著名史學家，也是大學教授，這是許多人所熟知的。但從他的經歷，我們知道他不但有豐富的中小學教學經驗，而且也有豐富的中小學語文教學經驗。

根據賓四先生的自述，他最初在三兼小學任教時，所教的科目是：

> 余原則上任高級班……國文、史地、英文、數學、體育、音樂等，皆由余一人任之。並兼部分初級班課……。[12]

如果不是賓四先生自述，我們很難會想到他也教過英文、數學、體育、音樂。不過我相信他所任教的科目，主要仍是國文、史地。在鴻模學校時，賓四先生任教的科目，已較為集中了：

> 及來鴻模，規模較備，高初八年級各分班。余僅任高三國文及史地課。[13]

在無錫縣立第四高等小學，賓四先生只提到他教的是國文：

---

11 本文所參閱、引述部分，主要是《師友雜憶》而不是《八十憶雙親》。

12 見《八十憶雙親・師友雜憶》，頁 71。

13 見同上。

一夕，深夜，月光照牀而醒。一足觸帳外牆壁，忽念「臂」與「壁」皆形聲字。……避……壁……嬖……譬……癖……躄……劈……如果凡辟聲皆有義，此即宋人所謂右文也。……翌晨上第一堂國文，不講課文，乃講昨夜枕上所得。[14]

他在國文課大談臂壁右文之說，其實他不但在講掌握字義的規律，也在講文字構造的規律。賓四先生稍後轉入後宅鎮泰伯市立第一初級小學，是任校長之職。明顯地，他之所以轉職，主要是因為關注中外古今教育思想異同問題和語文教育問題。他自述說：

余之決意轉入初級小學，厥有兩因：一因報載美國杜威博士來華，作教育、哲學之演講，余讀其講詞，極感興趣。但覺與古籍所載中國古人之教育思想不同，並有大相違異處。因念當轉入初級小學，與幼童接觸，作一番從頭開始之實驗，俾可明白得古今中外對教育思想異同得失之究竟所在；二則當時大家提倡白話文。初級小學教科書已全改白話文體，而余在民國七年曾出版一部《論語文解》，專為指示學生作文造句謀篇之基本條件而作。極思轉入初小，一試白話文對幼童初學之利弊得失所在。[15]

賓四先生還記述他在這家初級小學的國文課上，怎樣訓練學生寫作[16]。有關訓練的具體情形，我且留待在談到他怎樣進行寫作教學時，再作交代。

賓四先生在無錫縣立第一高等小學任教，時間極短，因此在自述中並沒有提及教甚麼科目，但其中必有國文課，應該可以肯定。由第

14 見同上，頁 73-74。
15 見同上，頁 89。
16 參閱同上，頁 92。

一高等小學轉往集美學校，是他第一次受聘於中學，所教科目，是高年級的國文。他自述云：

> 余所任，乃高中部師範部三年級同屆畢業之兩班國文課。……同授曹操《述志令》一文。時余方治中國文學史有新得。認為漢末建安時，乃古今文體一大變。……惟曹氏此文，不僅不見於《文選》，即陳壽《三國志》亦不錄，僅見裴松之注中。故首加選講。[17]

從這段文字，可見當時的國文課，教師可自選教材施教，在講解時，教師也可以有較大自由發揮的餘地。

在江蘇省立第三師範，賓四先生仍專任國文課。他這樣自述：

> 學校舊規，任國文課之教師，必隨班遞升，從一年級至此班四年級畢業，再回任一年級。全校應有教師共四人。……二年級國文教師急切未洽聘得人。余任一年級又暫兼二年級課。[18]

省立第三師範，收的是小學畢業生，程度有類中學，所以賓四先生這時的教學經驗，也可說是中學的教學經驗。他後來轉入蘇州省立中學，教的仍然是國文。他又自述：

> 余在蘇中，任其最高班之國文課，並為全校國文課之主任教席，又為所任最高班之班主任。[19]

賓四先生當時所教的既是中學最高班的國文課，又任主任教席。這以後，他轉往燕京大學任教，於是他以後的教學經驗，就全部是大學的

---

17 見同上，頁 103-104。

18 見同上，頁 111。

19 見同上，頁 120。

教學經驗了。

綜觀賓四先生在中學任教的經驗，由集美、無錫到蘇州，凡八年之久[20]。在小學，則約有十一年的教學經驗[21]。在這十九年教學經驗中，他主要教的是國文，因此我們說他有豐富的中小學語文教學經驗，應該是有根據的說法。

三　賓四先生談寫作教學

賓四先生在自述語文教學經驗時，談得最多的，似乎是寫作教學方面的問題。關於寫作練習類型和施教方式的介紹，賓四先生所述，即在今天看來，仍然不乏新意。歸納他所述的內容，約可分為七項：1.普通命題寫作；2.聽寫練習；3.默寫練習；4.實地觀察報告；5.抽象描述；6.對比描述；7.見聞憶述。現分別說明如下：

賓四先生怎樣指導學生寫作？他這樣敘述：

> 一日，下午第一課，命諸生作文。出題為《今天的午飯》。諸
> 生繳卷訖，擇一佳者，寫黑板上。文云：「今天午飯，吃紅燒
> 豬肉，味道很好，可惜鹹了些。」告諸生，說話須有曲折。如
> 此文末一語。[22]

在現時看來，這是一節「普通命題寫作課」。《今天的午飯》這一題目，既能切合學生的生活實際經驗，又能投合學生的興趣。學生繳交習作後，又選擇其中一篇成為實例，作扼要的指導說明，即所謂「講

---

20 參閱同上，頁 112。

21 賓四先生自述民國元年（1912）往三兼小學任教，民國十一年（1923）中秋假期前
　　離開無錫縣立第一高等小學，這是他任教小學的最後一校。（參閱同上，頁 62 及
　　102。）

22 見同上，頁 96。

評」。有了這樣的「講評」，學生對「說話須有曲折」的理解，才會較為具體、深刻，而且他們也可在完成習作之後，立刻收到指導的實益。賓四先生這一種安排，可看作是學生寫作練習完成後的延續活動。

在另一次寫作課中，賓四先生這樣指導：

> 又一日，余選林紓《技擊餘談》中一故事，由余口述，命諸生記下。今此故事已忘，姑以意說之。有五兄弟，大哥披掛上陣，二哥又披掛上陣，三哥亦披掛上陣，四哥還披掛上陣，五弟隨之仍然披掛上陣。諸生皆如所言記下。……因在黑板上寫林紓原文。……余曰：「如此寫，只一語可盡，你們卻寫了五句，便太囉嗦了。」[23]

這是「聽寫」練習，是寫作練習類型的一種。方法是先由教師口述一段文字或一篇文章的大意，然後由學生筆錄。學生筆錄時，要略加剪裁，或甚至要撮縮。習作完成後，再通過範文（即口述所據的篇章）與習作的對比，由教師向學生作具體的提示。這一種施教方式和練習類型，即在今時今日，中國語文教師在實際寫作課中會採用或肯採用的，恐怕還不算多。其實這種聽寫訓練，既可訓練學生聽得懂，又可訓練他們寫得出，同時更促使他們通過思考，去作剪裁、撮縮的工夫，訓練的作用是積極的。

通過默寫測驗，也可取得寫作能力訓練的效果。賓四先生自述：

> 余上堂，好用兩種測驗：在黑板上寫一段文字，令諸生凝視三數遍，撤去黑板，令諸生默寫；又口誦一段文字，諸生默聽三數遍，令其默寫。[24]

---

23 見同上，頁 96-97。

24 見同上，頁 92。

這一種「默寫」的寫作練習，有類於「聽寫」練習，並不同於「默書」。只是「聽寫」所聆聽的，是純粹的口頭語，而「默寫」則無論是「凝視」或「默聽」，都是書面語的接觸。「聽寫」，是訓練學生怎樣由口頭語轉化為書面語；「默寫」，是訓練學生怎樣把人家的書面語，改寫為自己的書面語。這兩種訓練方式，並非創作訓練，但對在寫作上需要較多輔導的小學生以至程度較差的初中學生，無疑會有切實的幫助。而且，在日常生活中，我們也常常需要「聽寫」和「默寫」，只要次數不多、不濫，不妨為學生安排這樣的練習。其實賓四先生對學生的訓練，在當時固然是切合學生日常生活的實際需要，即在今日，也沒有與我們的語文應用要求脫節。

賓四先生又敘述：

> 又一日，命諸生帶石板石筆及毛邊稿紙出校門，至郊外一古墓；蒼松近百棵。命諸生各自擇坐一樹下，靜觀四周環境景色，各自寫下。再圍坐，命諸生各自陳述，何處有人忽略了，何處有人遺忘了，何處有人輕重倒置，何處有人先後失次，即據實景互作討論。[25]

賓四先生所安排的，是「實地觀察」報告。他先提示學生觀察實景，各自寫下觀察所得印象，然後再圍坐一起，各陳所見，互相討論，互相補足，互相提供意見。這是一種觀察具體景物的描述。具體景物，對學生來說，無疑較易掌握，有了這一個觀察基礎，就可以進一步提示學生作抽象事物的觀察描述。

賓四先生敘述自己怎樣指導學生觀察、描述抽象事物的經過：

> 余又告諸生：「今有一景，諸生多未注意。諸生聞頭上風聲

---

25 見同上，頁97。

否？」因命諸生試各靜聽，與平日所聞風聲有何不同。諸生遂
各靜聽有頃。余又告諸生：「此風由穿松針而過，松針細，又
多隙，風過其間，其聲颯然，與他處不同，此謂松風。試再下
筆，能寫其彷彿否？」諸生各用苦思寫出，又經討論，余為定
其高下得失。[26]

這也是「實地觀察」寫作訓練。只是賓四先生提示學生所觀察的，是
難以捉摸的風聲，而且這是與普通風聲不同的松風。因為要觀察特殊
的事物，並作精細的描述，所以事先的適當提示，是不可缺少的，有
了適當的提示，學生的觀察，不但會用「眼」，而且會用「耳」，甚至
會用「心」；這樣的觀察，才會較為細緻、周全、深入，寫出來的文
章，就不難「言之有物」了。

賓四先生又敘述：

一日，遇雨。余告諸生：「今日當作文。」但天雨，未能出
門。令諸生排坐樓上廊下看雨。問：「今日是何種雨？」諸生
競答：「黃梅雨。」問：「黃梅雨與其他雨有何不同？」諸生各
以所知對。令互相討論，又為評其是非得失。遂命下筆，再互
作觀摩。[27]

這一次觀察的，是難以描述的雨，而且是與普通雨不同的黃梅雨。賓
四先生問：「黃梅雨與其他雨有何不同？」這是引導學生作對比的觀
察，然後再加以描述。這種寫作訓練的性質，與描述松風的性質相
同，只是觀察的對象，由松風改為黃梅雨。賓四先生指導學生描述松
風時，也有提示學生對比平日所聞的風聲，但主要在幫助學生透過對

---

26 見同上。
27 見同上。

比的印象，來掌握抽象的松風；至於描述雨的指導，則較着重在引導
學生辨別黃梅雨與其他雨不同的地方，而且下筆之前，要作詳細的對
比討論，討論之後，可能只作黃梅雨的描述，也可能要作黃梅雨與其
他雨的對比描述。賓四先生安排學生觀察黃梅雨，是因為天雨未能出
門的關係，這顯示了教師在施教時，必須靈活，必須因時制宜。

賓四先生有時又會訓練學生作見聞憶述。他說：

> 余又令諸生各述故事。或得之傳聞，或經由目睹，或聞自家
> 庭，或傳自街坊，或有關附近名勝古迹，橋梁寺廟。擇其最動
> 人者，或赴其處踏看，或逕下筆。[28]

這是就學生的所知範圍，作耳聞目睹憶述的訓練。因為寫的是親見親
聞的事物，所以真實；因為是「擇其最動人者」來記述，所以集中。
真實與集中，是寫觀察筆記時所不可忽略的原則。賓四先生就是按照
這兩項重要原則，來訓練他的學生。

四　賓四先生對我們的提示與啟發

根據賓四先生的自述，我們不但可以知道他怎樣訓練學生寫作，
而且也可以得到一些提示與啟發。在下面，我嘗試把他的提示與啟發
歸納為幾點：

(一)「**作文只如說話**」：賓四先生曾經這樣記述：

> 余告諸生：「出口為言，下筆為文。作文只如說話，口中如何
> 說，筆下即如何寫，即為作文。只就口中所欲說者如實寫出，

28　見同上。

遇不識字，可隨時發問。」[29]

賓四先生所教的是初級小學的學生，因此他的寫作訓練，由口頭語入手，因為他們懂得怎樣說，才懂得怎樣寫。現代漢語，是較接近口頭語的書面語，這種由口頭語轉化為書面語的要求，對年幼的學生，是合理而有效的。賓四先生強調「作文只如說話」，「只就口中所欲說者如實寫出」，是配合施教對象來立論的，我們不宜把他的話作刻板、過偏的理解。說到底，「作文只如說話」，並不就是「說話」，「言」與「文」之間，到底是有差距的。因此，再進一步，賓四先生就對學生提出作文宜求簡潔的提示。

（二）**作文宜求簡潔**：賓四先生在聽寫訓練中，曾對學生提出這樣的指導意見：

> 余告諸生，作文固如同說話，但有時說話可如此，作文卻宜求簡潔。[30]

賓四先生以林紓的《技擊餘談》原文為例，向學生解說口頭語與書面語的分別。如敘述五兄弟披掛上陣一事，口頭語可能要五句，書面語卻只用一句。不少提倡白話文的人，往往以「我手寫我口」為標榜，其實「手」與「口」是有差距的，而最顯著的差距，是書面語較口頭語簡潔。賓四先生結合實例，一語中的，向學生開示了寫作的要訣。過分強調手口一致的人，是不是可以從中得到啟發？

（三）「**語語從心中吐出**」：寫作本來可以推理、聯想、想像甚至幻想，只是初學寫作，就大寫幻想、虛構的文章，可不是踏實的學習之道。賓四先生說：

---

29 見同上，頁 96。

30 見同上。

> 每作一文，必經討論觀摩，各出心裁，必令語語從心中吐出，
> 而又如在目前。[31]

「討論觀摩」，是意見交流，有交流，才有進步；「各出心裁」，是寫
作須有個人心思，忌雷同，忌抄襲；而賓四先生最重視的，是「必
令」學生「語語從心中吐出」，這是提示執筆者要有誠意，有誠意的
寫作，文章的內容，才會充實、具體、真切，符合實有其情、實有其
事或實有其物的要求。有了這樣的基礎訓練，學生以後執起筆來，才
不會浮浮泛泛，大寫虛假或抄襲的文章。

（四）**實地觀察，實際驗證**：賓四先生在寫作課中，多次安排學生
作實地觀察，並引導他們作實際驗證，用意在培養學生的觀察、分析
能力，幫助他們積儲寫作素材。例如他帶領學生往郊外，觀察周圍的
形勢、景色；又例如他提示學生，仔細辨別松風、黃梅雨的特點；又
例如他指導學生筆錄耳聞目睹的事物，如有需要，則親赴其處，作實
際的踏看、驗證，學生寫作時有困難，往往由於缺乏寫作素材。其實
我們的周圍，本來不乏可供寫作的素材，為甚麼學生會看不到呢？追
尋其中原因，主要是學生不留心周圍的事物。留心，往往與一個人的
觀察、分析能力有關，觀察、分析能力較高的人，很自然會對自己所
處的環境，事事留意，處處關心[32]。賓四先生在寫作課中的安排，就
是要通過實地觀察和實際驗證，去提高學生的觀察、分析能力。

（五）**寫作前後有活動**：賓四先生指導學生寫作，在事前、事後，
有討論和講評。討論，可使學生知道有甚麼忽略了，有甚麼遺忘了，
而且可以及時改正輕重倒置或先後失次的毛病。所謂討論，也有不同
安排。有時先命學生各就觀察所得寫下，然後再命他們討論，又為他

---

31 見同上，頁 97。

32 參閱拙文《談寫作教學》，香港教育署輔導視學處中文組編《中文通訊》第 39 期，
1986 年 9 月香港政府印務局（香港），頁 20。

們評定是非得失，最後才命他們下筆寫作。在引導討論時，賓四先生往往啟發學生作對比思考，使他們的觀察、認識，更為細緻、深刻，例如學生作文與範文的對比，風與松風的對比，雨與黃梅雨的對比等等。寫作後的觀摩、講評，更是賓四先生所常採用的活動。觀摩，可使學生學到同學佳作和名家範文的長處；講評，可使學生知道文章是非得失的所在和寫作技巧的竅門；兩者都是學生交流寫作意見的好機會。

（六）**寫作課趣味化、生活化**：上寫作課，許多學生會視為苦事，而賓四先生的學生卻視為樂事。賓四先生在自述中提到：

> 諸生乃以作文課為一大樂事。競問：「今日是否又要作文？」……諸生皆踴躍，認為作文乃日常人生中一樂事。[33]

為甚麼學生會把不易應付的寫作課視為樂事？理由之一，是賓四先生命題時能結合學生的日常生活，使寫作起來容易言之有物。如人人都要喫午飯，所以他的命題是《今天的午飯》；如人人都有郊遊或遊覽名勝古蹟的機會，所以他命學生寫作，也以學生耳聞目睹的事物、景色為題材。理由之二，是寫作類型多樣化，這可引發學生的寫作興趣。在短短篇幅中，賓四先生提供的寫作類型就有不少，計有：普通命題寫作、聽寫、默寫、實地觀察報告、精細描述（包括抽象與對比）、見聞憶述等。由於賓四先生並沒有刻意盡記寫作的類型，我相信他應該還有一些曾經嘗試的寫作類型沒有記錄下來。理由之三，是教學活動，打破教室的局限。賓四先生的寫作教學，除在教室中進行外，有時也安排到郊外、廊下，如有需要，又命學生細察、靜聽、圍坐、討論。上課地點有變化、上課形式有變化、教學內容有變化，學生自然不會把上寫作課視為苦事。

---

33 見《八十憶雙親・師友雜憶》，頁 97。

五　結語

　　賓四先生在後宅初級小學擔任校長並任教國文，開始於一九一九年（民國八年），離開的時候，是一九二二年（民國十一年）[34]，上面提到有關寫作教學的種種，都是他在後宅初級小學任教國文時所實施的。由一九二二年至現在（1988），已經有六十多年。六十多年，時間可並不短！但細察賓四先生的寫作教學，無論是命題方式、題目類型、活動形式或教學要求，直到目前仍然使人覺得靈活、合理、新鮮。即用現今的語文教學課程來衡量，賓四先生的做法，與課程要求仍然有不少可以相符應的地方。我相信賓四先生所自述的教學經驗與心得，對語文教師來說，固然有效法的價值，甚至對語文教師培訓人員、語文教學課程設計人員來說，也有參考的價值。

　　根據現代教育家的意見，語文教學只利用語文符號和視覺符號，效果是不大理想的。甚至利用聽覺器材和視覺器材作為輔助，仍嫌抽象而不具體。為了要得到良好的寫作訓練效果，語文教師應該有計畫、有目標為學生營造有利語文學習的環境，打破校內、校外環境的限制，同時也向他們提供實地觀察、實際驗證、切實寫作的機會。上述要求，賓四先生在六十多年前的寫作教學已能做到，我們在今天不該不能做到，而且應該比他做得更好、更周全，否則，我們是不是會有不長進的嫌疚？

　　語文教學，最忌不靈活；語文教師，最忌不通達。賓四先生的施教方式，是靈活的，而他強調寫作課生活化，亦足以看到他思想通達的一面。根據他的敘述，學生在他半年來的訓練、指導下，即有良好的寫作表現。他說：

34　參閱同上，頁 89-102。

如是者半年，四年級生畢業，最短者能作白話文兩百字以上，最多者能達七八百字，皆能文從字順，條理明暢。然不從國文課本來，乃從國語課及作文課來。而作文課亦令生活化，令諸生皆不啻如自其口吐出。此為余半年中所得一大語文教學經驗。[35]

半年訓練，已能令小學四年級學生文從字順，條理明暢，而且可以寫出兩百至七八百字的文章。這樣的教學經驗和教學成果，對現時從事語文教育工作的人，無疑很有提示、啟發的作用，值得大家重視、效法、深思。當然，六十多年前的小學生，在語文能力表現方面，跟現時的小學生並不相同，兩者之間的長短、差距，是語文教師不可忽略的。還要一提的，就是賓四先生談及寫作教學的種種，當時施教對象都是小學生，但他的做法，有很大的一部分，我認為也可在中學裏實行。

——原載《中文科課程、教材、教法研討集》，香港文化教育出版社（1989 年 9 月）；後收入李學銘《中國語文教學的現況與發展》，學思出版社（1997 年 6 月）

---

35 見同上，頁 98。

附錄　錢師母胡美琦女士函（節錄）

錢師母在「致張學明函」（1995 年 6 月 14 日）中說：

> 李學銘先生一文，我很感興趣。錢先生生前對他自己這一段小
> 學語文教學生涯記憶深刻，也懷念不已，至老難忘。一般人讀
> 《師友雜憶》，只注意他後半生，而忽視他寄情極深的年青教
> 學生涯。所以我讀李文，很感親切。

學銘謹記：張學明教授是我在中學任教時的學生，留學美國加州
大學，畢業後在香港中文大學歷史系任教。《錢賓四先生談寫作教
學》一文發表後，學明把它寄呈身在臺灣的錢師母。錢師母讀後表示
「很感興趣」和「很感親切」，因為她不知道我是賓四先生的學生，
所以稱我為「先生」。

錢賓四先生遇上顧頡剛先生：錢、顧互評析論

一

錢賓四（穆）先生（1895-1990）和顧頡剛先生（1893-1980）在學術界中，都是很著名的學者，這是大多數人所認同的。錢先生的學問，主要以維護、發揚中國傳統文化為中心，顧氏的學問，則以疑古籍、破舊說為主要部分。嚮慕西方文明、推崇西方思想的人，會不大欣賞錢先生的著述；重視國族傳統文化的人，則會看不慣顧氏的治學取向和判斷。在許多人的印象中，錢、顧兩位在早期雖有生活、工作、學術上的交往，但似乎說不上是理念相同、意氣相投的朋友。多年前我讀錢先生的《師友雜憶》時，得到的印象是：顧氏對錢先生有薦引之恩，是錢先生的「伯樂」。錢先生既盛稱顧氏的為人、胸懷，又認為自己治學的「精神意氣」，與顧氏「仍同一線」[1]。不過，最近讀了《顧頡剛自傳》，內容涉及錢先生的地方不多，但對錢先生則頗有微言，其中甚至有攻訐之辭[2]。兩方態度，竟然有這樣大的差別。究竟事實如何？其中有沒有隱情？現試勾稽兩書材料及結合一些相關記載，合併考察，並作近理的分析和說明。

---

1 參閱《八十憶雙親》及《師友雜憶》的合刊本，1986 年 7 月嶽麓書社（長沙）。涉及顧頡剛的記述，在《師友雜憶》。詳見下文。

2 參閱《顧頡剛自傳》，2012 年 1 月北京大學出版社（北京）。全書分為三部，涉及錢賓四先生的記述，在第二部。

下面先引述《顧頡剛自傳》所載。

二

《顧頡剛自傳‧我怎樣厭倦了教育界》這樣載述：

> 在昆明住了不到一年，我到成都，任齊魯大學國學研究所主
> 任。我和齊大向無淵源，他們的請我是由張維華介紹的。張維
> 華齊大畢業，入燕大研究院肄業，上了我兩年的課，後來他又
> 回到齊大教書。抗戰後齊大內遷到成都，他是齊大校友，主張
> 恢復國學研究所，請我當主任。我因免得在昆明受羅常培等的
> 氣，慨然應允。我的意思，在抗戰期內，我既不能投降敵偽，
> 就在齊大歇腳；待到抗戰結束，這研究所的根基已打好了，我
> 就離開齊大，把研究所交張維華接辦。不知道他所以拉我到齊
> 大的原因，是為想把持研究所，要我當個傀儡主任。但我的負
> 責任的精神使我不能當傀儡，他就感到礙手礙腳，聯絡了錢穆
> 來倒我。[3]

張維華（1902-1987）與顧氏的「關係不甚和諧」，大抵也是實情[4]，他
要排斥顧氏，自然要爭取支持者，錢賓四先生或許是其中之一。不
過，要「倒」顧的，是張維華，不是錢先生。錢先生好讀書，一向服

---

3 見《顧頡剛自傳》第二部，頁 110。
4 參閱顧潮《歷劫終教志不灰‧我的父親顧頡剛》，1997 年 12 月華東師範大學出版社
（上海），頁 200。張維華，1927 年畢業於齊魯大學，1931 年入燕京大學，受業於
顧頡剛。曾加入禹貢學會、河南經世學社，主編《經世》雜誌。1939 年，在雲南昆
明與顧氏同辦齊魯大學國學研究所。中華人民共和國成立後，初任齊魯大學文學院
院長，兼國學研究所主任，後長期任山東大學教授。參閱陳玉堂編著《中國近現代
人物名號大辭典》，1993 年 5 月浙江古籍出版社（杭州），頁 471。

膺儒學之說，不見得他會出手助張倒顧。在顧氏的《自傳》中，也看不到錢先生怎樣倒顧的具體記載。看來這只是顧氏心存「非友即敵」的主觀推測。

再說，張維華倒顧，可能是權位之爭，可能是處事意見不合，也可能顧氏在當時是國民黨中人，而張氏則有不同政治立場。此外，顧、張之間有些誤會，也是一種可能。

《顧頡剛自傳·我怎樣厭倦了教育界》又載述：

> 說到錢穆的起來，我應當擔負一半的責任。他在中學讀書時，為了鬧風潮被開除，當了十年的小學教員。但因他實在用功，課餘常寫文章，所以為中學校長所知，升任了中學教員。又做了八九年，他的著作出版得更多了。我回到家鄉，他把《先秦諸子繫年考辨》的稿本給我看，我想不到一個中學教員能有這樣的成就，就把他介紹到燕大做講師。過了一年，北大要請一位中國通史的教員，我又把他薦去。他是自學進修的人，有這樣成功當然值得驕傲。但在北平的環境裡，究竟專家多，要驕傲也談何容易，所以他還可以專心讀書寫作。後來流亡到昆明，因為他孤高，所以也為羅常培所排擠，他就搬出了聯大的宿舍，住到宜良去，有課時乘火車來。我為他這般生活太不安定，又介紹他到齊大。但成都的空氣和北平大不相同，那邊是有三四百種大小宗教的地方，佩服一個人時總喜歡捧他做教主。錢穆能言善辯，在華西壩上課時，不但齊大學生來聽，其他各大學的學生也來聽，城裡許多中學教員也來聽，以至課堂容不下，每次上課必在大禮堂，使他覺得自己真成了聖人，驕傲的氣焰撲人欲倒。張維華看他有如此的社會地位，就聯合了

他來打擊我，想入非非地造出謠言來。[5]

張維華為甚麼要聯絡、拉攏錢先生，據顧氏的看法，原來是因為錢先生的學術聲望和社會地位。不過，從這段文字，我們仍然看不到錢先生怎樣助張，怎樣出手「倒」顧。反而從反對者、攻擊者的筆下，我們看到錢先生研究和教學的實際表現。

顧氏因為錢先生的著作而欣賞他、揄揚他、推薦他，這是事實。錢先生以自修而成功，當然值得自豪，但不見得他有「驕傲」的表現。顧氏說錢先生「在北平環境裏，究竟專家多，要驕傲也談何容易，所以他還可以專心讀書寫作」，可證錢先生當時並沒有「驕傲」的表現，猜想錢先生「要驕傲也談何容易」，只是主觀的判斷。

錢先生上課受歡迎的盛況，按照顧氏的所記，應是實情。這種盛況，不但在北平北大是如此，在成都燕大是如此，在昆明聯大是如此，後來在九龍新亞書院也是如此。但說受歡迎「使他覺得自己真成了聖人，驕傲的氣焰撲人欲倒」，則顯然只是顧氏自己的主觀印象。認識錢先生的人，大抵會覺得他性格耿介，自信心強，意見表達率直，對人對事不易妥協，但決不會「驕傲的氣焰撲人」，更不會「覺得自己真成了聖人」。

錢先生對學術常有自己的看法，例如對儒學的解說，晚年就與唐君毅先生（1909-1978）、牟宗三先生（1909-1995）、徐復觀先生（1903-1982）不盡相同，也不願成為「新儒學」的一員，因此他辭新亞書院院長職往臺灣後，在形迹上頗與唐先生疏遠，更與牟、徐兩先生沒有通訊。但他是重友情、念舊誼的人，據說唐先生去世時，臺灣學術界曾有追悼會的舉行，當時錢先生臥病在牀多天，錢師母沒有把唐先生去世和追悼會的消息及早告訴他，使他很生氣，把錢師母責

5　見《顧頡剛自傳》第二部，頁 110-111。

備了一頓，認為她不該如此，並在追悼會當天扶病出席。這件事，是錢師母親告我的同學劉智輝兄，再由智輝兄轉告我的。

　　余生也晚，在一九五六年才進九龍農圃道的新亞書院就讀，並修讀過錢先生講授的中國通史、中國文學史、中國文化史，也多次聽過他的演講。我從不覺得他對人有「驕傲的氣焰」，也從不覺得他以聖人自居，遇到有人向他攻訐，甚至不斷詈罵，他往往不予理會。這，或許會給人以矜謹的印象，但也正好表現他的自信和自重。顧氏對錢先生的印象和批評，其中可能涉及誤會，也可能在當時內地的社會環境中，不得不這樣告白，是一種畫清界線的政治表態。

三

　　我們試讀錢先生的自述，可見錢先生對顧氏的為人甚為推許，而且心懷感激，如果說錢先生會受張維華的拉攏而倒顧，恐怕難以令人入信。錢先生在《師友雜憶・蘇州省立中學》說：

> ……顧頡剛親來余室，是亦為余與頡剛之第一次見面。……見余桌上《諸子繫年》稿，問，可攜返舍下一詳讀否。余諾之，隔數日……至頡剛家。頡剛言，君之《繫年》稿僅匆匆翻閱，君似不宜長在中學中教國文，宜去大學中教歷史。因云，彼離廣州中山大學時，副校長朱家驊囑先，囑其代為物色新人，今擬推薦君前去。又告余，彼在中山大學任課，以講述康有為今文經學為中心。此去燕大，當仍續前意並將兼任《燕京學報》之編輯任務。囑余得暇為《學報》撰稿。余與頡剛初相識僅此兩面。一日，忽得廣州中山大學來電，聘余前往。余持電，面呈典存校長。典存曰，君往大學任教，乃遲早事。我明年亦當

離去，君能再留一年與我同進退否。余乃去函辭中大之聘，仍
留蘇中。[6]

顧氏讀《先秦諸子繫年》稿後，即認為錢先生宜在大學任教，又把他
推薦給中山大學，而且約他為《燕京學報》撰稿。顧氏愛才的表現，
在錢先生筆下可說表露無遺。錢先生在憶述時，感念「知音」之情，
隱隱從字裏行間透出。

錢先生在《師友雜憶・北平燕京大學》又說：

> 余在蘇中，函告頡剛，已卻中山大學聘。頡剛覆書，促余第二
> 約，為《燕京學報》撰文。余自在後宅，即讀康有為《新學偽
> 經考》，而心疑，又因頡剛方主講康有為，乃特草《劉向歆父
> 子年譜》一文與之。然此文不啻特與頡剛爭議，頡剛不介意，
> 既刊余文，又特推薦余至燕京任教。此種胸懷，尤為余特所欣
> 賞。固非專為余私人之感知遇而已。[7]

顧氏在中山大學和燕京大學講學，都以述論康有為（1858-1927）的
今文經學為中心，錢先生為顧氏主編的《燕京學報》撰文，竟然是抉
發康有為《新學偽經考》「不可通者二十有八端」的《劉向歆父子年
譜》[8]。顧氏不但不以為忤，反而把錢文發表於《燕京學報》第七
期，後來更轉載於顧氏自己主編的《古史辨》第六冊[9]。難得的是，
顧氏又把錢先生推薦往燕京大學任教。所以錢先生在多年後憶述時，

6　見《八十憶雙親・師友雜憶》，頁 125。

7　見同上，頁 129。關於顧頡剛學術胸懷寬廣和熱心薦引錢賓四先生的表現，牟潤孫
　　先生在《敬悼顧頡剛先生——兼談顧先生的疑古辨偽與提攜後進》一文中，也有相
　　近的記述。參閱《海遺叢稿》（二編），2009 年 3 月中華書局（北京），頁 217。

8　參閱錢穆先生《劉向歆父子年譜自序》，《兩漢經學今古文平議》，2003 年 8 月商務
　　印書館（香港），頁 1。

9　參閱同上，頁 7。

特別強調「此種胸懷，尤為余特所欣賞」。這樣的表白，讓我們體會到錢先生對顧氏的長久感念之情，而不會相信他竟會在當時受張維華的拉攏而倒顧。

《師友雜憶・北平燕京大學》又說：

> 余初到校即謁頡剛。……其家如市，來謁者不絕。……頡剛長於文，而拙於口語，下筆千言，汨汨不休，對賓客訥訥如不能吐一辭。聞其在講臺亦惟多寫黑板。然待人情厚，賓至如歸。[10]

所述雖指出顧氏「拙於口語」，但用意其實在稱許，「待人情厚」一語，是對顧氏為人的高度肯定。

《師友雜憶・北平燕京大學》又說：

> 時《諸子繫年》已成稿……頡剛知之，告余芝生《哲學史》已編為清華叢書，君作何不亦申請列入其叢書內，當為介紹。遂持去。翌年，頡剛重來，乃知審查未獲通告（過）。……及年假，余返蘇州，遂於新年中撰《周官著作時代考》一文，及下學期在朗潤園又撰《周初地理考》一文，此為余考論古史地名一費力之作。上兩文亦皆刊載於《燕京學報》。[11]

顧氏熱心推介《先秦諸子繫年》列入「清華叢書」，又在自己主編的《燕京學報》發表錢先生的文章，可見他樂於成就人家的學術表現，對同行毫無嫉妬之心。錢先生娓娓道來，就是要表揚顧氏的美德。

《師友雜憶・北京大學》又記述顧氏怎樣熱心為錢先生接洽工作：

---

10 見《八十憶雙親・師友雜憶》，頁 130。
11 見同上，頁 136。「芝生」，指馮友蘭。

　　民二十二年夏，余在蘇州，得北京大學寄來聘書。待余赴平
　　後，清華又來請兼課。此必顧剛在北平先與兩方接洽，故一專
　　任，一兼課，雙方已先洽定也。[12]

錢先生在自述中，毫不諱言顧氏對自己有積極薦引之恩。措詞看似平
淡，實是顯示顧氏無私的愛才之心。向重情義的錢先生，又怎會聯同
他人排斥顧氏？

　　《師友雜憶・北京大學》又這樣說明：

　　顧剛史學淵源於崔東壁之《考信錄》，變而過激，乃有《古史
　　辨》之躍起。然考信必有疑，疑古終當考。二者分辨，僅在分
　　數上。如禹為大蟲之說，顧剛稍後亦不堅持。而余則疑《堯
　　典》，疑《禹貢》，疑《易傳》，疑老子出莊周後，所疑皆超於
　　顧剛。然竊願以考古名，不願以疑古名。疑與信皆須考，余與
　　顧剛，精神意氣，仍同一線，實無大異。[13]

錢先生指出顧氏的史學淵源於崔述（東壁，1740-1816）《考信錄》，
考信必要疑，有疑就要考，所以考信和疑古，兩者性質本無分別。所
謂考信，其實就是考古，只是疑古過激，才會造成事事不信的心態。
錢先生自言對古代典籍和老、莊先後，所疑都超於顧氏，但不願以
「疑古」名，而願以「考古」名。不過，錢先生認為，由於「疑」和
「信」都要「考」，因此他自己與顧氏的精神意氣，其實無大分別。
錢先生談學術是非，向以自信、堅持、坦率見稱，即使面對上級、同
事、朋友，都不會屈己就人，在《師友雜憶》中，就不乏這方面的記
載。他在論自己與顧氏治學的異同時，可說實話實說，無所諱飾，但

---

12 見同上，頁 138。
13 見同上，頁 143。

最後卻強調自己與顧氏的「精神意氣，仍同一線」。有人誤會錢、顧
兩人因論學而成為敵人，既漠視了顧氏寬廣的胸懷，又忽略了錢先生
對顧氏長久感念的心意。

　　一九三九年，錢先生曾寫了一封信給顧氏，這封信的內容，頗能
概括錢、顧的學問特點，也能顯示兩人的相知之情。這封信抄錄在
《顧頡剛日記》裏：

> 弟與兄治學途徑頗有相涉，而吾兩人才性所異則所得亦各有不
> 同。妄以古人相擬，兄如房玄齡，弟則如杜如晦。昔唐太宗謂
> 房君善謀，杜君善斷。兄之所長在於多開途轍，發人神智。弟
> 有千慮之一得者，則在斬盡葛藤，破人迷妄。故兄能推倒，能
> 開拓，弟則稍有所得，多在於折衷，在於判斷。來者難誣，若
> 遇英才能兼我兩人之所長，則可以獨步矣。[14]

錢先生在信中指出自己與顧氏的治學途徑有互涉的地方，但才性、所
得則各有不同。他以房玄齡（579-648）擬顧氏，以杜如晦（585-
630）自擬，顧氏的所長，是能「推倒」和「開拓」，自己的所長，多
在於「折衷」和「判斷」。這是長久自省、觀察所得之言，所以顧氏
在這封信後加了這樣的按語：

> 老友之言當有其積久之觀察，錄之於此，以待他日之論。[15]

顧氏在《日記》中對錢先生以「老友」相稱，當然不是虛飾之詞，而
錢先生對不是真正相知、相契的朋友，大抵也不會作這樣坦率的比擬
和評論。

---

14 見《顧頡剛日記》第四卷（1939 年 7 月 2 日），2007 年 5 月聯經出版事業公司（臺
　北），頁 395。
15 見同上。

四

關於齊魯大學任職之約，錢先生在《師友雜憶‧成都齊魯大學國學研究所》中說：

> 余在昆明，臨行前，頡剛來訪，彼獲流亡成都之山東齊魯大學聘，任其新設國學研究所主任職。實則此事由頡剛向美國哈佛大學燕京學社協商得款，乃始成立。頡剛來邀余同往。適北大歷史系同學同來聯大者，至是已全部畢業。余允頡剛之約。惟既擬歸蘇州，須秋後始去成都。頡剛亦允之。[16]

又說：

> 及返蘇州，獲見老母，決心侍養一載……余通函頡剛，請假一年。頡剛復函，允薪水可照發，囑余開始編《齊魯學報》，首期在上海接洽出版。余念，獲一年薪水當另有撰述以報。[17]

齊魯大學國學研究所成立，是由顧氏向燕京學社協商得款才能成事。顧氏獲聘為研究所主任，又邀錢先生同往。錢先生因要侍養母親，請假一年，顧氏竟允薪酬照發，可見他很看重錢先生。錢先生曾評說顧氏「待人情厚」，這是實例之一。

錢先生踐約前往齊魯大學國學研究所，但顧氏不久就離職。《師友雜憶‧成都齊魯大學國學研究所》記述：

> 余返成都賴家園國學研究所不久，頡剛又去職，赴重慶。頡剛人極謙和，嘗告余，得名之快速，實因年代早，學術新風氣初

---

16 見《八十憶雙親‧師友雜憶》，頁 200。
17 見同上，頁 201、202。

開，乃以枵腹，驟享盛名。乃歷舉其及門弟子數人，曰，如某如某，其所造已遠超於我，然終不能如我當年之受人重視。我心內怍，何可言宣。其誠摯懇切有如此。而對其早負盛譽之《古史辨》書中所提問題，則絕未聞其再一提及。余窺其晨夕劬勤，實有另闢蹊徑，重起爐灶之用心。惟亦因其秉性謙和，又樂於汲引之虛心，遂使其交際日廣，應接日繁，有日不暇給之苦。又其時生活日清苦，頡剛氣體不壯，力不從心，更感不安。[18]

錢先生舉實例說明顧氏「人極謙和」，態度「誠摯懇切」。顧氏更因自己早享盛名，而學問勝過自己的晚輩，不能如自己當年受到重視，竟然有愧於心。其實學問與成名之間，涉及因素很多，兩者並無必然關係，這是人所共知的事實，老師在教導時只要悉心盡力，實不必為弟子的不受重視而自責。錢先生憶述顧氏「內怍」之言，目的在顯示顧氏具有謙厚、懇切、愛才的高貴品質，有揄揚的用心。錢先生雖也指出顧氏有「交際日廣」，應接不暇之苦，但更指出原因是有「樂於汲引之虛心」，這完全是含有推許成分的同情之辭。對錢先生為人稍有認識的人，會相信他因受人拉攏，而去排斥自己向來所感念、所推許的顧氏嗎？

《師友雜憶・成都齊魯大學國學研究所》又云：

頡剛留所日少，離所日多，又常去重慶。余告頡剛，處此非常之時，人事忙迫，亦實無可奈何。此後兄任外，余任內，賴家園環境良好，假以年月，庶可為國家培植少許學術後起人才，盼勿焦慮。而頡剛終以久滯重慶不歸，乃正式提出辭去研究所

---

18 見同上，頁209。

職務，由余接替。……抗戰勝利後，余歸蘇州，在其家中又獲
一面。不久，頡剛即去北平。後余在香港，有人來言，頡剛面
告，其在北平重獲舊時學業生涯。盼余能設法早歸。則其不忘
情於余者，實始終如一。[19]

據錢先生記述，顧氏提出辭去國學研究所職務，實因自己常去重慶，
久滯不歸，與受人排擠無關。顧氏女兒顧潮在《歷劫終教志不灰‧我
的父親顧頡剛》中這樣記述：

（1941 年）7 月中旬，父親回成都處理所務，9 月中旬乘船赴
重慶就職，將研究所職事交錢穆代理，以後在致錢穆信中，父
親說：「研究所者，弟費了兩年心力所建設者也，自身雖去，
終不忍其倒塌。去年走時，所以仍擔任主任名義者，即恐因弟
一走而致人心渙散，故欲以請假延長時間，使兄之力量可漸深
入，至弟正式辭職時可無解體之憂也。」（1942.3.4）次年 1
月，父親又回成都，處理研究所事務；返重慶不久，便辭去研
究所主任職，該職由錢穆接任。[20]

顧潮所記，有顧氏致錢先生的信為證，應屬事實。可見由錢先生接替
國學研究所主任職務，本在顧氏籌謀之中，而且大家早有默契，顧氏
心裏應沒有不舒服的感覺，更不會對錢先生產生惡感，否則不會寫信
給錢先生表明心跡，後來更不會請人傳話，邀請身在香港的錢先生早
歸北平。錢先生認為顧氏「其不忘情於余者，實始終如一」，是真有
體會的衷心話，也流露了對故友的感激之情。

---

19 見同上，頁 209-210。
20 見《歷劫終教志不灰‧我的父親顧頡剛》，頁 201。

<h1 style="text-align:center">五</h1>

　　回過頭來再看前面的引述，顧氏在《自傳》中對錢先生頗有微言，甚至有些惡語，究竟是甚麼一回事？我嘗試根據一些資料稍作解說，聊供談助，不一定是周全的看法。

　　性格方面，顧氏在《顧頡剛自傳・我的性格分析》中這樣自白：

> 我是一個長期神經衰弱的人，因為神經衰弱而成為神經過敏，我的頭腦裡永遠裝著許多問題，不停不歇地在想。……為了我頭腦中常想問題，所以逢到一點材料時就不會輕易放過。[21]

神經過敏，鑽研材料、尋找問題時觸覺會特別敏銳，在治學上往往有利，但在對人對事時，也較容易起猜疑之心。例如他認為沈尹默（1883-1971）、魯迅（1881-1936）、沈兼士（1887-1947）、洪業（1893-1980）、羅常培（1899-1958）、傅斯年（1896-1950）、周予同（1898-1981）、繆鳳林（1899-1959）、張其昀（1901-1985），以至張維華、錢賓四先生等等，對自己都有直接或間接的攻擊或排斥[22]。其中當然有不少是事實，但也有可能因為看見一些形跡或聽見一些傳聞，因而起了猜疑之心或不平之念。如果再有旁人的閒言，最後就會認定人家因利害關係或要奪取權位而排斥他。例如齊魯大學國學研究所的主任職位，錢賓四先生見他人事忙迫，離所日多，於是建議為他分勞。後來顧氏辭職，按默契職務由錢先生接替。在錢先生的筆下，這是顧氏久滯重慶的選擇，並非被迫離開，但在顧氏的筆下，卻變成了受排擠。很可能錢先生建議為顧氏分勞時，沒有考慮避嫌的問題。

---

21 見《顧頡剛自傳》第二部，頁148。

22 參閱同上，頁101、102、104、109、110；又參閱《顧頡剛日記》第六卷（1947年1月11日），頁6。

讀書人待人處事，有時或會忽略了人情世故。神經過敏的顧氏，不免會猜疑錢先生的用心。

時地方面，也可一說。我們讀《顧頡剛自傳》時，看到它分為三部。第一部撰寫於一九四四年至一九四五年，內容包括《我的家世》、《蘇州舊日的情調》、《我的祖母》、《祖父的故事》、《我在北大》；這部分極少涉及朋友、同事的是非。第二部撰寫於一九五〇年，原名就是《顧頡剛自傳》，連載於《東方雜誌》；有關朋友、同事的是是非非，主要在這部分，對錢先生的批評，也在這一部分。第三部撰寫於一九六八年，上溯至一九四九年，這是「文化大革命」中以編年方式為中國科學院歷史研究所所寫的交代材料[23]。試想想，在那個時代、那個社會、那種政治氣氛中，沒有多少人能思想獨立、言論自由，再加上懾人的政治壓力，顧氏有時不免言不由衷，甚至更要公開貶抑或斥責前輩、朋友、同事來畫清界線。例如他批評蔡元培（1868-1940）說：

> ……五四運動以後，蔡先生聲望委實太高，在全國人的心目中成了一個教主……。[24]

他這樣說，不正與批評錢先生「覺得自己真成了聖人」是同調嗎？又例如他在批評胡適（1891-1962）、朱家驊（1893-1963）時，也沒有忘記自貶一番：

> 解放以前，我和胡適、朱家驊一班反動派接近，證明我已成為附屬於他們的反動知識分子，是革命的敵人。解放以後，我雖欣幸地生活在新社會裏，但依然重業務而輕政治，沒有很好地

23 參閱《顧頡剛自傳》第一、二、三部前的簡介，分別在頁 3、69、175 前的插頁。
24 見《顧頡剛自傳》第二部中的《我怎樣厭倦了教育界》，頁 99。

> 改造自己的立場和觀點，封、資、修的遺毒依然存在，成為社
> 會主義革命和社會主義建設的絆腳石。[25]

上述話語，政治表態的用意非常清晰，其中應有「言不由衷」的成分
罷？

　　談到「言不由衷」，我們不妨談談顧氏與魯迅的關係。顧氏與魯
迅的關係非常惡劣，在《顧頡剛自傳》中曾多處提及，並不諱言；在
《魯迅全集》中，也保留了不少罵顧氏的篇章。但在《自傳》中，顧
氏卻這樣說：

> （1968年）3、4月中讀《魯迅全集》，吸取他的革命精神。[26]

如果沒有外在的政治壓力，顧氏會這樣說嗎？此外，顧氏還這樣說：

> 在這回空前偉大的革命潮流裏，我願意脫胎換骨，接受改造。
> 希望通過革命群眾的揭發和批判，把我這個根深蒂固的老資產
> 階級知識分子引導到無產階級革命的軌道上來。今後我下定決
> 心，讀毛主席的書，聽毛主席的話，照毛主席的指示辦事，做
> 毛主席的好學生。[27]

我不相信，在思想可以獨立、言論可以自由的社會環境裏，顧氏會這
樣表白。尤其是「下定決心」後的措詞，更是當時高幹和紅衛兵的常
用套語。套語照搬，固然是「言不由衷」，同時也讓我隱約感到有點
負氣的情緒。讀了以上各段引述的文字，錢先生雖然受到顧氏的「惡
評」，在泉下大抵也會以同情了解的態度而付諸一笑罷？許多歐、

25　見《顧頡剛自傳》第三部《在解放後的大事記》，頁204。
26　見同上，頁208。
27　見同上，頁204。

美、港、臺的評論者，談到中國內地學者在文革前和文革中如何委屈自己表態效忠、學習毛澤東（1893-1976）時，大多採取貶斥或大施撻伐的方式，毫無恕辭。其實，他們都沒有承受過巨大的政治壓力，也有不表態的自由，肆意評論，只是「隔岸觀火」，自以為身處道德高地，「妄向人前說短長」而已。

　　附記：近日得讀《顧頡剛自傳》，因重檢《師友雜憶》細讀，又參閱相關資料，乃成斯篇。此乃隨緣撰寫，實未預謀成篇也。篇中除老師及拜識之長輩以「先生」相稱外，其他一律不加稱呼，藉省冗沓耳。

　　　——本文曾在「中大史學五十年」學術研討會中宣讀要點
　　　　（2013 年 12 月 9 日），研討會由香港中文大學歷史系主辦

讀唐君毅先生《日記》叢札

一　引言

　　日記是一個人較真實的生活、思想紀錄，雖然會有局限。本文嘗試從唐君毅先生（1909-1978）的《日記》（1948-1978），了解他的自省功夫、品德修養、治學之道和為文意見。為甚麼我們閱讀和討論的內容，只限上述唐先生在香港三十年所記述的《日記》？主要的理由，是由民國十五年至民國卅五年（1926-1946）唐先生的《日記》和札記詩稿，都丟失了。資料缺乏，討論無所依據，因此討論的範圍，只好限於一九四八年以後的三十年記事了。唐先生在一九五四年三月四日的《日記》這樣說：

> 四妹昨來信……我十五至卅五年之日記與札記詩稿等，皆已無蹤跡矣。我在此十五年中乃學問最進步之時，日記中所記之生活反省及思想皆最詳，札記中則包含三十以前之思想系統，此皆我過去最寶貴者，今已不知所在矣。[1]

所失日記，是唐先生三十歲以前最可寶貴、最有價值的生活、思想紀錄。這些資料，為甚麼會失去呢？唐師母謝廷光女士在《唐君毅日記刊行記》中記述：

> （唐先生）以抗戰時期避日機轟炸，將日記、札記與家中藏書

---

[1]　見《唐君毅全集》卷二十七《日記》上冊，1991 年 9 月學生書局（臺灣），頁 169。

　　和他父親文稿一併寄存成都附近之雙流縣劉雲家中，劉乃他父
　　親學生。後來共產黨以劉家為地主，被抄家，故所寄存之藏
　　書、父親文稿，和他的日記、札記詩稿就不知去向了。[2]

相對於失去的資料，唐先生認為「在香港日記，則無大的價值，不過
對他個人則有極大之歷史意義」[3]。其實，我們要了解唐先生的生活
和思想，他在香港所記三十年的《日記》，固然有極大歷史意義，同
時也有不可忽視的價值，因為由一九四八年至一九七八年，正是唐先
生由盛年而至晚年的時期，在這一大段時間內，他的學問、思想，應
該是最穩定、最成熟的。我的閱讀札記，就以這個時期的《日記》為
對象。

二　唐君毅先生《日記》內容類札

　　唐君毅先生《日記》的內容，涉及範圍雖不算很廣泛，但也相當
豐富，限於時間和篇幅，不可能作全面的述說。姑就讀後札記所得，
分為幾類，並附說明，藉供敬重唐先生為人、學問的後學參考。以蠡
測海，未必盡是，懇請讀者寬而容之，進而正之，幸甚！

（一）常反躬自省

　　在日常生活中，唐先生常反躬自省，力圖改進。在《日記》中，
不乏這方面的記述。在自省過程中，唐先生對自己的責備，有時不免
嚴而苛切。

2　見《唐君毅全集》卷二十八《日記》下冊，頁481。
3　參閱同上。

1 待人之道

一九四八年六月十九日《日記》載：

> 近來頗感處人辦事之不易，必須處處能沈著氣，見侮不辱，並
> 出語斬截方能有力。我為人過於仁柔，處處苦口婆心，用之於
> 教育則宜，用之於辦事則太囉唆，他人不得要領，則無所適從
> 也。[4]

唐先生自省為人過於仁柔，常苦口婆心教人，有時不免囉唆。辦事幹
練之人，則須能沈著氣，出語斬截，處事決斷。在我的印象中，唐先
生的確不是出語斬截、處事決斷的辦事幹才，但我們何必要求一位思
想家、教育家、學人是個辦事幹才呢？

一九五一年五月十一日《日記》又載：

> 與廷光談，彼謂彼有時亦常疑人疑自己……此種心理我時常發
> 生……我覺此乃由于一本原上之罪惡，即不相信自己，與不相
> 信人。不相信自己，由當下之自己與過去之真自己忽然脫節，
> 而以一切可能之事為真實，並由于人之過度之好名心而恐怖萬
> 一之失其名譽。……此乃一極深之精神病態……此病終當去之
> 方是。其要在撥去「可能」之幻想而一切歸于「實事」。[5]

人常有懷疑之心，更常會懷疑人家對自己懷疑，這是病態，唐先生自
省也常有此病態。病態之起，其一是以幻想為事實，其二是對人對己
缺乏信任，其三是有極端的好名心和得失心。解決之法，在撥去「可
能」的幻想而一切歸於「實事」。根據唐先生的自省，可見他嚴於責

4　見《唐君毅全集》卷二十七《日記》上冊，頁5。
5　見同上，頁88。

己,而且有不斷勉力向善、求進之心。

2 自責與自勉

一九五一年十二月十日《日記》載:

> 我之最大缺點在不定,無論在內心意念與說話態度行動上皆
> 然。以後宜首在行路與說話時力求從容穩定。[6]

唐先生以「不定」自責,他力求自己在內心意念與說話態度行動上能
從容穩定。能認識自己的缺點,才可以知道怎樣改進。不過,唐先生
對自己雖有「從容穩定」的要求,但實際上,他無論在品德修養、研
治學術或傳道授業等方面,都經常表現出一種急不及待、猶恐失之的
熱切之情。這就是他自稱為「不定」的缺點。

一九五二年十月二十六日《日記》又載:

> 我有一天生厭惡機械性之活動或紀律組織之性格,故少年時厭
> 惡軍事操。廿二年……當時程兆熊囑我代寫一文化宣言,我即
> 首指出中國文化精神為寬容博大。……然我之生活亦因此有無
> 條理而雜亂之病,若干年來之思想漸使我之廣博思想秩序化,
> 以後我之生活當亦整秩方是,此固不礙我之重寬容博大之胸襟
> 境界也。[7]

中國文化精神寬容博大,這是唐先生所蘄向的精神,並實踐於生活之
中。但寬容博大的流弊,會使生活無條理而雜亂。唐先生以此自警,
既求思想之秩序化,又求生活的整秩,而無論「秩序化」或「整
秩」,必須以不妨礙重寬容博大的胸襟為原則。

---

6 見同上,頁 105。

7 見同上,頁 130-131。

一九五六年四月一日《日記》又載：

> 晨思每日應事稍多，恆覺神思散亂，此蓋由應事時或以矜持
> 心、或以計較心、或以剋核心、或以得失心應之之故。人之意
> 念行為實在不自覺加以檢點，即有陷于非之可能，人生實長在
> 有過中，欲立於無過之地亦為私欲，要在隨時自覺加以反省
> 耳。[8]

唐先生時時自覺反省，這是其中一例。他認為，矜持心、計較心、剋
核心、得失心，使人神思散亂，實有害於應事。甚至「不自覺加以檢
點」及「欲立于無過之地」，這其實也是「私欲」的表現，會使自己
「陷于非之可能」。唐先生的自省，真是嚴而深切。

3 相勉與僭妄

一九五〇年五二十一日《日記》載：

> 對家庭中人與親戚只能望之能生存，甚難勉以道義，往往用力
> 多而成效少。學問事業之相勉皆只能求之于師友，此點我以後
> 當記住，以免自討煩惱，浪費精力。[9]

唐先生在六妹結婚之日，勸勉她和她的夫婿「勿忘學問」[10]。不過在
勸勉之後，唐先生有以下反省：以道義相勉，包括學問事業方面的相
勉，只能求之於師友，而難求之於親人。大抵關係親密，有時難以嚴
正論學、論道。古人提議「易子而教」，也可能是這個道理。可見相
勉之道，要看對象，要留意人我關係，不能固執己見，鐵板一塊。

8　見同上，頁 227。

9　見同上，頁 60。

10　參閱同上。

一九六三年二月七日《日記》又載:

> 我之缺點為對若干他人之事責任心太強,翻成一僭妄或佔有,
> 實則已(己)力不能及之事,則不必引為己責,人各有一個
> 天,不必皆由我為之擔憂也。[11]

對他人的事有太強責任心,則會擔憂,甚至會干預,這就會造成「僭
妄或佔有」。唐先生大抵有過這樣的經歷,因而有這樣的反省,例如
上面提到他對六妹和妹夫的勸勉,就是其中一例。在《日記》中,唐
先生常有這樣或那樣的自覺和反思。

4 論生死幽明

一九七六年八月二十一日《日記》載:

> 二三年來我嘗念人於死無所畏懼之道,在念對此世界而言,昔
> 之聖賢豪傑吾之父母及先輩師友,皆無不離此世界而去,則我
> 有何德當久存於斯世乎?每一念此,即於吾一生之生死覺瀟然
> 無懼矣。吾若欲求延其生之壽,亦只以有其他尚存之人之故而
> 已,每念他們失去了我的悲哀,我實不忍離開愛我而尚存的
> 人。[12]

這是唐先生對生死問題的思考。人皆會死,因此不必對死恐懼,但仍
然力求延生,主要是為了「尚存」的人,尤其是「愛我而尚存的
人」。其中有豁達語,也有關愛語。

一九七六年九月十四日《日記》又載:

---

11 見同上,頁468。「已力不能及」,應作「己力不能及」,是手民之誤。
12 見《唐君毅全集》卷二十八《日記》下冊,頁44。

午睡後他說覺得舒服一點，大家很高興，父女二人還談了一些
人生志趣和讀書為人的道理；又談死生幽明之理，「孔子曰：
『大哉死，君子息焉。』所愧自己全無修養工夫。」[13]

上文是唐師母代記，「他」指的是唐先生。孔子之言，其實是子貢之
言[14]。大抵唐先生在病中引述孔門高弟的話語來表達自己的看法。生
死是大事，面對死亡，君子會安然坦然地面對。唐先生自愧「全無」
君子的「修養工夫」，是謙遜，也是反躬自省的自勵。他其實「對死
亡無所畏懼」，有「肅然承擔的魄力」[15]。

（二）論品德修養

唐先生常作品德修養的思考，並為養身、養心的實踐而努力。他
以志道、據德、依仁、游藝作為自我修養的指標，因而可以遇疾不
憂，遇詆不懼。

1 學人的生活和修養

一九六六年十一月十日《日記》載：

連日為養身而習靜坐靜睡。更念只此是道。又在靜中常念及以
往之種種過失及不免對人有意或無意之辜負，因知懺悔與對人
之感念皆清心靜心之道。[16]

---

13 見同上，頁 420。

14 《荀子、大略篇》載：「子貢曰：『大哉死乎！君子息焉，小人休焉。』」（見王先謙
《荀子集解》卷十九，2008 年 10 月中華書局〔北京〕，頁 511。）《日記》中所云
「孔子曰」，可能是唐先生或唐師母的誤記。

15 參閱唐師母《唐君毅日記刊行記》，《唐君毅全集》卷二十八《日記》下冊的「附
錄」，頁 485。

16 見《唐君毅全集》卷二十八《日記》下冊，頁 111。

唐先生常作品德修養的思考。他認為靜坐、靜睡是養身之道；自我懺悔與對人感念是清心、靜心之道；前者是養身，後者是養心。養身是健康問題，養心是修養問題。

一九七七年四月二日《日記》又載：

> 近日廷光欲念多，問毅兄如何能去掉欲念。他說「清靜自然無欲，無欲自然清靜」。[17]

上述是唐師母記述唐先生談論去欲念的話語。「清靜」是關鍵，清靜則心清、心靜，能清靜其心，則無所求，無所求何來欲念多？唐先生所強調的，仍是一貫的養心功夫。

2 論人生責任

一九六七年一月三十日《日記》載：

> 廷光偶覺人生不免有委屈之感，毅兄說人生是要盡責任的，但問耕耘，不問收穫，自然就無委屈之盛（感），並覺得處處有歉意。又謂人如有貪念，即有委屈之感。[18]

這是唐師母代記的《日記》。唐先生很清楚地指出，人有貪念，才會有委屈之感。貪念之起，是因為有所求——要問收穫。不問收穫的人，只知人生要盡責任，只問自己是否有做得不夠的地方，那自然會不斷產生歉意，有這種心態的人，又怎會有貪念？又怎會有委屈的感覺？這就是唐先生對人生責任的看法。

---

17 見同上，頁 450。

18 見同上，頁 122。「委屈之盛」，應作「委屈之感」，是手民之誤。

3 去憂念即去心魔

一九六八年十月三十日《日記》載：

> 二星期中時念將哲學筆記重組織為一書，但以目疾之故，時憂念今生能成此書否。此憂念乃一魔，因我所信真理在天壤不增不減之義，我不發現之，亦不增不減，吾人不應存此憂念。……人恆覺「吾生有事」乃當有之念。但此念只所以使不作虛生之想。今有書待作，則使我之以後有生之年，如目力健常，亦不致為虛生，此為有書待作之唯一價值。此價值乃對己而非對真理自身。[19]

唐先生相信「真理在天壤不增不減」，因此個人著述的價值，是對己而不是對真理。在這個前提下，我們實不應憂念今生能否完成自己的著述。唐先生常有急於著述之志，有時不免心存憂念。唐先生認為，憂念是心魔，去憂念即去心魔。這是自解，也是對後學的提示。

4 衰病正當用工夫處

一九六八年十一月一日《日記》載：

> 念人至老衰病患之境，以己力之弱，而對人之責望怨望恆多，希倖得與忌嫉之念，皆可無緣而自起，此中人之生命如水淺而沙石皆見。然能知此義，則老衰病患，正人當用工夫處。孔子言「不怨天不尤人，知我者其天乎？」此非易居之境也。[20]

---

19 見同上，頁 176。

20 見同上。《論語・憲問》載：「子曰：『不怨天，不尤人。下學而上達。知我者其天乎！』」（見朱熹《四書章句集注・論語集注》，2005 年 9 月中華書局〔北京〕重印本，頁 157。）

唐先生常作道德自覺的反省，這又是一例。他自勉老衰病患之時，「正人當用工夫處」，不要對人責怨，不要存有倖得和忌嫉之念。

5 以聖言為修養指標

一九七五年一月四日《日記》載：

> 念孔子志於道四句，可加指明為：志於天人之道，據於天性之德，依於物我感通之仁，遊於人文化成之藝。以統平日之所思。[21]

孔子云：「志於道，據於德，依於仁，游於藝。」[22]唐先生稍增文字，使語意較為明確、具體。這固然便於後學的理解、掌握，同時也可讓我們知道唐先生以聖言作為自我修養的指標，並且用來統攝自己平日的思緒。

6 遇詆毀置諸不理

一九四八年七月四日《日記》載：

> 遇人詆毀，應置諸不理。[23]

遇詆毀而不理，非有寬容、恕人之心不可。唐先生以此自勉，而於生活中亦能實踐。如一九五八年五月二十日《日記》載：

> 今日人生社王貫之攜來隱名信一封，沒有一句好話，全是詆罵人的。毅兄看後很不在乎，並說毫無解答的必要，但我心中實在抱不平，覺得太委屈他了。雖然毅兄曉諭我，他說孔子聖人

---

21 見同上，頁 366。
22 見朱熹《四書章句集注・論語集注》，頁 94。
23 見《唐君毅全集》卷二十七《日記》上冊，頁 6。

也，但仍要受人詆毀，所以子貢有仲尼不可毀也之語。[24]

這則《日記》由唐師母代記。用隱名信詆毀人，是怯懦者的行為。應付這些怯懦者，最好的辦法，就是置諸不理。不理是一回事，但一般人不能沒有不平之感。看來唐先生真能超越不平，所以不會產生委屈的感覺，同時也能以善言開導為自己抱不平的親人。

（三）論治學之道

治學是學者的要事。唐先生的《日記》有較大篇幅討論治學之道的種種問題，其中有關治學志趣、治學進程、治學方法等方面，所論尤多，可供我們參考。

1 治學志趣

一九六五年二月十一日《日記》載：

> 念吾一生之寫作嚮往者，可以二語概之：「大其心以涵萬物，升其志以降神明」或「大心涵天地以成用，尚志澈神明以立體」。而此即中國先哲精神所在也。[25]

唐先生以中國先哲精神的所在為一生寫作即撰著的嚮往目標。「大其心」、「升其志」是修養功夫，「涵萬物」、「降神明」是蘄向目標。「涵萬物」也就是「涵天地」，為的是要「成用」；「降神明」也就是「澈神明」，為的是要「立體」。

一九六七年八月十七日《日記》又載：

> 晨起念我二十年來所論以告世者，可以立三極（太極、人極、

---

24 見同上，頁 318。
25 見《唐君毅全集》卷二十八《日記》下冊，頁 50。

皇極)、開三界（人格世界、人倫世界、人文世界）、存三祭
（祭天、祭祖宗、祭聖賢）盡之。[26]

唐先生自述二十年來的論著，可用立三極、開三界、存三祭三事來概
括。這三事，可說是唐先生治學的蘄向所在。究竟三極、三界、三祭
之間的關係怎樣？在同日的《日記》中，唐先生有詳細的說明：

> 人格世界開於人各修己而內聖之道成，太極見於人極。人倫世
> 界開於人之待人而內聖之道見於人，人極始形為皇極。人文世
> 界開於人之待天地萬物，而皇極大成，無非太極。祭天地而一
> 人之心遙契於太極，所以直成一人之人格，祭祖宗而後世之情
> 通，所以直樹人倫之本，祭聖賢而人格之至者得為法於後世，
> 而人文化成於天下。立三極依於智，開三界依於仁，存三祭依
> 於敬。[27]

唐先生認為，人格世界是修己功夫，人倫世界是待人功夫，人文世界
是待天地萬物功夫。功夫修養的極詣，太極、人極、皇極三者就可相
通而無窒礙。至於祭天地是為了完成人格，祭祖宗是為了樹立人倫，
祭聖賢是為了化成天下。而治學用力的所在，應以上述種種為目標，
在用力過程中，不可不以智、仁、敬為依憑。

2 問題思考

一九六八年十月一日《日記》載：

> 念我以往所思之哲學問題：一為不思而中之智慧如何可能，此
> 為香港出版之《道德之自我建立》第二編之二文中之一。二為

---

26 見同上，頁 139。
27 見同上，頁 139-140。

> 不勉而得之道德生活如何可能，此於《朱陸問題探原》及《原
> 性》文中曾指出其為宋明儒學之核心問題。三為由言至默之知
> 識論形上學如何可能，我此半年中所寫之哲學筆記，即向由言
> 至默方向而論知識論形上學。然我初不自覺我之思想之三問題
> 如此。此略類康德之何者為人所知人所行人所望之問題。而實
> 皆高一層次之問題，而純為契應東方哲學方有之問題與思想
> 也。[28]

這是唐先生自述在以往的治學過程中，所思考的三個哲學大問題，這
三個大問題是：

（1）不思而中之智慧如何可能？

（2）不勉而得之道德生活如何可能？

（3）由言至默之知識論形上學如何可能？

關於這三個問題的思考，唐先生都各有著述，只是他最初並不自覺會
有這樣的思考和著述。唐先生還指出，自己所思考的問題雖略與康德
相類，但實際有分別，因為自己的思考，純屬契應東方哲學才有的問
題與思想。唐先生的所學，雖以中國思想為主，但其中頗有汲取自西
方哲學思想的成分和來自西方思想家的啟發。不過無論是怎樣的汲取
或啟發，唐先生的治學，仍然歸本於中國思想，因而可契應於東方哲
學思想，特別是中國的哲學思想。

3 治學經過及進程

一九五四年三月十五日《日記》載：

> 夜念我過去之寫文可分五時期：自廿六歲至廿九歲數年皆喜論
> 中西哲學問題之比較後輯成《中西哲學之比較論集》于正中出

---

28 見同上，頁 172。書名號代加。

版，卅歲至卅三歲數年中喜論道德人生成《人生之體驗》及《道德自我之建立》二書在中華商務印行，卅四歲後應教育部之約寫《中國哲學史綱》十七萬言，至卅六歲後補作《宋明理學論》廿萬言，後又寫《朱子理氣論》七萬言，此文後只零星在刊物上發表若干篇，大約見于《理想與文化》、《歷史與文化》及《學原》，卅八歲至四十一歲時寫《文化之道德理性基礎》，其中有二篇四十二歲時乃完成，四十一歲至今則又著《重論中西文化及人類文化前途等問題》而針對時代立言。回想起來，皆四年一變，乃不期然而然者，亦異事也，不知此後數年尚如何。[29]

唐先生自述十多二十年來五個時期的治學情況（由廿六歲至四十二歲）。凡要了解他的治學興趣與取向的人，不可不細讀這則《日記》。除《中國哲學史綱》受教育部命撰述不計外，他由中西哲學比較的認識開始，進而關注道德與人生、道德與文化等問題，並深入探研宋明理學特別是朱熹的理氣論；在四十一、二歲時，則留意中西文化的比較和人類前途等問題。唐先生的治學，大抵四年一變，雖說「不期然而然者」，但由此可見他對學問的探研，有不斷求進、自強不息的存心。

　　一九七四年六月二十六日《日記》又載：

念我過去之思想寫作之發展，三十歲前之《中西哲學比較論集》，只述而不作；其後之所作乃以《人生之體驗》中之《心靈之發展》一文為基，由此第二步為見此心靈之發展於人生之行程（亦見《人生之體驗》）；第三步為由此人生之行程之表見於人之文化與德性而成《文化意識與道德理性》一書；第四步

29 見《唐君毅全集》卷二十七《日記》上冊，頁 170。

為用此理論以講《中國文化之精神價值》；第五步為發揮此書
以論現代之文化問題而有《人文精神之重建》、《中國人文精神
之發展》及今所輯之繼此二書而寫之《中華人文與當今世
界》；第六步為用之以為初學寫《哲學概論》，言知識論當歸於
形上學，形上學當歸於人生論；第七步為由此以論中國哲學之
基本觀念之歷史發展是為《中國哲學原論》；第八步為回歸於
心靈以觀照人類之哲學境界是為《心靈三向》與《心靈九境》
所由作；第九步則為吾年來所思之人類反面之罪惡之起原及社
會政治之禍患根原之問題也。[30]

在一九五四年三月十五日的《日記》，唐先生追述了十多二十年來五
個時期的治學情況；由一九五四年至一九七四年，剛好是二十年，他
又分九步詳細敘述自己治學的進程和發展，而每一步基本上都有具體
著作可為代表。從這些著作的內容，我們既可了解他的思想進程和轉
變，而每一步進程和轉變，都與上一步有緊密的聯繫，可說下一步的
思想和著作，是上一步思路的發展。甚至他三十歲前的「述而不
作」──《中西哲學比較論集》，也不能說與後來各步的內容、進程
和發展沒有關係。可以說，一九五四年和一九七四年這兩則《日
記》，應該是唐先生一生中重要思想和主要著作的紀錄。

4 與晚輩論治學之道

一九五五年三月二十四日《日記》載：

夜與研究所學生談話，略說學哲學應重哲學史，對不同哲學取
欣賞態度，並由知文化史而知錯誤理論之價值、哲學問題與哲
學史之研讀之二元化。學歷史者應重哲學，如舊歷史家重三代

---

30 見《唐君毅全集》卷二十八《日記》下冊，頁 347。

之治與顧頡剛之層疊（累）造成古史觀皆有哲學為背景。又歷
史問題與時代有關。中國未來之學術發展，講中國學術當融之
於哲學社會科學中，而不只名為中國之學。[31]

這是唐先生對研究生諄諄提示的談話。他指出學哲學不應忽略哲學
史，也就是研究學術思想不能不理會學術思想史，因為這樣才可擴大
我們的識見，並對不同哲學或思想能理解和欣賞。不過，哲學問題與
哲學史的研究，兩者關係密切，但又不可混而為一。唐先生又認為，
「學歷史者應重哲學」，因為古今史家的理論和撰著，都有史觀在其
中，關於這方面，現代哲學家馮友蘭也有相似的說法。馮氏在《中國
哲學史》中表示：「敘述一時代一民族之歷史而不及其哲學，則如
『畫龍不點睛』。」[32]此外，唐先生又表示，研究歷史，不能忽略時代
因素，這是非史學家的真有史識之見，值得研究史學的後學記取。

　　一九七七年十一月十二日《日記》又載：

與學生談新亞研究所之性質與其他研究所之異同，及新亞諸導
師成學之經過各不相同，亦多曲折，如從事政治教育行政等。
然其所以能成其學，則在先有根底（柢），在從事他業時於學
問不忘，而其多曲折之經歷乃為增其識見之用。故諸同學應自
諸導師之識見向之學習。[33]

---

31 見《唐君毅全集》卷二十七《日記》上冊，頁 198-199。「層疊」，似應作「層累」。

32 馮友蘭在《中國哲學史》第一篇《子學時代》的第一章《緒論》中說：「培根曾
說：許多人對天然界及政治宗教，皆有紀述；獨歷代學術之普遍狀況，尚無有人敘
述紀錄，此部分無紀錄，則世界歷史，似為無眼之造像，最能表示其人之精神與生
活之部分，反闕略矣。（見培根之《學術之進步》The Advancement of Learning ）
敘述一時代一民族之歷史而不研究其哲學，則如『畫龍不點睛』，如培根所說。研
究一時代一民族之歷史而不研究其哲學，則對於其時代其民族，必難有澈（徹）底
的了解。」（1959 年 8 月中國圖書公司〔香港〕，頁 17。）

33 見《唐君毅全集》卷二十八《日記》下冊。頁 470。「根底」，本作「根柢」，現兩詞
通用。

唐先生之意，大抵為：閱歷有助學問之成，但須先有根柢，有閱歷無根柢，則難以成學。研究生大多是年輕人，閱歷不足，是理所當然的事。為求將來的閱歷可助益自己學問之成，年輕人最好先努力及早打好自己學問的根柢。

（四）論為文之道

唐先生在《日記》中，對自己所撰文字，常作理性的省察。他認為為文有難易之別，但應向最難挑戰；他又認為，善用各類文字風格，有助表達效果。此外，他又強調，為文須有至誠惻惻，不可心存功利，並應力求讓人易於理解。

1 論為文之難易

一九五一年二月二十四日《日記》載：

> 文章之言對敵、命令、諷刺、打倒為事者易作，以平心析理述事者較難，以轉邪歸正，引人向上及表現自己向上之精神更難，以感人使人自然興起而向上者最難。[34]

為文有難有易，據唐先生的意見，由易而難，可分為四個層次：（1）攻訐、譴責、諷刺之類的文章易作；（2）平心析理述事的文章較難作；（3）引人轉邪歸正、向上及表現自己精神向上的文章更難作；（4）能感動人使自然向上的文章最難作。推求唐先生的語意，他大抵希望我們寫文章不要取易捨難，「較難」會是人人都要達到的要求，而「更難」和「最難」，更是為文時應該蘄向的目標。

---

34 見《唐君毅全集》卷二十七《日記》上冊，頁82。

2 應善用各類文字風格

一九五一年四月二十二日《日記》載：

> 念我以前作文有抒懷式，如《人生之體驗及人生之智慧》。有
> 反省式如《道德自我之建立》。有辯論式如《物資生命心》。有
> 析理式如《文化之道德理性基礎》、《朱子理氣論》。有說教式
> 如《孔子與人格世界》。有述學式如《中西哲學比較研究集》
> 及中哲史中《王船山學述》及《今論中西文化》等。以前蓋不
> 自覺所作文字風格各異，以後當求自覺的用之，當可有進步
> 處。[35]

上文所謂「文字風格」，實即各類表達方式。唐先生自覺所作文字風
格各異，略加分類，有抒懷式、自省式、辯論式、析理式、說教式、
述學式等多種，如果能自覺而善加運用，當可使自己的作文（書面語
表達）有進步。他的意見，大抵是：為文當看內容而採用適合的表達
方式和風格。不過作者如果沒有自覺之心，就難以知道，怎樣的表達
方式和風格，才是最適合的。

3 為文須絕功利之心

一九五一年八月八日《日記》載：

> 近來寫文，對作人精神當處處充滿于當前之事中之意有所了
> 解，精神充滿于事即是敬，與絕功利之心通。[36]

這是唐先生對為文之道的體會。他認為為文之道，須以精神處處充滿

---

35 見同上，頁 86。
36 見同上，頁 96。

於當前之事，如此才可真正了解當前之事中的意，能夠這樣，才會對事有敬，有敬，自然會絕功利之心。不能絕功利之心的人，對當前之事的了解，很難沒有障蔽，下筆為文時，不免會有偏頗了。

4 為文須有至誠怛惻

一九五一年十二月三十一日《日記》載：

> 自念我之文字與若干師友之文字亦多缺至誠怛惻之意，終不免隨時下習氣而多浮語虛詞，何能透至他人性情深處。又念真宗教精神之高遠與宋明理學家之鞭辟近裏真不可及，內心深感難過愧悔。[37]

唐先文自省為文「多缺至誠怛惻」，不免有「時下習氣」而「多浮語虛詞」，他蘄向的，是真宗教精神的高遠和宋明理學家的境界。可見他時常嚴厲自我督促，甚至不惜痛加自責。他的提示很清楚：為文須有至誠怛惻，也就是要有真摯的情感，否則就會沾上時下浮誇的習氣，不能透入他人的性情深處。

5 為文須儘量使人喻解

一九五二年十月二十六日《日記》載：

> 念我過去寫文雖多，然未寫攻擊人諷刺人之文，亦未寫逢迎人或媚世悅人之文，並求于文中勿有傷及他人及驕傲誇耀之語氣，此乃我之好處。但我寫文乃因常要自己說出自己之異乎流俗處而未能儘量求使人喻解，此乃仁智不足之故，宜改之。[38]

---

37 見同上，頁107。

38 見同上，頁130。

這是唐先生對自己所寫文章的評論。他自信所寫文章有不攻擊、不諷刺、不逢迎、不媚世、不驕誇等等優點，但因存心「異乎流俗」，常有未能儘量使人喻解的情況。他認為這是「仁智不足之故」。他以此自責，並勉勵自己改進。

三　結語

唐師母在《唐君毅日記刊行記》中表示：日記記述的是個人生命的歷程，是個人的歷史。我們要了解一位學人，應當要看他的日記，因為從日記可窺見一位學人的願力、志趣、治學經過和為人之道，其中還有許多發人深省的地方[39]。我們讀了唐君毅先生的《日記》，所得到的印象，可說與唐師母的說明完全相符。

在《刊行記》中，唐師母還有一些話語，頗能說明唐先生的為人和思想，並有助於我們了解唐先生《日記》的主要內容。唐師母說：

> 他的《日記》寫得很簡單，似乎很平凡，但在簡單平凡的句子裏，已表現了他溫純敦厚、勤勞孝友之天性，及一種內在的道德的自覺反省而表現出來的至誠惻怛之性情，常抱苦心孤詣，與人為善，望人人各遂其生，各不受委屈之懷。[40]

上述文字，足以概括唐先生的性格、為人、胸懷，從《日記》的記述，不難得到具體的印證。唐師母又說：

> 先夫在思想學術上的態度是非常寬大的，只要是從良知理性出發，目標在使人類社會更合理想，不同的思想路向是可以相容

---

39 參閱《唐君毅全集》卷二十八《日記》下冊的「附錄」，頁481-482。
40 見同上，頁482。

的，不同的著作，他都欣賞。他說若人人能本良知理性，化私
為公，心光交映，這是多麼善的世界。[41]

寬大、相容，是唐先生在思想學術上經常保持的態度。他能欣賞意見
不同的著作，能肯定異己之美，反而對待自己的不足，他常採取一種
苛責的態度。在《日記》中，不乏這方面的資料。唐師母又說：

> 先夫稟性仁柔，苦心孤詣，凡事為人設想，自己苦惱……這種
> 性格的人，真不宜於辦行政……行政的事竟累了他一生。[42]

在《日記》中，唐先生常檢討自己的不足，並不惜自我責備，不擅長
辦行政，只是其中的一端。唐師母認同唐先生的說法，並指出「行政
的事竟累了他一生」。她為甚麼這樣說？原來行政事務，有時會干擾
唐先生的情緒，又影響了他的治學、著述進度，而且也確實招來了一
些同輩和晚輩的批評。老實說，在我認識的前輩和同輩中，能公開自
承不擅行政或自責缺失的人，其實不多。

　　根據初步考察，唐先生的《日記》，較多涉及反省、品德、治
學、為文等方面的內容，真不愧為學人的本色。本文以札記方式，嘗
試摘取一些語段或語句，略作分類，並加按語，藉供讀者參考，並讓
有志向學的後學，從中得到一些提示和啟發。《日記》之中，當然還
有不少可貴的意見，可供我們作進一步的摘取，可惜時間、篇幅有
限，竭澤而漁的摘取工作，只好留待他日了。

　　　　——原載《新亞學報》第 28 卷，新亞研究所（2010 年 3 月）

41　見同上，頁 483。
42　見同上，頁 484。

牟潤孫先生與新亞

　　先師牟潤孫先生在一九八八年十一月辭世，距今已有十六年了。
十六年後的今天，談談晚年、身後相當寂寞的潤孫先生與新亞的關係
和他對新亞的貢獻，以示懷念，未嘗不是一件有意義的事。本文所謂
「新亞」，包括香港中文大學成立前後的新亞書院和新亞研究所。

一

　　一九五四年，潤孫先生接受錢賓四（穆）先生的邀請從臺灣來香
港，即任新亞書院的文史系主任、新亞研究所導師，同時兼任圖書館
館長。新亞書院在一九五六年由九龍深水埗桂林街遷往土瓜灣農圃道
新校舍，稍後文史系分為中文系和歷史系，潤孫先生轉任歷史系主
任，仍兼新亞研究所導師。香港中文大學籌備成立時，潤孫先生即負
責崇基、新亞、聯合三院歷史系統一文憑試及其他事務的統籌、協調
工作，並自一九六三年起任香港中文大學歷史系第一位講座教授，就
職演講時所宣讀的論文是《論魏晉以來之崇尚談辯及其影響》。陳寅
恪先生對這篇論文甚為推許，認為是「『烏臺』正學兼而有之」的著
作。所謂「烏臺」，指御史臺，借以指史學；正學，指正統之學，即
經學[1]。一九六六年香港中文大學文科研究院成立，潤孫先生又兼任歷

1　參閱陳寅恪《致牟潤孫》（1966 年 11 月 21 日），陳美延編《陳寅恪集・書信集》，
　2001 年 6 月生活・讀書・新知三聯書店（北京），頁 283。

史部主任導師，直至一九七三年退休；在一九六八年，他曾應聘赴美國俄亥俄州立大學任客座教授。由一九五四年至一九七三年整整十九年中，潤孫先生直接或間接邀請了不少著名史學家先後來新亞書院、新亞研究所、香港中文大學任教或訪問講學，就記憶所及，有：左舜生先生、陳荊和先生、董作賓先生、嚴耕望先生、全漢昇先生、徐復觀先生、王德昭先生、鄭德坤先生、李定一先生、劉子健先生、何炳棣先生等等。他也曾積極邀請在臺灣的方豪先生和勞榦先生來港任教，可惜方、勞兩位因事未能成行。潤孫先生更因長期主持新亞書院、香港中文大學的歷史系和新亞研究所、中大研究院的歷史部，又長期講授史學科目及指導研究生，因此培育史學人才甚眾。

二

潤孫先生在香港中文大學成立前後所講授的史學科目，主要有「中國史學史」、「中國學術思想史」、「中國史學名著評論」、「經學史」、「魏晉南北朝史」、「史學方法論」、「《漢書》研究」、「《三國志》研究」、「《資治通鑑》研究」等等。從他講授的內容，我們知道他是一位博通經史的學者。讀過他的著作、聽過他的課和接受過他直接指導研究的學生，更知道他精熟目錄版本之學，重視目錄學之用，講究著述體例，強調經史互通，實踐史源考尋，講求通史致用，看重語言文字，而對兩漢史、魏晉南北朝史、唐宋史、經學史、明清學術思想史，都有深入研究。他的主要著作，已先後結集為《注史齋叢稿》和《海遺雜著》。前者最初在一九五九年由新亞研究所出版，收論文十四篇，增訂本在一九八七年由中華書局（北京）出版，共收論文二十六篇；後者在他去世後才由中文大學出版社在一九九〇年出版，共收篇幅長短不一的文章七十篇；其他發表在報刊上的文章還有不少，有

待進一步蒐集、整理。

<h2 style="text-align:center">三</h2>

　　賓四先生對新亞書院和新亞研究所有開創之功，而且培育了許多史學人才，貢獻極大，那不用多說。但潤孫先生對新亞書院和新亞研究所的貢獻，則似乎較少人提及。據我們所知，在新亞書院和新亞研究所較早階段時，潤孫先生已參與不少行政事務工作，為賓四先生分勞。下面是賓四先生給潤孫先生的信：

> 昨天把研究所各卷都送來了，我把來通體翻閱一遍，惟文字學未拆看……弟對國文及歷史各卷，於上面就一時瀏覽的所及，作了些記號，以便　兄閱時作參考……茲將文學史、思想史、社會史三份留下，因尚未批完分數也，其他均送上。日文與文字學盼即分送劉、張兩兄……弟當於星（期）一晨來與　兄同審定取錄名額。[2]

這封信沒有日期，但箋上的地址是九龍農圃道。大家都知道新亞書院在一九五六年夏天才正式從桂林街遷入農圃道校址，因此寫信應在一九五六年或以後。信的內容顯示，潤孫先生不但要評閱國文及歷史各類入學試卷，同時還要負責把試卷分送有關教師，最後又要與賓四先生一起審定取錄名額，可見他當時參與行政事務工作的一斑。此外還有好幾封賓四先生的信，可以說明這方面的情況。篇幅所限，僅再舉一例：

　　派去美國夏令講學會研究生決派余君秉權前往，已囑其繕具略

2　見賓四先生致潤孫先生書信原件。

歷，盼今晨向彼一取，俟舲雨來與其面商是否仍須繕具公函向
艾維君申請……一切拜託。[3]

「余君秉權」是新亞研究所一九五七年的畢業生，論文導師是潤孫先
生，畢業後任教於香港大學；「艾維」是耶魯大學雅禮協會派來新亞
任教英語的教師，信中所提及的「夏令講學會」，大抵由耶魯大學主
辦。至於要「與其面商」的「舲雨」，可能是校長辦公室秘書。由於
信箋地址是農圃道，所以這封信應寫於一九五七年余氏畢業之前。

　　除了新亞研究所的行政事務，潤孫先生似乎也要兼顧新亞書院的
部分行政事務。為了洽談香港大學教授來校講演，賓四先生寫信給潤
孫先生：

　　據傳君尚霖言，寇比教授極有意到校講演一次，並彼將休假返
　　美。盼　兄與傳君一洽……並盼早與傳君通電話一商。[4]

洽談學術講演，或許是系主任應做的工作，我們不妨再看賓四先生給
潤孫先生的另一封信：

　　行政會議請發通知，惟書林、聿修兩兄是否不發抑一發一不
　　發，請再酌。謝君聘書暫存　尊處。[5]

上面提及的「書林、聿修」，應是王書林先生和王聿修先生。前者任
教心理學，後者任教西洋現代史。我在新亞書院一、二年級時，曾分
別修讀過他們兩位的課。「謝君」可能是謝廉昌，他是新亞研究所第
二屆畢業生（1958），論文導師也是潤孫先生，畢業後任圖書館館員
兼歷史系助教。潤孫先生要為行政會議發通知，又要處理聘書的事，

3　同上。
4　同上。
5　同上。

很可能是新亞書院行政委員會的秘書。

四

　　我試再以潤孫先生在新亞研究所指導研究生的工作，進一步說明他的貢獻。由一九五七年至一九六五年間，新亞研究所的畢業生有九屆，人數共五十六名，其中史組畢業生有四十三名。在這四十三名畢業生中，由潤孫先生指導撰寫論文的就有三十二名，約佔史組總人數百分之七十四。至於指導的論文，先後有[6]：

數目	論文題目	屆別	年份
1	北宋役法制度之爭議	1	1957
2	元代學術之地理分佈	1	1957
3	北宋兵制之研究	1	1957
4	唐代戶婚律溯源	2	1958
5	戰國時代之戰爭地理研究	2	1958
6	宋代火葬風俗之研究	2	1958
7	兩漢迄隋入居中國之蕃人研究	2	1958
8	北宋刑律研究	3	1959
9	北宋黃河河患之研究	3	1959
10	李綱年譜長編	3	1959
11	明初太監與廠衛制度之研究	4	1960
12	兩宋之際民眾抗敵史	4	1960
13	北宋之科舉制度	4	1960
14	北宋官制之研究	4	1960
15	論兩漢迄南北朝河西之開發與儒學釋放進展	5	1961

6　參閱《新亞研究所概況》（1990-2000），新亞研究所（香港），頁61-67。

數目	論文題目	屆別	年份
16	明代礦務弊政之研究	5	1961
17	明代方士對於政治之影響	5	1961
18	西晉迄隋戰亂之損害	5	1961
19	漢代儒法兩家政爭之研究	6	1962
20	唐代朔方軍研究	6	1962
21	論三國時代之士族	6	1962
22	兩晉南北朝人才地理分佈	6	1962
23	乾隆朝征緬考	7	1963
24	貞觀政要之研究	7	1963
25	論安史之亂及唐亡之經濟變化	7	1963
26	論拓拔氏初期文化與其婚姻的演變	7	1963
27	李鴻章與清廷外交對日決策關係	7	1963
28	宋代祠祿制度研究	7	1963
29	晚明流寇興滅之原因	7	1963
30	宋神宗實錄前後改修之分析	8	1964
31	明代中葉漕運之利弊	8	1964
32	隋文帝政治事功之研究	9	1965

從論文題目，可見潤孫先生的指導範圍，由戰國、兩漢、三國、兩晉南北朝、隋唐以至宋、元、明、清，都有涉及，內容也廣及多方面，可知他的博學通識，不是一般以專門學問名家的學者所可及。其他並非由潤孫先生任論文導師的史組研究生，大抵也曾聽過他的課。香港中文大學成立以後，潤孫先生以專任講座教授的身分，不能再為新亞研究所講課，但在一九六六年，似乎仍有研究生在他的指導下完成論文。一九七三年，潤孫先生自香港中文大學退休以後，並沒有像唐君毅先生、嚴耕望先生、全漢昇先生、孫國棟先生……等各位退休後繼

續在新亞研究所任職、授課，可能礙於他的全國政協委員及國務院古籍整理規畫小組顧問身分，也可能有其他理由，以致未能讓他晚年治學的精意深旨廣惠後學，這無疑是學術界的損失。其實他在政協委員及規畫小組顧問任內，關注的是學術研究、古籍整理和大學教育等問題，他就曾向國務院文化教育部的負責人，上書條陳整理古籍的意見，又曾就點校二十五史的工作，提供具體的建議。時至今日，不少臺灣學者和海外個人立場鮮明的學者，已與中國內地的政界、學界和出版界大打交道，而且經常前往內地訪問、講學；至於臺灣學界，多年前已有人為潤孫先生撰寫傳記。如果現在仍有個別人士抱著成見來看待潤孫先生對新亞書院、新亞研究所以至史學研究的貢獻和影響，實在大可不必。

五

潤孫先生講學，常提自己的治學淵源。他的經史之學老師是柯劭忞（蓼園）先生，史學老師是陳垣（援庵）先生。他對老師的教導，常懷感激之情，這是中國傳統的美德。可是現代追新逐異、言詞激詭之徒，往往以「妍」為「媸」，以「傳統」為貶詞，以「厚道」為落伍，以「念舊」為迂腐，以「寬容」為懦弱，「刻薄」等同「精明」，「忘本」視作「進取」……是非混淆，莫此為甚！潤孫先生在《勵耘書屋問學回憶──陳援庵先生誕生百周年紀念感言》一文中說：

> 我運用先師的方法在臺灣、香港教了若干學生，有人因而進入史學之門。他們的成就縱有高低之不同，甚至他們不提個人治學淵源於勵耘書屋，而他們之受援庵先師影響，則是無法塗飾

或擦掉的。[7]

有人不提治學淵源於援庵先生和潤孫先生，自有個人的理由或顧慮，我們不必置論。我要強調的是：我們談新亞書院、新亞研究所、香港中文大學新亞書院所培育的史學人才，當然不能也不應忘記賓四先生的功績，但潤孫先生十九年所貢獻的心力和所造成的影響，又豈可予以忽略？時近冬至，入夜微寒，燈下執筆，往事如新，完稿時不覺已近凌晨。謹以此文紀念潤孫先生。

（寫於 2004 年 12 月 16 日）

——原載《誠明古道照顏色——新亞書院 44 周年紀念文集》，香港中文大學新亞書院（2006 年）

---

7 見潤孫先生《海遺雜著》，1990 年中文大學出版社（香港），頁 95。

牟潤孫先生與「南來」之學

一　牟潤孫先生「南來」的經歷

　　牟潤孫先生（1908-1988）原名傳楷，生於北京，祖籍山東省福山縣。小時在家塾他曾讀朱熹（1130-1200）注《四書》，又讀《詩》、《書》、《春秋》及諸子書；中學在聖公會崇德中學、北京四中肄業，並從北京四中的石湘彥學習桐城古文義法和崔述（1740-1816）的《考信錄》；中學畢業後，先後就讀於中法大學和俄文法政專門學校；曾撰寫《談遷著述考》、《張岱著述考》及其他論文，部分論文刊載於燕京大學學生會辦的《國學專號》上。一九二九年，在北京四中同學吳祖光的堂兄吳祖剛鼓勵下，潤孫先生報考燕京大學國學研究所，最後通過著述審查和面試獲得取錄，老師是陳援庵（垣）先生（1880-1971）和顧頡剛先生（1893-1980）。一九三一年，潤孫先生又從柯蓼園（劭忞）先生（1850-1933）受經史之學。一九三二年，潤孫先生畢業於燕大國學研究所，畢業論文是《歷代蕃姓考》，由援庵先生指導；畢業後，曾在中學教了四年國文，後來先後任教於河南大學和輔仁大學[1]。

　　一九四八年，潤孫先生由北京往上海，任教於同濟大學文史系和暨南大學歷史系，這是他挾所學南移的開始。一九四九年，因受時局

1　參閱潤孫先生《談談我的治學經歷》，《海遺叢稿》（二編）的「附錄」，2009 年 3 月中華書局（北京），頁 295-297。又參閱拙編《牟潤孫教授編年事略》，《注史齋叢稿》（增訂本）下冊的「附錄」，2009 年 6 月中華書局（北京），頁 786-788。

的影響，潤孫先生計畫移居臺灣，途中為盜賊所劫，財物盡失，被困
於舟山群島。幸得臺灣大學校長傅斯年（1896-1950）出手幫助，在
取得入境證後前往臺灣，並經傅氏的推介，任臺灣教育廳編審委員會
委員。一九五〇年，潤孫先生所撰《折可存墓誌銘考證兼論宋江之結
局》發表於《臺大文史哲學報》第二期，深受傅氏欣賞，因而獲聘為
臺灣大學中國文學系副教授，一九五三年晉升為教授[2]。

　　一九五四年，潤孫先生接受錢賓四（穆）先生（1895-1990）的
邀約由臺灣來香港，任新亞書院文史系主任、新亞研究所導師兼圖書
館館長。在一九五七年至一九五八年間，文史系改組分為中文系和歷
史系，潤孫先生轉任歷史系主任，仍兼新亞研究所導師。一九五九
年，香港中文大學籌備成立，潤孫先生即負責新亞、崇基、聯合三院
歷史系統一文憑考試及其他有關事務的統籌、協調事宜，並自一九六
三年起任香港中文大學歷史系第一位講座教授。一九六六年香港中文
大學文科研究院（後改稱中國文化研究所）成立，潤孫先生又兼任歷
史部主任導師，直至一九七三年退休；退休以後，曾任香港中文大學
中國文化研究所的研究員[3]。

　　以上所述，是潤孫先生由北而南的簡要經歷。在由北而南的過程
中，潤孫先生有兩個學術活動的重要平臺，一個是臺灣的臺灣大學，
另一個是香港的新亞書院、新亞研究所以及後來才成立的香港中文大
學及研究院。

二　「吾道南矣」的感歎

　　援庵先生是潤孫先生的老師，出生於廣東新會縣石頭鄉富岡里，

2　參閱拙編《牟潤孫教授編年事略》，同上，頁 788。

3　參閱同上，頁 789-793。

長期在南方受教育和工作，一九一三年當選眾議院議員，前往北京任
職，從此在北京定居。在北京，他經常去京師圖書館，閱讀、查對
《四庫全書》[4]。以後他無論任職或講學、研究，都在北方，但他的內
心，卻仍不免有南方之情。例如他一直很關心《新會縣志》的纂修；
又例如他的詩作不多，但頗有些是涉及南方親友和嶺南鄉土風物舊事
的[5]。這就難怪他知道潤孫先生在上海教書時，有「吾道南矣」的感
歎。潤孫先生在《敬悼先師陳援庵先生》一文中說：

> 筆者在上海教書時，先師就有「吾道南矣」的話。……今後將
> 以我有生之年，傳播先師的學說，以期無負於他老人家的教
> 導。[6]

上海，當然不是援庵先生的故鄉──廣東新會縣，也不涉及嶺南的鄉
土風物，但卻是當時不少知識分子由北而南走向時往往會留駐的地
方。通過這個地方，有人會去東南亞地區，有人會去臺灣，有人會來
香港。潤孫先生則由上海去臺灣，再由臺灣來香港。可以推想，援庵
先生所說「吾道南矣」的「南」，是概念較大的南方，而不必理解為
實指上海。

至於「吾道南矣」的「道」，究竟是甚麼？上文潤孫先生提到要
「傳播先師的學說」，可見援庵先生的學說──學術思想，就是
「道」。除此以外，「道」還應該是治學或治史的方法。所謂「方
法」，主要是「使學生實事求是，腳踏實地用功讀書」[7]，即所謂「規
矩」。潤孫先生在《勵耘書屋問學回憶──陳援庵先師誕生百周年紀

---

4 參閱劉乃和《陳垣年譜》，2002 年 7 月北京師範大學出版社（北京），頁 1-24。
5 參閱拙作《史學家陳援庵先生藝文考略》，《新亞學報》第 30 卷，2012 年 5 月新亞
　研究所（香港），頁 323-325。此文已收入本書。
6 見《海遺叢稿》（二編），頁 88。
7 語見同上，頁 93。

念感言》一文中這樣說：

> 我所得自勵耘書屋的並沒有甚麼祕訣，只是極平常卻極重要的
> 規矩。離開了這個規矩，便不能走入史學正途，正所謂「可使
> 之成方圓，而不能使之巧」，勵耘書屋學風之可貴應即在於
> 此。[8]

潤孫先生遵從師教，常提示學生須篤守規矩。不過，篤守規矩只是個
原則的要求，在原則下，怎樣「實事求是」、怎樣「腳踏實地用功讀
書」，還應有具體的提示和指導，聽過潤孫先生的課，受過他的指
導，讀過他寫的文章，應該會有印象。這方面，下文會有進一步說
明。在說明之前，我還要提提潤孫先生來自蓼園的學術淵源。

三　蓼園之學也「南來」

據潤孫先生的自述，他「南來」講學，史學淵源自援庵先生，而
蓼園先生對他治經史之學，也「啟迪良多」，對「師承淵源，未嘗一
日或忘」[9]。潤孫先生在《蓼園問學記》一文中這樣記述：

> 1931 年（辛未），柯先生在家講學，我始得執經問難，受業於
> 柯先生。那年他已八十二歲，我才二十四歲。……老師至老記
> 憶力一直不衰退，以八十二歲高齡為我們講《春秋》，先《左
> 傳》，次《公羊》，最後《穀梁》，經、傳、注、疏，手不持
> 卷，背誦如流。發揮《穀梁》傳義，詳盡明白，結語總是說
> 《穀梁》義最深厚。……先師在《穀梁傳補注》中不僅不排斥

8　見同上。
9　參閱潤孫先生《蓼園問學記》，同上，頁 64。

> 《公羊》，也時時引《左傳》以為左證。柯先生的經學既能通
> 其大義微言，又不廢考據。[10]

以上所述，是潤孫先生受教於蓼園先生《春秋》之學的大略和治經的
大旨。

蓼園先生治學，兼通經史，而史學方面，又側重於經世致用。在
老師的影響下，潤孫先生的治學和講學，也常有「致用」的色彩。潤
孫先生在《蓼園問學記》中，引述江瀚（1853-1935）對蓼園先生的
追悼之詞：

> 鳳蓀先生為經世致用之學，上紹亭林（顧炎武），薄戴（震）、
> 段（玉裁）、錢（大昕）、王（念孫、引之）而不為。民國初年
> 設地政講習所，請柯先生批改學員課卷，柯先生往往批上千數
> 百言，指陳歷代土地政策的利弊得失，如數家珍，無一字不說
> 中肯綮。足見柯先生的典章制度之學的精湛。若非將歷朝史志
> 及《通典》、《通考》等書爛熟於胸中，積蘊了豐富的知識，豈
> 能有如此的表現！[11]

聽了江瀚這番話，潤孫先生恍然明白老師的「致用」之學，與清學後
期魏源（1794-1857）、龔自珍（1792-1841）等經世致用派以研治西
北史地為目的，可說並無二致。蓼園先生教人治史須先去讀《資治通
鑑》[12]，就因為這部史書有許多資治、致用的資料和提示。

可以說，我們在談到潤孫先生「南來」之學的淵源時，固然不可
忽略勵耘書屋，也不可不提蓼園。

---

10 見同上，頁 64 及 67-68。

11 見同上，頁 66。

12 參閱同上。

四　牟潤孫先生的治史主張與方法

　　主張與方法，兩者關係密切，有時甚至難以作清晰的判分。但為了討論的方便，姑且分開說明。下面所述六項，只屬擇要舉隅，並不全面，期望年輕的讀者，或有多於六項的所得。

（一）治史主張

1　經史互通

　　潤孫先生在講課、演講和寫文章時，常常強調經學之源即史學之源。他批評章學誠（1738-1801）在《文史通義》中雖有「六經皆史」之說而不知史出於巫，即沒有明白經史同源的原始原因，因而未能說明史與巫的發展關係。潤孫先生更指出，在《文史通義》中，只有《易教》、《書教》、《詩教》、《禮教》諸篇而沒有《春秋之教》篇，把《春秋》視為《書》的支裔而不視為史書鼻祖，就因為章氏不知《易》、《書》、《詩》、《禮》和史（《春秋》）同出於巫，春秋時代巫史仍然不分。由於經史同出一源，兩者關係密切可想而知，因此經史互通，是理所當然的事[13]。所以潤孫先生不時強調，治史的人，須通經學，不通經學，有時就會不能解決史學上的一些問題[14]。

　　以上意見，據潤孫先生的自述，主要當來自蓼園先生的提示或啟發。有人認為，援庵先生不懂經學，所以在經學方面對潤孫先生不會

13　參閱同上，頁 70-71。拙文《「烏臺」正學兼有的牟潤孫教授》，也有說明。參閱同上的「附錄」，頁 310-311。

14　參閱同上兩文，頁數亦同。在香港的現代學者中，潤孫先生是一位較重視經史互通的史學家。他在「中國經學史」和其他史學課中，會不時舉述論據，辨析經史互通之道；退休在家後，他寫了不少內容兼含經史的文章，而且更常為來探訪的學生、後學，講論通經對治史的必要，講得興起，有時會揭開書本，口講指畫，顯示了熱切鼓勵的神情。

有甚麼提示或影響，更不會有經史互通的教導。其實治史的前輩學
人，大多以研讀經籍為基礎，又怎會不懂經學！論者因援庵先生不講
經學，也沒有經學專著，才以為他是外行。潤孫先生曾記得援庵先生
這樣說：「在中國語文裏有許多詞彙是出自古代經書，成為我國語文
的主要傳統，尤以《論》、《孟》為最重要，所以我要選些給學生
讀。」援庵先生在《元西域人華化考》中所說的「華化」，正是指出
西域人來到中國後，捨棄了原有的宗教、禮俗、學術而治儒家之學[15]。
不懂經學的人，能知語文詞彙與古代經書的關係嗎？能明確指出西域
人的華化就是儒家之學嗎？可以說，援庵先生的「華化考」以至「尋
史源」、「表微學」等等，都是現身說法，提供實例，向學生、後學傳
達經史互通的訊息。

2 通史致用

　　潤孫先生治史主張通史致用，而且身體力行。他指出「古為今
用」，「通史以經世致用」是我國史學的傳統，一切治國理民之道都在
史書，所以司馬遷（前 145- ？）著《太史公書》（《史記》），就是要
「通古今之變」。自唐杜佑（735-812）、宋司馬光（1019-1086）、李
燾（1115-1184）、徐天麟（生卒年不詳）、李心傳（1167-1244）、陳傅
良（1137-1203）、王應麟（1223-1296）、馬端臨（約 1254-1323）以
至清初顧炎武（1613-1682）、黃宗羲（1610-1695）、王夫之（1619-
1692）等等，都把史學經世致用的精神充分發揮。晚清的魏源、龔自
珍研究西北史地，正是為了認識西方過去的情況，作為現實施政的參
考。康有為（1858-1927）和他的同道，更是借了經學來講變法[16]。

---

15 參閱潤孫先生《敬悼先師陳援庵先生》，《海遺叢稿》（二編），頁 82。
16 參閱潤孫先生《從〈通鑑胡注表微〉論陳援庵先生的史學》，同上，頁 101；《蓼園
　　問學記》，同上，頁 66。

潤孫先生更指出，蓼園先生精研典章制度之學，歷史史志及《通典》、《通考》爛熟於胸，所以能指陳歷代土地政策的利弊得失，如數家珍，且能深中肯綮。他為《春秋穀梁傳》作注，也重在發明其中今義[17]。至於援庵先生在日軍侵華時於淪陷區中所撰的《明季滇黔佛教考》、《清初僧諍記》、《南宋初河北新道教考》、《中國佛教史籍概論》、《通鑑胡注表微》等書，都是努力闡發古書中的今義，表現出中國史學的功用[18]。潤孫先生秉承師教，不斷提倡通古史以為今用的傳統主張。凡與他有較多接觸的同輩、晚輩或學生，在這方面應有一些具體的印象。我們試讀他晚年發表在報刊上的文章，可見他不時援引史書、史事來談時事、評政局、論人物，只因為他沒有忘記自己作為史學家的責任。在《六十五歲自詠》詩中，潤孫先生說：「明古用今史所司」，「生民休戚關史筆」[19]。這兩句詩，可用來概括他自己的治史主張，這個主張，大抵直接或間接也會影響他的學生。

3 史不廢文

潤孫先生是史學家，但他也重視語文教學、文字訓詁和文章撰作，經常向學生強調：歷史研究者須文史兼通。他秉承老師援庵先生之教，很重視文章的讀和寫[20]。他常向學生強調：治史之道，第一是文章，第二是文章，第三也是文章。意思是：研究歷史，要能讀懂文章，即要懂得篇章的文字語句和字裏行間的言外之意，也要懂得寫文章。他認為寫學術論文，講求材料剪裁、篇章組織和文筆表達，也是

---

17 參閱潤孫先生《蓼園問學記》，同上。

18 參閱潤孫先生《敬悼先師陳援庵先生》，同上，頁 85-86。

19 全詩見《海遺叢稿》（二編），頁 287-288。所謂「六十五歲」，是虛齡。當時是 1972 年，潤孫先生應是六十四歲。

20 參閱潤孫先生《勵耘書屋問學回憶——陳援庵先師誕生百周年紀念感言》，《海遺叢稿》（二編），頁 89-90。

很必要的。他最不耐煩去讀那些資料堆塞、論點羅列、組織鬆散、文筆乾巴巴甚至語句不通的論文[21]。他常在講課或談話中提到，古代優秀的史家，大多是寫文章的高手，他們的史學著作，往往是可品讀的文學作品，例如司馬遷的《史記》、范曄（398-445）的《後漢書》等等。

潤孫先生在中學時學過桐城古文的義法，他的經史老師蓼園先生則是桐城派古文大家吳汝綸（1840-1903）的女婿；蓼園先生的長輩如張裕釗（1823-1894）、梅曾亮（1786-1856）也是桐城派中人。不過，蓼園先生雖詩文兼工，但當時只刻有詩集而沒有文集。潤孫先生曾問過理由，老師的答覆是：「天下哪有以文章為學問的！」這樣說，看似不重視文章，其實不是。潤孫先生特別強調：「先師願作學人，而不願作古文家」，「他不屑局限於桐城派之中」[22]。換句話說，蓼園先生所蘄向的，是學人之文而不是古文家之文。援庵先生有相同意見，他曾勸告學生不要學寫韓愈（768-825）、歐陽修（1007-1072）之文，而要學寫顧炎武《日知錄》之文[23]。柯、陳的意見，影響了潤孫先生，潤孫先生在提倡文史兼通的同時，常教導學生要盡力寫簡淨清晰、理達事暢的學人之文。

（二）治史方法

1 目錄應用

據潤孫先生自述，他年輕時，因為讀了梁啟超的《國學入門書目》、《清代學術概論》、《清代學者整理舊學之總成績》，於是按目求

---

21 這是潤孫先生常在講課、談話中提到的意見，仍然記得的同學應有不少。

22 參閱潤孫先生《蓼園問學記》，《海遺叢稿》（二編），頁71-72。

23 參閱蔡尚思《陳垣同志的學術貢獻》，《陳垣校長誕生一百周年紀念文集》，1980年11月北京師範大學（北京），頁27。

書；後來更找來《書目答問》、《四庫全書總目提要》，不斷往下鑽研[24]。可見潤孫先生開始治學，就懂得從目錄學入手。到了受教於陳援庵先生時，潤孫先生在老師的指導和影響下，對目錄學之用更為重視。原來援庵先生深通目錄之學，他自己治學由目錄入手，教學生也從目錄入手，而且親自編製了許多重要書籍的篇名索引和專題索引。他把目錄學視為治學的鑰匙，認為有了它，就可以知古、知今和知外[25]。潤孫先生曾特別撰寫文章稱道老師的目錄學，正可見他自己對目錄學的看重[26]。

蓼園先生沒有目錄學家之名，但他博聞強記，經、史、小學、詩文、金石、曆算都有精深造詣；他主持修撰的《新元史》，所據資料甚為繁富，論者多認為較舊史為優；他又能清楚指陳歷代土地政策以及典章制度的利弊，顯示精熟歷朝史志及《通典》、《通考》等書[27]。上述種種，或可間接證明蓼園先生像許多前輩學人一樣，也是一位懂得通過目錄學之用去掌握資料的學人。潤孫先生受教兩年，自有會心之得。潤孫先生還提到前輩徐森玉（1881-1971）版本目錄之學冠絕當世，自己能略知清代書籍的版本，多數得益於徐氏。潤孫先生在北京時，為了找書，常翻目錄學參考書，還常去隆福寺琉璃廠逛書鋪，又常入北京圖書館善本書室看書，特別是多看清刻善本、清人批校本或稿本，這使他對清代書籍版本目錄的認識大大增長[28]。潤孫先生在新亞書院和新亞研究所教學時，常在課堂上強調老師、前輩治學之所

---

24 參閱潤孫先生《談談我的治學經歷》，《海遺叢稿》（二編），頁 295-296。

25 參閱潤孫先生《勵耘書屋問學回憶——陳援庵先師誕生百周年紀念感言》，同上，頁 91。

26 潤孫先生所寫的文章是《陳援庵先生的目錄學——〈中國佛教史籍概論〉讀後》，參閱同上，頁 106-114。

27 參閱潤孫先生《蓼園問學記》，同上，頁 64-66。

28 參閱潤孫先生《買書漫談》，同上，292。

以能得到大成功，是因為深通目錄學之用。他指導研究生時，經常提示他們要翻閱《書目答問》、《四庫全書總目提要》、《續四庫全書總目提要》及各類書目引得，並不時查問他們最近讀了些甚麼新出版的書刊；他不能忍受學生對研究範圍參考資料所知的寡陋。他認為，研究要達到竭澤而漁的目的，非要借助目錄學的知識不可。

2 史源考尋

潤孫先生教學生研究歷史，常要他們做史源考尋的工作。所謂史源考尋，就是根尋史料的來源。我們如果要審核前人的史學著述或史料，就必須追尋這些著述或史料的根據。知道這些著述或史料的根據所在，我們才可以具體地認識前人怎樣選取材料、剪裁材料、組織材料、熔鑄材料，這樣既可認識前人用功細密的地方，又可了解人家出錯的原因，而前人駕馭文字、材料的造詣，也可得而揣摩學習。潤孫先生在「《資治通鑑》研究」課中，就曾用《史記》、《漢書》、《後漢書》、《三國志》為學生示範怎樣先去找出《資治通鑑》所依據的材料，然後再用出處材料與《資治通鑑》的原文對讀，藉以了解司馬光刪削、組織、熔鑄材料的高明處和疏漏、偏失處。同時他也畫定範圍，要學生上課前先做根尋考查的工作，以備上課時接受考問。

史源考尋，原是援庵先生為學生指點治史的重要門徑。四十年代，援庵先生曾先後在北平師範大學、輔仁大學、北京大學講授過「史源學實習」（初名「史源學研究」）這門課，教材主要是趙翼（1727-1814）的《廿二史劄記》、顧炎武的《日知錄》、全祖望（1705-1755）的《鮚埼亭集》，有時也會採用錢大昕（1728-1804）的《廿二史考異》、王鳴盛（1722-1797）的《十七史商榷》和其他學者的一些著作，目的是「擇近代史學名著一二種，一一追尋其史源，考正其訛誤，以練習讀史之能力，警惕著論之輕心」。方法是：看其

根據是否正確；引證是否充分；敘述有無錯誤；判斷是否的確[29]。潤孫先生善用師教，把這種方法教給學生，引領他們進入史學之門，讓他們知道第一手資料的重要，同時他也常常運用這種方法，為自己解決史學上的一些問題[30]。蓼園先生沒有像援庵先生那樣，明確地教導學生考尋史源，但有人問他治史的入門，他教人先去讀《資治通鑑》。潤孫先生點明老師的用心，說：「我那時用《通鑑》與正史對讀，尋求《通鑑》的取材來源，以研究它的剪裁、取捨、安排等等問題，已經用功數年，了解到蓼園先生教人讀《通鑑》，正是要人通過這個途徑去學習溫公的史學。」[31]可見潤孫先生「南來」之學中有史源考尋的要求和方法，追源溯始，應與兩位老師的言傳身教有很密切的關係。

3 體例歸納

體例，指一篇論文或一部專書的撰作條例和內在規律，也就是它的系統。潤孫先生很重視著述的體例，他無論指導學生寫論文或講課，都會強調體例的重要。他談到前人或時人的著述，往往着眼在體例的分析，使學生對著述的內容，既可有深入的理解，同時又可掌握著述的內在規律。其實這方面的講求，正是他的老師援庵先生的講求。據潤孫先生的憶述，援庵先生常從體例的角度，去批評前人的著述，例如他批評葉昌熾（1847-1917）的《藏書紀事詩》，材料很多，可惜用錯了體例；又指出葉德輝（1864-1927）的《書林清話》，內容

29 參閱陳智超《陳垣史源學雜文·前言》的引述，《陳垣史源學雜文》，2007 年 5 月生活·讀書·新知三聯書店（北京），頁 2。

30 參閱潤孫先生《勵耘書屋問學回憶——陳援庵先師誕生百周年紀念感言》，《海遺叢稿》（二編），頁 91-92；《從〈通鑑胡注表微〉論陳援庵先生的史學》，同上，頁 100-101。

31 參閱潤孫先生《蓼園問學記》，同上，頁 66。

只是分條羅列的筆記，沒有規律的組合，屬「體例太差」之作。對於俞樾（1821-1907）的《古書疑義舉例》，援庵先生認為有很好的著述體例，足為後學效法。至於援庵先生自己的著述，據潤孫先生的述說，「則必自有義例而成系統」[32]。此外，援庵先生更有不少很有分量的史學著述，就是根據所見材料，理出其中規律，然後再以舉例的方法，把體例歸納出來，形成系統，最後寫成出色的作品。例如《史諱舉例》、《校勘學釋例》（《元典章校補釋例》）、《元西域人華化考》、《舊五代史輯本發覆》、《元祕史譯音用字考》、《通鑑胡注表微》等，都是這方面著述的顯著代表[33]，特別是《通鑑胡注表微》一書，更受學術界評為歸納胡注材料成系統的扛鼎之作。在老師的深切影響下，難怪潤孫先生也要把這種治史方法，教給他的學生。

　　蓼園先生似乎不多講撰作體例，也沒有強調體例的重要，但主持修撰《新元史》的學者，又怎會不重視體例？潤孫先生曾問《新元史》為甚麼沒有《藝文志》，蓼園先生告訴他，《漢書》之所以有《藝文志》，因為有漢中祕藏書目作根據，要是看不到元內府所藏書目，又怎能為《新元史》撰《藝文志》！也就是說，《漢書‧藝文志》並非西漢一代所有書籍的目錄，而只限漢代中祕藏書。這樣的提示，啟發了潤孫先生對各史《藝文志》、《經籍志》體例的認識[34]。類似這種有關體例的提示，我相信當有不少，可惜潤孫先生沒有一一記述下來，但潤孫先生一生講求著述體例，也應有蓼園先生的影響。

32　參閱潤孫先生《勵耘書屋問學回憶——陳援庵先師誕生百周年紀念感言》，同上，頁 92-94。

33　參閱潤孫先生《敬悼先師陳援庵先生》，同上，頁 84-85。

34　參閱潤孫先生《蓼園問學記》，同上，頁 69。

五 「南來」之學與史學人才的培育

潤孫先生年輕時在北方受教育，有名師的言傳身教，又得學有根柢的友朋互相切磋，加上有訪書、購書的條件，自己又肯問學鑽研，因而能學兼經史，識見通達而不固陋。他以所學先在河南大學、輔仁大學講學，後來前往上海的同濟大學、暨南大學任教，稍後轉往臺灣，在臺灣大學任職。一九五四年，潤孫先生接受賓四先生的邀請自臺灣來香港，時年四十六歲。由這時開始，直至一九七三年退休，潤孫先生把他中晚期十九年的時間，都貢獻給香港大專院校的學生了。如果加上上海、臺灣講學的日子，潤孫先生「南來」培育人才的時間，約有二十五年。至於他退休以後不斷發表文章對晚輩、後學所造成的啟發和影響，還未計算在內。

潤孫先生在香港中文大學成立前後所講授的史學科目，主要有：「中國史學史」、「中國學術思想史」、「中國史學名著評論」、「經學史」、「魏晉南北朝史」、「史學方法論」、《漢書》研究」、《三國志》研究」、「《資治通鑑》研究」等等。從他講授的內容，我們知道他是一位博通經史的學者。讀過他的著作、聽過他講課和受過他指導的研究生，更知道他精熟目錄版本之學，重視目錄學之用，講究著述體例，強調經史互通，實踐史源考尋，講求通史致用，主張史不廢文，而對各代歷史、經學史、明清學術思想史，都有深入研究。由於潤孫先生長期主持新亞書院、香港中文大學的歷史系和新亞研究所、中大研究院的歷史部，又長期講授史學科目及指導研究生，而且在任職期內更公開發表許多次與史學問題有關的學術演講[35]，因此在香港可說

---

35 根據《新亞書院二十週年校慶特刊》的記載，由 1961 年 10 月至 1966 年 3 月，潤孫先生在新亞書院及新亞研究所共作過 19 次演講。參閱上述《校慶特刊》，1969 年新亞書院（香港），頁 172-173。

培育史學人才甚眾。

　　為了讓大家有較具體的印象，我姑且以潤孫先生在新亞研究所的指導工作為例，說明他的貢獻。由一九五七年至一九六五年間，新亞研究所畢業生有九屆，人數共五十六名，其中史組畢業生有四十三名，在這四十三名畢業生中，由潤孫先生指導撰寫論文的就有三十二名，約佔史組畢業生總人數百分之七十四。至於指導的範圍，由戰國、兩漢、三國、兩晉南北朝、隋唐以至宋、元、明、清都有涉及，內容也廣及多方面，可知潤孫先生的博學通識，不是一般以專門學問名家的學者所可及[36]。其他並非由潤孫先生任論文導師的史組研究生，大抵也曾聽過他的課。我們談「北學南來」，談新亞書院、新亞研究所、香港中文大學等院校所培育的史學人才，當然不能也不應忘記賓四先生的功績，但潤孫先生十九年所貢獻的心力和所造成的影響，又怎能輕易忽略？

六　餘論

　　潤孫先生受業於援庵先生和蒙園先生，學有淵源，經史兼通，重考據不忽視義理，講求有博通基礎的專精。他的學問，無疑有自己探研的所得和領悟，但對老師的教導，卻常懷感激之情。這是中國傳統不忘本的美德。他在一篇紀念老師的文章中這樣說：

> 我運用老師的方法在臺灣、香港教了若干學生，有人因而進入史學之門。他們的成就縱有高低之不同，甚至他們不提個人治學淵源於勵耘書屋，而他們之受援庵先師影響，則是無法塗飾

36　參閱《新亞研究所概況》（1990-2000），新亞研究所（香港），頁 61-67。

　　或擦掉的。[37]

由於文章有特定的紀念對象，所以潤孫先生在文中只提援庵先生的教導，但我認為，潤孫先生所云「老師的方法」，也應該含有蓼園先生的教導。潤孫先生秉承師教，引領學生進入史學之門，其中有不少學生，能在國內外包括臺灣、香港的大學任教，有一部分更在史學界頗有成就或聲名。他們有人不提治學淵源於潤孫先生，不提學術影響來自援庵先生和蓼園先生，自有個人的理由或顧慮，我們不必評論，但談論「南來」之學，潤孫先生在史學方面的成就、貢獻和影響，應該是「無法塗飾或擦掉的」。如果有人存心抑「土」崇「洋」，刻意塗飾自己的治學淵源，或以功利為前提，去考慮「忘本」或「不忘本」的選擇，那實在不足取；而且他們的表現，也可能會「教導」自己的學生作有意「忘本」的選擇。

　　——本文曾在「北學南移」國際學術研討會中宣讀要點（2013年 8 月 30 日），研討會由新亞研究所、香港樹仁大學歷史系、臺灣中央大學中國文學系合辦

---

37 見潤孫先生《勵耘書屋問學回憶——陳援庵先師誕生百周年紀念感言》，《海遺叢稿》（二編），頁 92。

羅香林先生《致陳垣先生書》考釋

一

　　陳智超編註《陳垣來往書信集》一書，載有羅香林先生（1906-1978）致陳垣先生（1880-1971）的一封信，信中所涉及的人和事，可提出來談談。下面是信的全文[1]。

援庵先生尊鑒：

二次晉謁，均值　先生外出，請教無由，不勝悵悵！客家調查事，迭晤寅恪、亮丞諸先生，均謂有舉行之必要。香林學淺性愚，然甚欲終其生以研究華南各族（如畬民、瑤民、蜑民、客家、福佬、黎民等等）之語言、文化及人種，甚望　先生能諒其愚誠，予以　指導。是為至禱！謹此，並請

教安

羅香林敬上

二十一日上午八時半

再者，族兄羅梓材（軍人，曾任粵兵工廠廠長），近日自日本返北平。據云在東京動身時，曾晤族叔羅翼群先生及其太太。

1　見陳智超編註《陳垣來往書信集》，1990 年 6 月上海古籍出版社（上海），頁 319。

羅太太特為叮囑，謂到平以後，當即進謁　先生及陳太太以便
代達一切云云。梓材現寓青年會宿舍。因初到不久，道路不
熟，故囑香林先為達知。三數日後，彼當造
貴府晉謁也。羅香林又上。

二

　　這封信註明寫於「二十一日上午八時半」，沒有年月。據我們所
知，羅香林先生在一九二六年入讀北平國立清華大學，初讀經濟系，
後改為歷史系，並兼讀社會人類學。一九三〇年，羅氏畢業後，隨即
入清華國學研究院專治「唐史與百粵源流問題」，師從顧頡剛（1893-
1980）、陳寅恪（1890-1969）等教授，後又在燕京大學國學研究所兼
讀，問學於洪業（1893-1980）。根據信的內容，這封信很可能是羅氏
在清華研究院攻讀期間寫的。劉乃和等編著的《陳垣年譜配圖長
編》，把寫信日期定為三十年代初[2]，大抵也是作這樣的推想。羅氏既
要研究唐史與百粵源流，就會逐漸關注華南畬民、瑤民、蜑民、客
家、福佬、黎民等各族的語言、文化及人種等問題，因而向對華南各
族有認識的前輩學者請教，是很自然的事。

三

　　羅香林先生寫信的對象是陳垣先生。陳氏是我國著名史學家，在
現代史學界中得到很高評價。但考慮到讀者未必人人熟知陳氏的情
況，因此略作介紹如下：

2　參閱劉乃和等編著《陳垣年譜配圖長編》，2000 年 10 月遼海出版社（沈陽），頁
　　287。

　　陳氏廣東新會人，字援庵，又字圓庵，學名星藩，又名道宗、援國；筆名謙益、錢罌，前者取義與「滿招損」相對，後者又名撲滿，都有反清含意；室名勵耘書屋，學者因稱他為勵耘先生。早年他曾考中秀才，但鄉試失利。後來他轉而習醫，畢業於廣州光華醫學院。曾創辦《時事畫報》、《震旦日報》，自任主筆。辛亥革命後，歷任北京大學國學門導師、京師圖書館館長、故宮博物院圖書館館長、輔仁大學校長等職。中華人民共和國成立後，仍任輔仁大學校長。一九五二年院系調整，輔仁大學併入北京師範大學，陳氏改任北京師範大學校長，又兼任中國科學院歷史研究所第二所所長及全國人大常委等職。一九七一年六月二十一日，陳氏病逝於北京。陳氏的著作以史學為主，較為人所知的專著有：《元也里可溫教考》、《元西域人華化考》、《校勘學釋例》、《史諱舉例》、《通鑑胡注表微》、《中國佛教史籍概論》、《明季滇黔佛教考》、《清初僧諍記》、《南宋初河北新道教考》、《二十史朔閏表》、《中西回史日曆》等等[3]。

　　陳氏向來對中國少數民族的源流、文化有深刻的研究，他又是廣東人，因此對華南各族的語言、文化、歷史特別關心，羅氏懂得向他請教，很可能是得到老師或長輩的介紹或指引。

四

　　陳垣先生對羅香林先生應該相當了解、欣賞。他在一九四〇年五月三十日給自己兒子陳樂素（1902-1990）的信中說：

3　參閱劉乃和《陳垣年譜》（附《陳垣評傳》），2002 年 7 月北京師範大學出版社（北京）。

羅香林，逖丈佳婿也。[4]

「逖丈」，指朱希祖（1879-1944）。羅氏既稱得上是朱氏的「佳婿」，可見陳氏心目中，羅氏應該是個品學兼優的晚輩。朱氏浙江海鹽人，字逖先，或作逖先、迪先、惕先。又因為他長了一大把鬍子，鬍子是頰毛，「而」是頰毛的意思，所以有朱鬍子、而翁的稱號。朱氏又好藏古書，每在舊書鋪遇上珍本舊鈔，往往大呼「吾要！」於是友人也戲稱他為「吾要」。朱氏留學日本早稻田大學，曾從章炳麟（1869-1936）受《說文》之學。回國後，任教嘉興浙江省立第二中學。一九一二年，曾任海鹽知縣半年，後改職省教育廳。第二年，他前往北京，歷任北京大學、清華大學、輔仁大學、中央大學等校教授、中央古物保管委員會委員。抗戰時在四川，任國史館總幹事、考試院考選委員，最後在巴中病逝。朱氏的著作有：《六朝陵墓調查報告》（與滕固合作）、《楊么事迹考證》、《中國史學通論》等等，散見於《國學季刊》、《南京學報》、《清華學報》、《北京圖書館館刊》等專刊。中華人民共和國成立後，出版的著作有：《明季史籍題跋》、《汲冢書考》等等[5]。

　　陳垣先生除了稱許羅香林先生為「逖丈佳婿」外，也曾為朱希祖因舉薦羅氏而受攻擊的事抱不平，可見他對羅氏的賞識。他在一九四一年九月二十二日《致陳樂素》的信中說：

> 朱逖老薦其婿羅香林入國史館，竟為人所攻，拂衣去。奇也，婿不能薦耶？[6]

4　見陳垣先生《致陳樂素》，陳智超編註《陳垣來往書信集》，頁 657。
5　參閱陳玉堂編著《中國近現代人物名號大辭典》，1993 年 5 月浙江古籍出版社（杭州），頁 153。
6　見陳智超編註《陳垣來往書信集》，頁 674。

朱氏當時任國史館總幹事。根據陳氏這封家書的內容,朱氏薦羅氏入國史館,當在一九四一年九月二十二日陳氏寫信之前。奈何朱氏因舉薦自己的女婿而「為人所攻」,因此斷然辭去國史館總幹事職。陳氏為甚麼會有「奇也,婿不能薦耶」的質疑?我相信質疑的含意是:只要是真有才幹、實學而又切合機構需要的人選,就可以內舉不避親,諸多忌諱,就不是正確用人之道。也就是說,陳氏對羅氏的才幹和實學,是信任的,這當然是平日觀察、了解的結果。有了信任,才會有這樣率直的質疑。據我們所知,陳氏治學、處事向來非常矜慎、嚴謹,他不會胡亂推薦或任用私人,但遇到真正有才幹、實學的人,他又會極力揄揚,甚至會破格舉薦、聘用。例如他對待李宗侗(1895-1974)、余嘉錫(1883-1955)、張星烺(1888-1951)、馮承鈞(1887-1946)、岑仲勉(1885-1961)、向達(1900-1966)、姚從吾(1894-1970)、啟功(1912-2005)等等各位學者的態度,就是如此[7]。

五

信中提到「寅恪、亮丞諸先生」都認為「客家調查事」「有舉行之必要」。「寅恪」指陳寅恪,「亮丞」指張星烺。

陳寅恪,江西修水人,室名「寒柳堂」、「金明館」,是我國極負盛名的文史學家,在史學界與陳垣先生並稱「史學二陳」。他早年往日本讀書,後留學西歐、美國,通曉藏、蒙、滿、日、梵、巴利、波斯、突厥、英、法、德、拉丁、希臘等多種語文。回國後,與梁啟超(1873-1929)、王國維(1877-1927)同任清華國學研究院導師。盧溝橋事變後,陳氏在長沙臨時大學及西南聯合大學任文史兩系合聘教

---

7 參閱牟潤孫師《發展學術與延攬人才——陳援庵先生的學人丰度》,《海遺雜著》,1990 年中文大學出版社(香港),頁 85-92。

授;一九四三起,先後任教於廣西大學、燕京大學、嶺南大學、中山
大學。一九六九年七月,陳氏病逝於廣州。陳氏是魏晉南北朝史、隋
唐史、蒙古史的權威,又對劉禹錫(772-842)、白居易(772-846)、
元稹(779-831)、李商隱(813?-858)、歐陽修(1007-1072)、明末
清初文學、佛經翻譯對中國文學的影響,都有深入的認識和真知灼
見。他崇尚充分掌握史料、實事求是的學風,倡導以詩文證史、以史
釋詩文的方法,因而打通文史兩領域,為史學研究開拓新天地,《元
白詩箋證稿》,就是這種方法的集大成運用。他還提出了認識種族文
化,是理解中國古史的關鍵,這個意見,對現代史學的研究有很大影
響。陳氏的重要著作有:《隋唐制度淵源略論稿》、《唐代政治史述論
稿》、《元白詩箋證稿》、《論再生緣》、《柳如是別傳》等等[8]。陳寅恪
是羅香林先生的論文導師,又與陳垣先生在學術上是互相佩服的老朋
友,因此羅氏要向陳垣先生請教時,不免會提及自己的老師。

　　張星烺,江西泗陽人,字亮塵,又字亮丞、亮臣、良丞,史學
家。天津北洋大學畢業,留學美國哈佛大學、德國柏林大學,獲博士
學位。他最初學礦冶、化學,四十歲後攻史地學,從事中西交通史研
究。歷任漢陽鐵廠技師、長沙高等工業學校化工系主任、北京大學化
學系教授、膠濟鐵道化學師、廈門大學國學院主任、燕京大學國學研
究所研究員、清華大學歷史系教授、輔仁大學史學教授兼系主任。編
著作品有:《中西交通史料匯編》、《歐化東漸史》、《泗陽張沌谷居士
年譜》,又譯有《馬哥孛羅遊記》等等[9]。羅香林先生在清華大學攻讀
時,應曾受教於張氏。張氏是中國地理學會會長張相文(1866-

8　參閱蔣天樞《陳寅恪先生編年事輯》,1981 年 9 月上海古籍出版社(上海);王永興
　　《陳寅恪》,《中國史學年鑑》,1981 年人民出版社(北京),頁 417-421;金應熙
　　《陳寅恪》,陳清泉、蘇雙碧等編《中國史學家評傳》下冊,1985 年 4 月中州古籍
　　出版社(河南),頁 1343-1379。
9　參閱陳玉堂編著《中國近現代人物名號大辭典》,頁 460。

1933）的兒子，陳垣先生與張相文是朋友，張星烺翻譯了《馬哥孛羅遊記》，陳氏看到，極為稱賞，於是介紹給燕京大學國學研究所出版，由此張氏的學術興趣轉為研究中西交通史。後來張氏任燕京大學國學研究所研究員和輔仁大學史學教授兼系主任，都是由陳垣先生所推薦[10]。張氏長年患肺病，不到四十歲，鬚髮已全白，面色又紅潤異於常人。據說有一次搭膠濟火車，軍閥張宗昌（1881-1932）的大兵以為他年紀老邁，居然起身讓座給他。陳垣先生常喜拿這事向他開玩笑，說他鶴髮童顏，連軍閥的大兵都受到感動了[11]。

六

羅香林先生在信中提到要舉行客家調查，而且已得到老師的鼓勵和支持，同時他又表示想終生研究華南各族的語言、文化及人種。羅氏在清華大學歷史系時兼讀社會人類學，大抵就是為了將來的研究工作而準備，可見他的終生研究取向，其實在大學較早階段已露端倪。後來他的研究範圍，雖不限於華南各族，但從他所發表的一些著述看，他對華南各族的研究，真是終生不離不棄。下表所列，是羅氏有關華南各族研究的著述[12]：

---

10 參閱牟潤孫師《發展學術與延攬人才——陳援庵先生的學人丰度》，《海遺雜著》，頁 87-88。

11 參閱臺靜農《北平輔仁舊事》，《龍坡雜文》，1988 年 7 月洪範書店（臺北），頁 133；陳智超編註《陳垣來往書信集》的附註，頁 196。

12 參閱黃福鑾、蘇宗仁《羅香林教授任教與著作年表》（手稿）；劉志雄《乙堂叢著綜目》（打印稿）。上述兩項資料，藏香港大學圖書館。又，《乙堂叢著綜目》已收入最近出版的《羅香林教授與香港史學》（《羅香林教授逝世二十周年紀念論文集》），2006 年羅香林教授逝世二十周年學術研討會籌備委員會（香港），頁 258-278。

年份	論文	專書
1928		粵東之風[13]
1929	廣東民族概論 蜑家	
1933	古代越族考（上下篇） 廣東通志民族略族系篇 唐代蜑族考 海南島黎人源出越族考	客家研究導論
1940	古代越俗方言考	
1943		中夏系統中之百越
1944	馬來民族源流考	
1947		世界史上廣東學術源流與發展
1950	海外各地客屬僑胞之分佈	
1954	興寧縣舊志考	
1955		百越源流與文化[14]
1959	廣東的學術思想與中外文化之發展	1842 年以前之香港及其對外交通：香港前代史
1960	明清興寧縣志考	
1961		香港與中西文化之交流
1962		流行於贛閩粵及馬來西亞之真空教
1965		客家史料匯篇
1967	中原文化的南下與廣東學術的發展	
1971	客家源流考	
1972	粵民源流與體系	
1973	馬來亞人與古代越族之關係	明清興寧縣志

13 《乙堂叢著綜目》列入 1936 年；《羅香林教授任教與著作年表》列入 1928 年。

14 書中收錄有關廣東民族的論文，早在 1950 年前發表。

年份	論文	專書
1974	宋代南雄珠璣巷與民族遷移之關係	
1976	賽民賽布考 興寧先賢著述序跋	
不 詳	客家之飲食藝術及其文化意義	

　　根據上列資料，我們可以看到，羅氏早在上世紀初二、三十年代，已注意華南地區各族發展的情況，他也曾在著述中指出，廣東民族是三、四十年代中華民族復興的關鍵。後來羅氏研究客家民族、東南亞宗教、香港歷史，都是按照這個時期所提出的觀點作引伸，而日後的研究成果和發表的著述，也按照這個觀點進一步顯現出來[15]。

七

　　羅香林先生在信中，除了提出終生治學問題向陳垣先生討教外，還涉及族兄羅梓材預備造訪陳府的事，那就是信末「再者」的內容。羅梓材曾任粵兵工廠廠長，後來在一九三六年升任少將，抗日戰爭時任第三十五集團軍參謀長[16]。信中所提及的「族叔羅翼群先生及其太太」，與陳垣先生應該是熟人，所以身處日本的羅太太才會囑咐剛從日本返北平的羅梓材拜候陳氏。據我們所知，羅翼群（1889-1967）從日本回國是在一九三一年，以此為據，我們或可推斷，羅香林先生這封信，應寫於一九三〇年至一九三一年之間，也就是羅翼群從日本回國之前、羅香林先生自己入讀清華大學研究院之後。下面試簡介羅翼

15　參閱區志堅《以力學原理闡釋民族融和的觀點：羅香林〈民族生存論〉的討論》，「香港史學與史家研討會」（2004 年 6 月 10-11 日）宣讀論文，頁 1。

16　參閱劉國銘主編《中國國民黨九千將領》，1993 年 10 月中華工商聯合出版社（北京），頁 503。羅梓材生卒年不詳。

群的生平：

　　羅氏廣東興寧人，原名道賢，字逸廬，一作逸塵。一九○七年加入同盟會，兩廣測繪學堂畢業，曾任廣東陸軍測量局局長、陸軍測量學校校長。一九一四年參與黃岡和惠州的起事。一九一六年任革命軍東江總司令部參謀長，並參加護法戰爭。一九二三年後歷任廣州大本營軍法處處長、軍需總局局長、東江剿匪督辦、（第二次）東征軍總參議。一九二六年往日本，一九三○年任代理中國駐日留學生監督。一九三一年返國，歷任國民政府政務委員、西南政務委員、國民黨第五屆候補中委、廣東省政府委員、國民黨廣東省黨部特派員。一九三七年任省民眾抗日自衛團隊統率委員、廣東省政府顧問等職。一九四三年，任柳州正和銀行董事長。中華人民共和國成立後，任全國政協常委、民革中央委員、民革廣東省委常委、省文化館館員。一九六七年病逝於廣州[17]。

八

　　羅香林先生《致陳垣先生書》，篇幅不長，內容也不算複雜，但其中所涉及的一些人和事，不一定為人所熟知。現試勾取材料，略作考釋，以誌陳、羅兩氏的交往因緣，同時也讓晚輩、後學知道，前輩學者學問之所以有成，實建基於能早定治學方向、範圍，又能謙抑問學、勤奮探研。而羅氏敬重老師、尊重前輩的誠摯態度，也從信中的字裏行間透出，值得晚輩後學細味、效法。

---

17 參閱同上，頁 504；本書記羅翼群的生年為 1888 年。又參閱陳玉堂編著《中國近現代人物名號大辭典·續編》，2001 年 12 月浙江古籍出版社（杭州），頁 188。

　　附記：據黃福鑾、蘇宗仁《羅香林教授任教與著作年表》（手稿）所述，羅香林先生曾在一九五〇年度任教於新亞書院，講授科目為「中國經濟史」；又錢穆先生所撰《新亞書院沿革旨趣與概況》（1952）中，有「本院教授簡歷」一項，共列教授十五位，羅先生也在其中[18]。（2013 年 2 月補記）

　　——「羅香林教授百年誕辰國際學術研討會」發言稿（2006 年
　　11 月）

18　參閱《新亞書院二十週年校慶特刊》，1969 年香港中文大學新亞書院（香港），頁
　　22。

農圃舊事

最近為了要去新亞研究所，我又踏入睽違已久的新亞書院前校園。現時校園已是新亞中學的校址，入口大門，則由農圃道改為合一道。新亞研究所，就設在新亞中學圖書館的樓上。

一

初進校門，看到合一道入口詢問處笑臉迎人的值勤人員，使我不禁想起了從前農圃道入口詢問處的馬駿聲先生。聽說馬先生在國民政府時代曾當過手握重兵的軍長，內地政權易手後隻身走來香港。我剛入學新亞書院時，看見他天天挺著腰坐在詢問處，而在錢賓四（穆）先生授課或演講時，又總看見他挺著腰坐在最前列的位置，聚精會神地聽講、筆錄。馬先生平日態度岸然，不苟言笑，但跟他熟絡以後，卻也平易可親，偶爾還會微笑。他後來還自資出版了一本薄薄的小書，內容是學術思想方面的，好像還送了一冊給我，可惜現在已找不到了。在我的印象中，當時新亞書院的同學和職工，有不少是臥虎藏龍之輩，馬先生是其中之一，如果有人撰寫《新亞畸人傳》，他大抵可名列其中之一。

二

一九五六年九月，農圃道新亞書院校舍第一期工程剛完成，但只有沿農圃道的建築物（包括圖書館）和靠近農圃道官立小學的圓形講堂。講堂在二樓，它下面的休憩處，我們一般稱為「圓亭」，二樓的圓形講堂，就順理成章地成為「圓亭」的上蓋，而周圍的空地，當時還未鋪草植樹，只是一片黃沙地；靠天光道那邊，建築工程仍未開始，只沿著行人道用鐵絲網圍著，同樣是一大片黃沙。強風稍起，校園就會黃塵處處，樓上樓下的過道，就會出現不少雜亂的腳印。「圓亭」，可說是新亞校園中最具特色的建築物，也是我最不能忘懷的物體，因為亭中那些方柱、圓柱和弧形石凳之間，是我常常盤桓、閱讀、背誦之所。四十多年過去了，我回到母校的前校園，坐在亭中冰冷的弧形石凳上，看著亭前枝葉繁茂的大樹，使我自然地想起了自己在新亞書院讀書時的人和事。

三

談農圃道時代的新亞書院，不能不提院長錢賓四先生（1895-1990）。賓四先生名穆，江蘇無錫人，是自學成材的史學家。他初在燕京大學任教，其後任北京大學、西南聯合大學、華西大學、四川大學、齊魯大學、雲南大學、華僑大學等校教授。他由北而南，終於在一九四九年六月抵達香港，以苦行僧的精神創辦亞洲文商學院；一九五〇年正式註冊時，改名為新亞書院。至於農圃道校舍的建成，則更是他努力籌畫、奔走的結果。我初知道他的姓名，是因為在中學讀過他的《國史大綱》。一九五六年九月，新亞書院在農圃道新校舍舉行開學典禮，在典禮中，我看見有一個矮小壯實、膚色黝黑、廣額方

臉、架深度近視眼鏡、目光銳利、精神飽滿、身穿藍色長袍的人，站在高高的臺上，說著我完全聽不懂的話。旁邊的同學告訴我，他就是我久聞其名的賓四先生。想不到的是，過了上學期，他竟然在下學期代替臨時離職的程綏楚（靖宇）先生任教「中國通史」課。賓四先生上課時，不但教室坐滿了人，甚至臨時在教室空隙處加了多張椅子，也馬上為人所佔，有時門邊還擠了許多站著聽課的人。他的無錫國語並不好懂，有聽了幾年課的同學，仍然不懂他在說甚麼。可是我們如果能克服語音的障礙，就知道他的講論頗能深入淺出，其中既有理性的辨析，又有感性的表達，而且聲音抑揚頓挫，富有韻律、魅力，難怪他的講課和演講，每次都能吸引一大群聽眾。聽眾中大多是他的學生，但外來旁聽的人似乎也不少，其中有好幾位更是白髮蒼蒼、佝僂著腰的老者。而錢師母胡美琦女士，則永遠靜靜地坐在最後一行靠近門邊的位置。除了「中國通史」，我還修讀過他的「中國文學史」和「中國文化史」。在我的印象中，我快畢業離校時，賓四先生似乎因事留在外地的日子比較多，因此除了新亞研究所，已甚少再為大學部的學生講課了。賓四先生三門學科的助教，當時都由孫國棟先生擔任。國棟先生是新亞研究所一九五七年的畢業生，在賓四先生指導下完成論文《唐代三省制發展之研究》；稍後的「中國通史」課，就由國棟先生接任講授了。而賓四先生講課或演講的地點，由於聽眾甚多，因此大多安排在面積較大的圓形講堂或最接近講堂的大教室。賓四先生著作等身，一九九四年臺北聯經出版事業公司開始出版《錢賓四先生全集》，內容分：甲編思想學術、乙編文史學術、丙編文化論著，共五十四冊。其中特別受人重視的著作，有《先秦諸子繫年》（1935）、《中國近三百年學術史》（1937）、《國史大綱》（1940）、《兩漢經學今古文平議》（1958）、《朱子新學案》（1971）等等。

四

　　唐君毅先生（1909-1978），四川宜賓人，曾在北京大學聽過梁漱溟先生（1893-1988）的課，後畢業於南京中央大學哲學系，曾受教於熊十力先生（1884-1968）。畢業後初任助教、講師，後來先後任四川大學、華西大學、中央大學、江南大學等校教授。一九四九年，他與賓四先生經廣州同時來港，是協助賓四先生籌辦新亞書院和新亞研究所的學者之一。在農圃道校舍時期，我先後修讀過他講授的《哲學概論》、《中國哲學史（一）》、《中國哲學史（二）》，助教是鄭力為先生。君毅先生給人的印象，是一位溫然、粹然的儒者。他經常頭髮蓬鬆，滿臉未經修飾的鬍髭，時時皺著眉頭，好像有很多要思考、要掛慮的事情。平時與同事、學生交談或處理事務時，他顯得近於木訥，甚至有點靦腆。但在講課時，他卻精神煥發，滔滔不絕，而且是不斷匆促地講，不斷匆促地板書。有時講得急了，板書配合不上講述的內容，就會出現不刷黑板、字上寫字或有些字只寫偏旁的情況。不過他雖然講得急寫得急，但我們聽起來，卻仍然覺得他的講授思路清晰、條理清楚，只要開始時掌握到他的思路，要記錄起來，困難不大，只是必須耳聽手追，筆不停揮，一下子就會在筆記本上寫下好幾頁。此外，君毅先生講課時，眼神往往顯露一種熱切「傳道授業」之情。講著講著，他有時會忘其所以，連下課的鈴聲也不理會。過了好一會，他才會如夢初醒地下課。出了教室，他就會低頭向前疾走，偶然會走錯方向，或一頭撞入不是他要進入的地方。我就曾親眼看見這樣的一幕。我們聽他的課或讀他的書，總覺得他思緒奔湧，不可遏止。他講課時話語匆促，可能是受奔湧的思緒所影響；我偶然見過他為自己的書作校對，每校對一次，他總在空白處大段大段地增補文字，往往達到密麻麻的地步。到了最後一校，他還要作大幅度增訂，彷彿增訂的

工作，可以沒了沒完。這或可略窺他不斷思考、不斷自我要求完善的過程。不少同學都同意，君毅先生的本事，是能在課堂上，把複雜、深刻的道理，說得清晰、易懂；而看似簡單、淺易的道理，讓他寫進書裏時，卻又寫得複雜、深刻。這或許就是思想家的能耐？君毅先生的著作相當多，主要有：《道德自我之建立》（1944）、《中國文化之精神價值》（1953）、《人文意識與道德理論》（1958）、《哲學概論》（1961）、《中國哲學原論》（1965-1975）、《生命存在與心靈境界》（1977）等。

五

　　牟潤孫先生（1908-1988）原名傳楷，字潤孫，以字行，山東福山人，畢業於燕京大學國學研究所，先後任教於河南大學、輔仁大學、同濟大學、暨南大學、臺灣大學。他在一九五四年接受賓四先生的邀請來新亞書院，任文史系主任，並兼新亞研究所導師及圖書館館長。一九五六年九月，新亞書院遷往農圃道新校址，不久文史系分為中文系和歷史系，前者由黃二明（華表）先生任系主任，後者由潤孫先生任系主任，仍兼研究所導師。潤孫先生話語清晰，講課動聽，知識性和啟發性兼而有之，因此他所講授的學科，如「中國史學名著評論」、「中國史學史」、「中國學術思想史」、「經學史」、「魏晉南北朝史」，都很受學生歡迎，甚至連中文系和哲學系的學生也踴躍選修；而他在研究所負責指導的歷史研究生也最多。潤孫先生講課前，一般會由助教先把要用的參考書放置在講臺的桌上，參考書多屬線裝書。潤孫先生高大而胖，但行動敏捷，上課時往往疾步而來，一跨上講臺，就馬上開講。他習慣一邊講一邊翻開書頁找尋資料，有時會脫下眼鏡湊近書本仔細看。當找到需要的資料，他就會急邊地寫在黑板

上，然後再就黑板上的資料解說、闡述。他的授課方式，倒像是向學生即席示範如何撰寫論文的過程：怎樣找出資料、怎樣引述、怎樣解說、怎樣組織……。當時潤孫先生投入講課的神態、動作、聲音和書頁翻動的簌簌聲、粉筆接觸黑板的篤篤聲，到了今天，彷彿仍在耳目。潤孫先生學兼經史，治史考據義理並重，服膺顧炎武（1613-1682）、錢大昕（1728-1804）之學，早年受教於柯劭忞先生（1850-1933）和陳垣先生（1880-1971），重視資料掌握，強調通史致用，精熟目錄版本之學。可惜晚年健康欠佳，精力不繼，來不及把治學的精意深旨一一變而為文字，但他的《注史齋叢稿》（1987）和《海遺雜著》（1990）共收文章近百篇，應對有興趣研治經史的後學，有相當大的提示和啟發作用。《海遺雜著》中有好幾篇討論語言文字的短文，顯示治經史者不可不通文字訓詁，這也是潤孫先生經常向學生強調的。可是有一名出言不遜的晚輩，竟認為這是「無聊」之作，不副史學家的身份。而這名晚輩，正正是語文表達差勁的人。

六

黃華表先生（1897-1977）字二明，廣西梧州人，曾就讀於上海復旦大學，一九二二年留學美國，畢業於華盛頓大學教育系、士丹福大學研究院。回國後曾任廣西省政府教育廳長和秘書長、浙江大學教授、復旦大學教授。一九五七年新亞書院文史系分為中文系和歷史系，他來就任中文系系主任。他雖在美國受教育，但訓練中文系學生的方式，則是最傳統的。他既要我們用毛筆抄書，寫符合正字筆畫的端楷，每周繳交一篇，又要我們用硃筆圈點沒有標點符號的《古文辭類纂》，更要我們背誦相當數量的古典文學作品。他講授的「歷代文選（一）」、「歷代文選（二）」、「各體文習作」、「詞選」、「杜詩」、「韓

文」，都要學生背誦，而且數量不少。例如杜甫詩要背二百五十首，包括楊倫（1947-1803）《杜詩鏡詮》中的諸家評識；韓愈文要背七十五篇，包括馬其昶（1855-1930）《韓昌黎文集校注》中的有關評論，等等。所有習作，以至應考答題，行文都要用文言；應考可以用墨水筆（當時大多數人的書寫工具），習作就一定要用毛筆，而且不許用新式標點符號。此外，他也重視有關學科的目錄學常識。配合每一學科，他都會派發油印的詳細參考書目，要我們按目尋書，認識版本，即使從圖書館借來翻翻也好。偶然他也會把自己珍藏的線裝書帶入教室讓我們傳閱，但決不容許學生粗暴地翻動書頁；如果有人用手上的墨水筆在書頁上指指點點，就會被他斥責。有一名同學就被他當場責備為「不知愛惜書籍」！他也不許學生無故缺席，每次上課前由助教點名。接受這種教導，苦的確相當苦，忙的確相當忙，壓力也的確相當大，能退修的大多退修，但必修的中文系學生，無論願意或不願意，都得接受。二明先生身量中等，顴高頰瘦，目光炯炯，態度嚴肅，講課時滿口廣西腔國語，聲音沙啞而高拔，語調急促，時時足移手揮，動作頗大。老實說，他的講課說不上動聽，也不講究課堂互動，但他認真、嚴肅、賣力的講課態度，頗能促使學生用心學習，而他對所授學科的認識和對習作的詳批細改，也逐漸贏得大多數學生的尊敬。二明先生能寫深合桐城義法、文筆淵懿的古文，皮藏粵人集部書籍甚富，講集部目錄版本如數家珍，在當時頗為本港學界中人所推許。他已刊行的著作有：《壁山閣存稿》（1935）、《廣西文獻概述》（1954）、《清代詞人別傳》（1954）、《大學文選》（1954）、《韓文導讀·甲集》（1964）、《史記導讀·甲集》（1965）等等。

七

　　背誦，可說是當時新亞書院中文系學生的主要學習方式。除了二明先生的課，《大一國文》、《詩經》、《楚辭》、《歷代詩選》、《論語》、《孟子》，都要背誦，連《文字學》也要背《說文解字・序》和各部首的解說。唯一例外的，是《昭明文選》。任教這門學科，是伍叔儻先生（1897-1966）。叔儻先生原名俶，又名偶，浙江瑞安人，北京大學國文系畢業，曾任多所大學教授，包括上海聖約翰大學、光華大學、中山大學、中央大學、重慶大學、臺灣大學、臺灣省立師範學院、日本東京大學、日本御茶水女子大學。他來港後主要在崇基學院中文系任教，同時在新亞書院先後講授《文心雕龍》和《昭明文選》。我只修讀過他的《昭明文選》，但印象卻很深刻。他個子不大，圓臉，短髮，脣上有一撮鬍子，臉上儘掛著微微笑意，活脫脫像個日本人。每次上課，他總是腋下挾著一個小包袱，徐徐跨入教室，徐徐向學生作一深鞠躬，徐徐在桌上解開包袱，再徐徐掏出一冊線裝書，放在桌上，然後徐徐揭開書頁……跟著他就開始講課。他在講課時，極少再看桌上的書，只是一面講，一面寫黑板，在連續兩個小時裏，詳徵博引，背誦如流。他的聲量不大，滿口鄉音，不疾不徐，初聽時極感費力，但聽懂以後，就知道他的解說能窮源究委，屢有勝義，而且時時語帶鋒稜，風趣幽默。聽著聽著，有時會忍俊不禁。在整整一學年中，他只講完一篇《月賦》和半篇《文賦》，我們從中或可推想他解說、徵引的繁富和吐屬的從容。期中試和期末試，他都採用開卷答題的方式。期中試的題目是《〈月賦〉讀後》，期末試的題目是《〈文賦〉讀後》，大抵年年如是。他似乎對學生沒有甚麼要求，也不管學生是否缺席。特別的是，聽過他講課的同學，大多會自動去研讀《昭明文選》中的其他篇章，甚至會追讀個別作者的詩集、文集，並

不會以《月賦》、《文賦》自限。叔儻先生的著作不多，曾刊行《八代詩論》和《窮照錄》，但讀過的人似乎不多，也難以在本港各大學圖書館中找到。現較容易找到的，是華國學會出版的《暮遠樓自選詩》（1968），由友人、學生在他去世後集資出版。論者認為，叔儻的詩文，胎息六朝，雅秀雋逸，很可品味；他較少寫語體文，就所見的《談五言詩》（《暮遠樓自選詩・附錄》）和《敬悼胡適之先生》（載《祖國》第三十七卷第十一期，1962 年 3 月），行文文白兼施，竟然頗有六朝的理趣和情味；甚至連他講課時的神貌，也彷彿有「手揮五弦，目送飛鴻」的風采。

八

以上所記，主要是一九五六年至一九六〇年間農圃道新亞書院的人和事，而且也只限於五位老師和馬駿聲先生的事。馬先生當時年紀應不小於賓四先生，有過叱咤風雲的閱歷，但身在新亞書院，倒能鋒芒盡斂，克守厥職，對賓四先生執晚輩禮甚恭，對其他人也溫文有禮。我把他記在本文的最前面，為各位老師「導夫先路」，他大概不會以此為忤罷？雖說只是短短四年，但可記述的人和事其實還有不少，限於篇幅，只好留待他日再記述了。

──原載《農圃道的足迹》，商務印書館（2007 年 2 月）

敬悼莫可非先生

　　莫曲齋（可非）先生去世已有幾年了！先生去世的消息，我是在一九七〇年二月七日（農曆正月初二）上午知道的。當時我正跟一群同學，從一位老師的家出來。在下樓梯的時候，我忍不住向一位經常跟先生接觸的同學，探問先生的病況。那同學滿臉嚴肅，用眼睛直瞪著我，說：「莫先生已經……」瞧他的神色，一種不祥的感受，已立刻把我抓住。不用說，我後來知道一個悲哀的事實：先生已於二月六日晨六時十五分在九龍伊利沙白醫院去世！

　　先生的去世，對我來說，是極端的意外。噩耗突來，使我茫然者久之。先生因病留醫的消息，是一位同學告訴我的，那時已是農曆除夕（2 月 5 日）。把這消息告訴我的同學，可能所知不多，所以「語焉不詳」，我因追問而仍不得要領，只好「姑妄聽之」。在主觀上，我還是相當樂觀，因為，就在年假前十多天，我跟先生暢談過好一會，那時的他，仍然精神充沛，十分健談，聲如洪鐘。只有在談到《晨風》雜誌的發行問題時，他露出點點煩惱，而且感慨地說：「辦雜誌，到底需要熟諳事務的人才。我們這一群人，只知把手寫的字印成鉛字，卻不能把已售出的書價，全部收取回來。都是讀書人嘛，讀書人就喫不明實務的虧！」說到最後兩句時，他的神態，立刻表現出一種安然自足的樣子，正所謂「其詞若有憾焉，其實乃深喜之」，好一派書生本色！跟著，話題一轉，他跟我談起治學的方向和寫作的計畫來。談到開懷處，往往夾上幾陣爽朗的笑聲，朝氣勃勃，充滿活力和

幹勁。在這樣的一位長者面前，拘謹如我，倒顯得有點頹唐，甚至有
點「未老先衰」了。誰想到這一位談笑風生的長者，十多天後，會在
醫院溘然長眠呢？

　　我開始受業於先生，是在一九六〇年，然而跟他較為熟習，卻是
一九六五年回校重讀以後的事。在教室裏，先生博聞強記，滔滔不
絕，是一位認真授課的老師。下課以後，他卻和藹可親，平易近人，
從不拿出老師的架子對人；尤其是對因中文大學成立而必須重讀的早
期校友，更常表現關切的態度。他喜歡喝酒，劇談，縱聲長笑。某年
暑假，我跟幾位同學往長洲旅行，順道探望一位家在長洲的同學。在
同學家中，竟然遇見了他。那時是大暑天，熱浪迫人，室內如蒸，同
學都想寬衣納涼，只因為老師在場，大家都不免遲疑起來。就在這
時，先生率先解衣磅礴，吐屬翻濤，這一來，我們的阢隉不安，立刻
掃除淨盡，就連我這個相當拘謹的人，也覺得先生的很可接近。這些
年來，我也忝為人師，我原先對待學生的態度，是略傾向於嚴肅方面
的，漸漸，在教室以外，我也樂於用平易的態度，去對待求知慾極強
的學生。在氣質上，我既無《世說》中人的脫略，也缺乏燕趙之士的
豪放，卻終於有了這樣的改變，未嘗不是先生影響之功。在人生路途
上，先生自然比我先走了一段路，但在活力方面，他卻比我更有年輕
人的活力表現，不幸遽然謝世，真非意料所及。

　　先生的學問，自應由前輩學人來論定，淺末後學，本不宜輕置一
詞。不過作為他的學生之一，也不妨就個人體會所得，略略表示意
見，藉以致達追思的敬意。先生的著述，我讀得並不多，他的《稊稗
集》，在許多年前，我是通讀一過的，平素對近人著作少所許可的伍
叔儻（俶）先生，就曾屢次稱許過這書的文筆。其他散見《中國文學
系年刊》和《新亞生活雙周刊》的文章和演詞，對我來說，都有印
象。至於他發表在《晨風》上的文章，我每篇都曾細讀。先生的文

章，筆力雄健而不失儒雅，用字措詞，時露幽默，自有個人的格調。而持論的嚴正，態度的矜慎，卻又不失學人的身份。文筆，自然是著述的要件，不過著述者的主張，卻仍是最重要的。我讀過先生的文章，聽過他的課，也跟他有過多次接談的機會，我可以肯定地說：不論先生的口上或筆下，都有一個貫串的宗旨，這個宗旨，就是「言必有益於當世」。顧亭林（1613-1682）《日知錄》「文須有益於天下」一條云：「文之不可絕於天地間者，曰明道也，紀政事也，察民隱也，樂道人之善也；若此者，有益於天下，有益於將來，多一篇，多一篇之益矣。」（卷十九）先生在援筆著述時，大抵必先存有同樣的宗旨。試以先生已經發表的著述，拿來跟顧氏的話互相印證，我們立刻可以了解：先生的文章，不但每多關乎世道，而且都能有益時人。最後那幾年，先生文思特盛，陸續有所撰作，天假數年，成就必然更大。不幸遽馭東維，識與不識，能不悵然？

人的生死，本來不必過分執着。生，未必可喜；死，也不一定不幸。但，除了已然徹底勘破世情的哲人，有誰可以擺脫因永別而惹起的惆悵與悲哀？去世的人，在彌留的一剎那，究竟是悲是喜，本也難說，曠達的人，也許真會「含笑而逝」。然而，人天殊隔之於生人，又怎能不引發深切的痛苦？死，對於接受的人，幸與不幸，實在難於肯定，因為斷然拋開塵世的煩惱，擺脫人間的是非，未嘗不是一件快意的事；可是，死者的「斷然」，在生人來說，卻是最最無情的「打擊」。於是在靈堂上，生人只有惆悵，只有悲哀，只有飲泣，只有慟哭了！在我個人的印象中，先生是一位曠達的長者，偶爾發表不平的議論，也只因為在他眼前出現了真正不平的事。我這樣說，並非自相矛盾，因為，真正曠達的人，決不會自蒙眼睛，故意忽視世間不平的事物；能「不平」而又不拿「不平」來自苦，纔配稱為「曠達」。先生，就不是個愛好自苦的人！只不過，在先生的靈堂上，奏著的，是

令人黯然神傷的哀樂；看見的，是惆悵而悲哀的面孔；聽見的，是間歇的飲泣或慟哭；這一切一切，與先生的個性不太相稱了，無奈生人的傷感與敬意，也只好用這種方式來表達。這在已然去世的人，或許並無實際的受益，生人卻只能藉此致達存歿相隔的哀思，聊盡紀念的心意。陶淵明（365-427）詩句有云：「死去何所道？託體同山阿。」視化如歸的先生，恐怕還是比較欣賞陶氏的從容曠達罷？可是，我們這一群仍在人生路途舉步的旅客，又怎能沒有「露水之世」的感觸？知堂老人在《唁辭》一文裏，曾經引述日本詩人小茶一林的詩句，在詩人簡括的文字裏，充分表達了世人對塵寰的眷念。詩句是這樣的：

> 露水的世呀，
> 雖然是露水的世，
> 雖然是如此。

　　附記一：偶然整理積存文稿，從雜亂發黃的紙堆中，翻出這篇悼念曲齋先生的文字。我記得執筆的時候，距離先生去世的日子並不長久，寫成之後準備發表在先生一手創刊的《晨風》雜誌上。不知怎的，先生去世以後，《晨風》只出了一期追悼特輯，就停刊了。於是，我這篇悼念文字，由於趕不及特輯的截稿時間，結果就埋在亂紙堆中好幾年！如今翻檢出來，重讀之下，不禁勾起一些憶念。「可能先生的親友和學生，也願意有我同樣的憶念罷？」這樣一想，便決意略改數字，把稿件投來《人文》。無可否認，先生的學生中，有不少在學問上或生活上，的確真能「登堂入室」。可惜在治學的途徑上，我愧未能踏著先生的步子，而在生活方面，也從未有過在先生家中坐談的機會。因此，上文種種的了解和記述，必然有失實或不足的地方，那只好希望先生的親友和高足，能對我曲予諒解了。（丙辰歲暮記於燈下）

　　附記二：莫可非先生（1907？-1970），字汝彭，號曲齋，廣西岑溪人，畢業於廣州國民大學，曾任桂林軍校政治指導員、蒼梧縣縣府主任秘書、廣西岑溪中學校長、廣州聖心中學教師。南來香港後，前期任教於香港真光中學及香港嶺南中學；後期獲錢穆先生、黃華表先生賞識，受聘於新亞書院及香港中文大學新亞書院任教，直至去世。主要著述有：《漢書雜論》、《漢書小品》、《杜詩選講》、《稊稗集》、《釋耒集》等。晚年主編《晨風》月刊；又打算為中國文學家撰寫評傳，可惜未及完成，就去世了。（2009 年 2 月補記）

　　——原載《華僑日報・人文雙周刊》（1977 年 2 月 28 日），2009年 2 月增「附記二」，收入《多情六十年：新亞書院的過去、現在與未來》，香港中文大學新亞書院（2009 年 11月）

曾克耑先生軼事追憶

近日整理家中圖書，偶然從書堆中翻出《頌橘廬叢稿》和《曾氏家學》，不禁想起了曾克耑先生（1900-1975）的講課情狀和一些生活瑣事。屈指算來，已是約近五十年前的事了。

一

曾克耑先生是詩人、書法家，能寫義法嚴謹的桐城派古文和暢達可讀、頗有個人風格的語體文，對文學和書法的理論也有很多心得，而且發表了不少內容堅實、甚有見地的論著。不過認識他的人，大多不視他為學者，可能他早有詩名和書名，而在一般人的心目中，學者的行為舉止，應該較為穩重、沈實，可是他的表現，卻是個藝術家氣質很重的文人。他自信、率真，形跡脫略，隨意所之，不大理會他人的感受，偶爾會弄青白眼，旁若無人。不過，他似乎很少當眾月旦時人，對學生和晚輩，尤為寬容、隨和，稍有一善，就會人前人後揄揚不遺餘力。

二

我曾先後修讀過曾先生任教的「詩選」、《楚辭》和《詩經》。在「詩選」的頭一節課，曾先生剛入教室，就囑咐我們購買聽課的用

書——《唐詩三百首》，然後迅速地在黑板上寫了一個句子（好像是五言）。他說，這是對聯的上聯，大家試完成下聯，下課前他會回來收取習作。跟著，他把粉筆隨手一甩，就急步離開了教室。聽說他獨自往餐室喝咖啡或喫雪糕去了。他不講體式，不講詞類，不講平仄，也不講撰寫對聯的方法。這突如其來的舉措，同學冷不防備，都有點手足無措。擾攘一番之後，同學慢慢安靜下來，倒有些不同表現：有神色自若的，有成竹在胸的，有東張西望的，有交頭接耳的，有皺眉苦思的，有喃喃自語的，有走來走去的，有欠腰伸腿的……結果是，人人都在時限內交出習作。第二周上課，曾先生先略說明上周習作的表現，然後再板書兩個句子作為上聯（好像是七言）；到了第三周，已是作詩練習了。「詩選」是一年課程，大抵上學期作絕句，下學期作律詩和古詩。曾先生指導作詩，一般只作簡單提示，例如對律詩的提示是：先對好中間兩聯，再在頭尾各加兩句，就是律詩了，其他有關詩的各種知識和作詩的竅門，同學只好自己翻檢參考資料。這種以不怎麼教為教的授課方式，迫得原來不懂作詩的同學，不管用上聰明或笨拙的方法，都學會作詩，而本來懂得作詩的同學，也就苦心孤詣，努力把詩作好，希望可以贏得老師的青睞。每學期開始，大抵都有兩三次課堂上的作詩練習，以後，曾先生就開始講解諸名家的詩篇，而各體詩的寫作練習，就成為家課而不是堂課。他所出的詩題，其中頗有些涉及新事物的，如《雪花膏》、《飛機》、《暖水壺》、《原子彈》、《耶穌誕》等等，於此或可略窺他有意融新入舊的精神。

　　「詩選」的講課用書，除了《唐詩三百首》外，曾先生後來又提示我們多買一部高步瀛選注的《唐宋詩舉要》作為參考，但在課堂上，他講的仍然只是唐詩而不提宋詩[1]。在我的印象中，曾先生講課

1　曾先生講詩雖重唐，但其實並不輕宋。他在《自敘》中指出，清末同光體的成功，
　　「也就是唐宋並採的結果」。參閱《頌橘廬叢稿·外篇》卷三十八，1961 年 10 月自

採用逐句串講方式，變化不大，也沒有詳徵博引，偶然說些評論意見，也只是三言兩語，不會滔滔不絕。不過，他對習作的批改卻很用心，也很見功力。一般來說，他對習作原稿的改動不多，只這裏上下一勾，那裏改三兩字，往往可使不通的語句或缺乏詩味的語句，變為詩意盎然的詩句，有時甚至有點鐵成金之效。因此不少同學認為，「詩選」課的主要得益，不是來自課堂上的講授，而是來自習作的批改。同學鄺健行兄《曾克耑先生怎樣批改詩課》一文，有很具體的描述，並且附有不少實例[2]，珠玉在前，我也不必多費筆墨了。

三

曾先生講《楚辭》和《詩經》，主要以朱熹（1130-1200）的《集注》為據，也是逐句串講。碰到一些難以疏解的字詞或語句，他就會把圓框的眼鏡往額頭一推，眯著眼，湊近書頁，去閱讀朱注的小字。要是朱注幫不了忙，他就會抬起頭，問同學手邊有沒有其他注本，如果有，就讓同學把注文讀出來。他聽過以後，不同意的，就會說：「不對！還有其他注本嗎？怎樣解釋？」如果同意的，他就會說：「對了，就是這樣！」跟著又低下頭，繼續講解。他偶然會作朗誦的示範，他的朗誦，確能以聲傳情。到了今天，我的耳際彷彿仍然縈迴著他那曼長其聲、哽咽其言的《離騷》朗誦。

在《詩經》課，曾先生有沒有要同學仿寫四言詩，我已經記不起了，但在《楚辭》課，他好像曾要我們試寫騷體的文章。可見無論是教「詩選」或《楚辭》，他重視的，是寫作的實踐，因此他要求同學寫各體詩和騷體的文章。他或許認為，寫作實踐有助於同學對文學作

資刊行，頁 1551。

2 參閱屈啟秋主編《農圃道的足跡》，2007 年 2 月商務印書館（香港），頁 170-180。

品的理解和欣賞。他上課不講述理論，不說明體式，對作法不作提示
或略作提示，用書不講究目錄版本，讓同學在手足無措中去探索、去
克服功課上的困難，但竟然能產生意想不到的成效。現代的大學生，
遇到這樣的老師，大抵會急不及待去投訴罷？

四

曾先生擅寫各體書法，最為人推許的，是他的草書和融合褚體、
瘦金體神貌而自成一家的楷書。他自承草書由懷素（737-？）入手，
最不高興人家說他寫的楷書是瘦金體，而且屢作聲明、否認。的確，
欣賞過他所寫楷書的人，應該承認那是曾體而不是瘦金體也不是褚
體。他在藝術專修科（後來改為藝術系）教書法，聽說一開始總要同
學作用筆的練習，首先是不斷寫一橫，然後是不斷寫一豎、一撇、一
捺……又要不斷打圈。如是者重複又重複，足足用了好幾節課，最後
才讓同學開始寫字，而且也是不斷重複地寫同一個字。弄得不少同學
叫苦連天，大嚷悶極。據我所知，能闖過上述關卡的同學，大多能在
書法方面有點表現，甚至卓然有成。

曾先生常向人宣稱，凡向他討字的，不管認識或不認識，都要付
酬：不認識的人，一定要付筆潤；認識的人，包括學生，也要用茶葉
若干兩代酬。有一位學姊曾喜孜孜地告訴同學：她向曾先生討了一幅
字，但並沒有奉呈茶葉。言下之意，她是得到破例的優待，難免有
「老師厚我」的雀躍。不過幾天後，她又告訴同學：她竟然收到曾先
生一封追討茶葉若干兩的來信。原來要破例真不容易！其實這位同學
也有意外之得，就是曾先生用草書寫的一封追討茶葉信。

五

　　曾先生慣常用自己的墨寶作為學生結婚的賀禮。我畢業那年（1960），有一位同學結婚，送了一張喜帖給曾先生。婚宴晚上，我以「迎賓」身份待在宴會廳入口放置嘉賓簽名冊的桌前。快開席時，曾先生來了。他一來到桌前，馬上把握在左手一卷皺得可以的報紙往簽名冊上一捧，右手同時抓著毛筆筆桿的頂端，往硯台一點，只那麼一動，就在簽名冊上簽了個狂草的大名。接著他拋下筆，一轉身，揚長入席去了。這幾下動作，一氣呵成，快如閃電。我定過神來，把捲著的報紙展開，原來其中就藏著曾先生作為賀禮的墨寶！我有好幾位同學，都收到這樣的賀禮。我畢業多年後才結婚，跟曾先生又甚少來往，因此當時沒有邀請他出席自己的婚宴。直到現在，我仍然後悔沒能收到這樣珍貴的賀禮。聽說也有同學曾收到不用送茶葉的曾氏墨寶，而且不止一幅，那真是極可忻羨的際遇了。可見「老師厚我」的事，並不是完全不會發生。

六

　　曾先生字履川，號頌橘、橘翁，室名涵負廎、頌橘盧，福建閩侯人，出生於四川成都，世代以詩名世。他早年受祖父的影響，愛讀陳三立（1853-1937）的《散原精舍詩》，許為凝鍊有味，自稱從中獲益良多，因此尊他為「開蒙作詩老師」。他也拜在林紓（1852-1924）和陳衍（1856-1937）的門下，並很感激兩位文壇前輩對自己的揄揚，但認為他們只能算是「受知師」，而吳闓生（1878-？）才是他「親受業」又「傾心佩服」的詩古文詞老師。吳氏是清末桐城派大師吳汝綸（1840-1903）的獨子，又是同光體開山派作者范當世（1854-1905）

的弟子。曾先生通過吳氏的講授，深愛范當世詩的精光晶瑩、縱盪雄深，因此也尊范氏為另一位「開蒙作詩老師」[3]。曾先生在北京受業於吳闓生時，是二十歲，同時在青年會財政商業專門學校讀英文及商科；畢業後，先後受聘於國民政府的工商部、實業部、鐵道部、中央銀行祕書處及人事處，並曾任國史館特約編纂，又曾在上海暨南大學任教。來香港後，他先後任教於珠海書院、香港中文大學成立前後的新亞書院；退休後，受聘為香港中文大學中國文化研究所研究員。主要著述有：《頌橘廬叢稿》（包括內外篇）六冊（1961）、《曾氏家學》兩冊（1963）、《近代海內兩大詩世家》一冊（1964）、《福州曾氏十二世詩略》一冊（1966）、《通州范氏十二世詩略》一冊（1966）、《頌橘廬詩存》一冊（1971）、《頌橘廬文存》一冊（1971）。

——原載《多情六十年：新亞書院的過去、現在與未來》，香港
中文大學新亞書院（2009 年 11 月）

3　參閱《我的師承》，《頌橘廬叢稿‧外篇》卷二十六，頁 1108-1109；又參閱《自
　　敘》，《頌橘廬叢稿‧外篇》卷三十八，頁 1531-1565。吳闓生，原名啟孫，字辟
　　畺，號北江，安徽桐城人。初從學於姚永概（1866-1923），後又受古文義法於賀濤
　　（1849-1912）、范當世，曾留學日本。主要著述有：《北江先生文集》、《北江先生詩
　　集》、《古文範》、《古今詩範》、《左傳微》、《周易大義》、《尚書大義》、《詩義會通》
　　等等。

史學研究叢書·歷史文化叢刊 0602009

讀史懷人存稿

作　　者	李學銘
責任編輯	吳家嘉
特約校稿	陳漢傑

發 行 人	陳滿銘
總 經 理	梁錦興
總 編 輯	陳滿銘
副總編輯	張晏瑞
編 輯 所	萬卷樓圖書股份有限公司
排　　版	浩瀚電腦排版股份有限公司
印　　刷	百通科技股份有限公司
封面設計	斐類設計工作室

發　　行　萬卷樓圖書股份有限公司
　　　　　臺北市羅斯福路二段 41 號 6 樓之 3
　　　　　電話 (02)23216565
　　　　　傳真 (02)23218698
　　　　　電郵 SERVICE@WANJUAN.COM.TW
大陸經銷　廈門外圖臺灣書店有限公司
　　　　　電郵 JKB188@188.COM
香港經銷　香港聯合書刊物流有限公司
　　　　　電話 (852)21502100
　　　　　傳真 (852)23560735

ISBN 978-957-739-876-5
2014 年 8 月初版
定價：新臺幣 480 元

如何購買本書：

1. 劃撥購書，請透過以下郵政劃撥帳號：
　 帳號：15624015
　 戶名：萬卷樓圖書股份有限公司
2. 轉帳購書，請透過以下帳戶
　 合作金庫銀行 古亭分行
　 戶名：萬卷樓圖書股份有限公司
　 帳號：0877717092596
3. 網路購書，請透過萬卷樓網站
　 網址 WWW.WANJUAN.COM.TW

大量購書，請直接聯繫我們，將有專人為
您服務。客服：(02)23216565 分機 10

如有缺頁、破損或裝訂錯誤，請寄回更換

版權所有·翻印必究
Copyright©2014 by WanJuanLou Books CO., Ltd.
All Right Reserved　　　　　Printed in Taiwan

國家圖書館出版品預行編目資料

讀史懷人存稿 / 李學銘著.
　-- 初版.-- 臺北市：萬卷樓, 2014.08
　　面；　公分.--(史學研究叢書)
ISBN 978-957-739-876-5(平裝)

1.史學　2.文集

607　　　　　　　　　　　　　103012704